KB268700

현대인의
자기관리

홍정기 편저

서 문

[현대인의 자기관리]는 한국디지털대학교의 교양과목 명칭으로 2009학년도 1학기에 개설이 되어 현재에 이르고 있다. 처음 개설되었을 때 반응이 좋아서 많은 분들이 수강신청을 하였고 학습 과정에서도 변치 않는 관심을 보내주신 점 감사드린다. 사회인이라면 한 번씩 [자기관리]에 대한 고민을 하게 되고 나름대로 노하우를 축적해 나간다. 따라서 누구나 자기관리에 대한 준전문가인 셈이다.

방식을 살펴보면 부모님이나 형제, 사회 선후배 등의 장점들을 배우고 나에게 맞는 방식을 경험을 통하여 만들어나가는 것이다. 잘 만들어 나갔을지라도 반드시 어떤 면에서는 미흡한 것을 느끼게 된다. 사람은 그런 면에서 완전한 존재가 아닌 것이다. 부족한 부분을 메우기 위하여 탐색을 하게 되고 그러한 노력을 통하여 보다 적절한 [자기관리]를 해나갈 수 있다.

현대인의 그러한 탐색이 보다 열정적이며 적극적이고, 구체화되고 있음을 본 과정의 진행을 통하여 알 수 있었다. 또한 이러한 과정을 진행하게 된 것을 매우 고맙게 생각한다. 왜냐하면 저자가 그동안 해온 자기관리의 방식을 거의 그대로 적용한 것이기 때문이다. 저자는 경영학을 전공한 경영전문가이지만 수년간 카운슬러 교육을 받아온 상담사이며, 석가와 노자, 공자 등에 푹 빠져온 동양철학 마니아이기도 하다.

따라서 수강하고 있는 분들을 포함하여 그 외 자기관리에 관심을 가지고 있는 현대인들을 위하여 본 과정의 내용을 책으로 엮어 공개하려고 한다. 이러한 작업에는 다소 미진한 부분이 있다. 그러나 하나의 주제가 여러 학문분야의 도움으로 보다 효율적인 진화가 가능하다면 대승적인 입장으로 배려할 수 있기 바란다. 본문에 있는 것처럼 '은혜를 베풀면 잊고, 은혜를 입으면 반드시 갚으라'는 대목이 떠오르는 것은 무슨 이유인가?

2009년 5월 말
홍정기

목 차

환경의 변화와 자기관리

1 환경의 변화

1) 불확실한 국제 환경의 변화

국제 10대 뉴스의 변화(2006~2008)로 먼저 타임 선정 2006 10대 뉴스를 살펴보고자 한다.

1. 전세계 정·재계 '여풍' 몰아쳐
2. 일 아베 총리 취임…극우 내각 포진
3. 유럽－이슬람 문명 갈등 충돌
4. 미, 민주당 상·하원 장악…네오콘 몰락
5. 아프리카 분쟁 속 자원강국 부상

6. "이용자가 정보 생산" UCC 열풍

7. 이라크전 악화…주변국도 휘말려

8. 중, 외교 – 경제 '두 토끼' 거머쥐어

9. 중남미지역 좌파 집권 '도미노'

10. 폭염 · 물난리 · 가뭄…기상이변 속출

해설) 2006년도에는 10대 뉴스 중 반 이상이 좋은 뉴스임을 알 수
　　　 있다. 아프리카의 많은 나라들이 자원 강국으로 부상 하면서
　　　 빈국이라는 오명을 벗고 국민들에게 복지를 증진시킬 수 있는 기
　　　 회를 얻게 되었고, UCC열풍으로 이용자 및 소비자가 주체로
　　　 등장하게 되었다.

이에 비교하여 타임 선정 2007 10대 뉴스는 어떠한가를 살펴본다.

1. 파키스탄 정국 혼란

2. 미국 서브프라임 모기지 부실 사태

3. 미얀마 승려들의 민주화 시위

4. 해리포터 시리즈 완간

5. 미국의 이라크 주둔 미군 증파 논란

6. 중국산 장난감 리콜 파문

7. 미국 버지니아공대 총기난사 사건

8. 줄기세포 연구 진전

9. 홈런왕 본즈 스테로이드 복용 논란

10. 애플의 아이폰 열풍

해설) 2007년도는 지난해에 비하여 좋은 뉴스보다 그렇지 않은 뉴스
가 더욱 많다는 것을 짐작할 수 있다. 미국발 서브프라임 모기
지 부실이 전세계를 경기침체로 몰아 넣었던 원년이며 한국인
학생이 버지니아공대에서 총기로 동료학생들을 사살한 사건이
있었다.

시사주간지 타임 2008년 10대 뉴스는 아래와 같다.

1. 미국 발 금융위기 충격의 전 세계 확산
2. 흑인 혼혈인 버락 오바마 미 대통령 당선
3. 전 세계에 테러 악몽을 재현한 11월 인도 뭄바이 테러
4. 9월 파키스탄 이슬라마바드의 메리어트 호텔 테러 5. 8월 러
   시아와 그루지야 전쟁
6. 중국의 멜라민 분유 파동
7. 쿠바 피델 카스트로 의장의 2선 후퇴
8. 잉그리드 베탕쿠르 구출작전 성공
9. 미얀마를 덮친 사이클론 나르기스
10. 중국 쓰촨성 대지진

해설) 2008년도는 반수 이상이 좋지 않은 뉴스들로 넘쳤던 해이기도
하다.

그런 중에서도 미국에서 최초로 흑인이 대통령으로 선출된 경사
가 있었다. 정리를 하자면 2006년도에서 2008년도까지 비록 3개년
도이지만 10대 뉴스의 흐름이 좋은 뉴스들에서 나쁜 뉴스들로 그

흐름이 바뀌는 것을 인식할 수 있다. 그만큼 우리의 글로벌 환경이 이전보다 더 나빠질 가능성이 많으므로 이에 적극 대처해 나가면서 자기 자신의 관리에 철저한 노력을 기울여야 할 것으로 보인다.

2) 사회문화환경의 변화

(1) 한국형 정신질환: 화병과 대인공포증, 왕따

문화적 환경은 인간의 정신질환에 얼마나 큰 역할을 하는 걸까. '화병'은 불행한 현실을 참고 받아들여야 하는 억압된 문화에서 초래된다. '은둔형 외톨이(일본의 히키 코모리)' 환자 역시 모자관계가 밀착된 한국과 일본에 많다.

타인에 대한 배려를 유난히 강조하는 문화권에선 대인공포증 환자가 빈발한다. 고유한 문화가 정신질환을 초래하는 셈인데 똑같은 문화권에 놓여도 타고난 환경적·생물학적 요인이 취약한 사람에게서 발병한다. 우리나라에서 빈발하는 정신질환의 특징과 해결책을 알아본다.

화 병

'가슴 속에서 열이 치밀어 오르고 가슴이 두근거린다', '가슴이 꽉 막히고 말하기도 힘들다'. 이는 1996년 미국 정신과협회에서 한국인 특유의 질병으로 인정한 화병 증상이다. 발병 초기엔 분노심에 추운 날씨도 못 느낄 정도로 화기가 강하지만 시간이 갈수록 가슴 속에 한 맺힌 응어리가 우울증의 모습을 보인다. 주로 남편의 반복되는 외도·구타·술주정·도박, 시댁의 지속적인 구박을 10년 이상 '숙명'으로 받아들여야 했던 중년 여성에게 빈발하지만 장기간 돌파구 없는 경제적 궁핍에 몰린 남성도 환자가 된다.

분노심이 화병으로까지 진행하는 이유는 문제 해결 방법을 한(恨)과 정(精)이란 전통문화의 틀 속에서 찾기 때문. 분을 속으로만 삭이다 생긴 '벙어리 냉가슴 앓기'로 초래된 병이다. 실제 환자들은 분노스러운 상황을 체념하면서 자신을 부당한 환경에 맞추려고 애쓴다. 따라서 희로애락을 적극적으로 표현하고 사회·경제적 여건이 좋아진 신세대 젊은 층에선 중년기에 화병이 발생할 사람이 급격히 줄 것으로 본다.

치료는 '참는 것만이 미덕은 아니다'는 인식 아래 문제점을 이성적으로 풀어나가는 과정에서 증세 호전을 볼 수 있다. 예컨대 남편의 반복적인 외도가 문제일 땐 재발하면 더 이상 참지 않겠다는 단호한 의지를 차분히 표현하고 또 실천해야 한다.

대인공포증

타인에 대한 지나친 배려는 대인공포증 환자를 양산한다. 환자들은 자신의 외모·체취·표정·동작 등이 타인을 불쾌하고 당황스럽게 만들까 봐 극도로 두려워해 어떻게 해서든지 사람 앞에 서는 일을 피하려 든다. 병의 본질은 내가 남에게 피해를 준다는 일종의 가해망상인 셈인데 사회생활이 힘들어지고 시간이 가면 우울증이 동반되기 쉽다.

이 병은 극단적인 타인 배려 문화가 팽배한 일본에 많으며 한국·중국 등 유교문화권에서도 보고된다. 치료 목표는 환자의 비합리적인 생각을 바꾸는 데 있다. 단 '너의 생각이 틀렸다', '문제 상황을 직시하라'는 식의 주문만으로 환자의 생각이 쉽게 변하지 않는다. 대신 정신과 전문의의 상담과 더불어 공포심에 단계적으로 노출시키는 인지행동치료가 효과적이다.

중국의 쉔퀘이(ShenK'uei)란 병도 남성의 정액을 생명의 정수로 보는 중국 문화에 집착한 사람에게서 발생한다. 정액이 소실되는 상황, 즉 자위·몽정 등의 행위를 하거나 소변에서 정액처럼 뿌연 물질이 보일 때 성기능 장애(조루증·발기부전)·불면·피로·어지럼증·요통·허약감 등의 증상을 보인다. 정액 소실을 생명에 대한 위협으로 받아들이기 때문. 성행위·몽정·자위행위 등을 통해 정액을 정기적으로 배출하는 게 건강에 좋다는 생각을 하는 서양인 혹은 서양에서 자란 중국인 2세엔 이런 병이 없다.

외톨이와 왕따

하루 일과를 주로 자신의 방안에서 해결하는 은둔형 외톨이. 하지만 이들도 내심으로 친구도 사귀고 어울리고 싶어 한다. 단지 자신을 잘 표현할 줄도, 다른 사람과 공감하는 능력도 떨어져 남과 어울리지 못하는 일이 반복되다가 어느 날부터 방에서 은둔하게 된 것뿐이다.

　이런 성향을 가진 사람은 어느 사회에나 존재한다. 하지만 성인
(대부분 만 18세)이 되면 경제적 독립을 당연시하는 서양문화권에
선 사회생활을 안 하고 방안에서 몇 년씩 지내는 일 자체가 불가
능하다. 성인 자녀를 한 집에서 돌보는 한국·일본 등의 문화권에
서 유독 문제되는 이유다. 치료는 빠를수록, 즉 집안에 은둔하려
드는 자녀를 초기에 적극적으로 대응할수록 효과적이다.

　예컨대 정신분열증 등 정신과 질병이 은둔을 조장할 땐 질병치
료로 사회 복귀가 가능하다. 내재된 갈등이 문제일 땐 집단치료가
효과적이다. 자녀의 은둔형 외톨이 예방을 위해선 부모가 자녀에게
무관심·과잉보호·집착 등 병적인 양육 태도를 삼가면서 남과 더
불어 사는 모범을 보여주는 게 핵심이다.[1]

(2) 경조증의 명암

　존스 홉킨스 의과대학의 심리학자인 존 가트너 교수는 성공한
사람들에게는 강력한 추진력만 있는 게 아니고 많은 기업가들이
경조증에 해당된다고 한다. 경조증이란 가벼운 조증을 말하는데 약
간 들뜬 상태에서 창의성, 큰 포부, 행복감, 모험심, 충동적 행동들
을 수반한다.

　가트너의 새로운 저서인 <경조증의 이점>에서 '경조증이 나쁜
것만은 아니다'라고 주장했는데, 지난 200여 년 동안 미국의 역동

---

1) 2008년 12월 9일(화) 중앙일보

적인 비즈니스 환경은 대체로 경조증을 가진 사람들에 의하여 만들어졌다.

혁명가 알렉산더 해밀턴, 영화 제작자 루이스 B. 메이어 뿐 아니라 지놈을 해독한 크레이그 벤터 등을 예로 들어 보면 이들이야말로 대담한 계획을 구상하고 실행하는 데 필요한 열정과 오만함을 타고난 사람들이라는 것이다. 그러나 거창한 아이디어들은 뛰어난 계획일 수도 있지만 비현실적인 꿈일 수도 있기 때문에 경조증은 양날의 칼이라는 점이다.

그렇지만 경조증 기업가들은 양쪽 모두를 똑같은 열정으로 추구할 가능성이 높다. 헨리 포드는 일반인도 구입할 수 있는 250달러짜리 자동차를 만들고 싶어 했지만 그는 유럽으로 배를 타고 건너가 자신이 직접 제1차대전을 신속하게 종결시키겠다는 거창한 구상을 세우기도 해서 세상의 비웃음을 산적도 있어 그들의 일대기를 살펴보면 놀랄 정도로 멍청하고 충동적인 실수를 많이 범했음을 알 수 있다. 결국 성공하면 천재가 되지만 실패하면 정신 나간 사람이 된다는 일반상식을 깨닫게 한다.

(3) 음주 사고

한국음주문화센터의 2002년도 조사에 따르면 우리나라 직장인의 과음 비율은 31.4%로 미국(8.4%)의 네 배에 육박했다. 또한 스트레스가 많고 회식이 잦은 직장인들은 일반인보다 음주량이 1.4배

에 달하고 술자리 빈도는 거의 2배에 이르기 때문에 흡연처럼 음
주도 적절한 통제가 필요하다는 것이다.

연세대 보건대학원에 따르면 음주로 인한 연간 경제 사회적 비용
은 과음 관련 질병 사고 범죄나 생산성 저하 등을 포함해 14조 5,000
억 원(2000년도)으로 추산했다. 이는 같은 해 국내총생산(GDP)의
2.8%에 달하는 것이다. 미국의 2.3%(1992년도), 일본의 1.9%(1987
년도) 등 주요 선진국보다 높은 수치라 볼 수 있다.

그 밖에 음주로 인한 손실 연구사례는 다음과 같다.

힝슨 등이 1985년에 발표한 연구결과로 '하루 5잔 이상 술을 마
실 경우 사고 발생률이 3.8배 증가한다',

1989년 미국 노동부의 조사결과에 따르면 '알코올과 약물 복용
근로자들로 인한 기업당 손실이 연간 7,000달러이며 알코올 문제
근로자는 정상인보다 3.8~8.3배 더 결근한다',

루이스 빌과 쿠퍼가 1989년 발표한 연구 사례로 '직무 관련 사
망 사고 중 13.3%에서 알코올 성분이 검출되었다',

미 캘리포니아의 1992년 조사결과에 따르면 '약물 사용자들이
그렇지 않은 사람들보다 보상소송건수 5배, 사고발생률 3.6배, 지
각 3배, 근무 중 자리 이탈률이 2.2배 높다',

1993년에 스탤론 및 크라우스가 발표한 사례로는 '직장 내 사고
중 4%는 알코올과 관련이 있다',

핸더슨(1996년도)에 의하면 '산업재해의 15~25%가 음주와 관

련 있고 비음주자보다 직무수행 효율성이 21~25%가 감소된다',

밀러는 1997년도에 발표한 연구결과를 통하여 '음주사고를 당한 근로자들의 상해에 대하여 미 고용주가 부담하는 비용은 연간 2,000억 달러(1990년도 기준) 수준'이라고 분석하고 있다.

포춘지가 뽑은 미국 500대 기업의 95%가 흡연 음주는 물론 건강 문제까지 상담 관리해주는 종업원 지원 프로그램(EAP)을 도입 운영하고 있다. 삼성경제연구소는 2004년 9월 22일 '직장인 음주 행태와 기업의 대책'이란 보고서에서 기업들이 음주와 관련된 직장인들의 잘못된 의식과 관행을 고치려 하지 않아 술로 인한 경영 손실을 방치하고 있다고 지적하고 있다.

삼성경제연구소가 2004년 9월 15일 전국 직장인 4,231을 온라인으로 설문조사한 결과 83%가 한 주에 한 번 이상 술자리를 한 것으로 나타났다. 또 네 명 중 한 명이 열 번의 술자리에서 세 번 이상 과음을 했다. 하지만 응답자의 70.5%는 현 음주문화가 바람직하지 않다는 반응이다. 잘못된 회식문화에 이끌려 원치 않은 과음을 하는 경우가 상당수라는 뜻이다.

실제로 우리 음주문화의 문제점으로 '강압척인 분위기(47%)'를 으뜸으로 꼽았다. 이 보고서는 '직장인 음주문제는 이제 개인의 건강이나 사회보건의 문제를 넘어서 산업전반의 생산성 및 기업 경쟁력 저하라는 관점에서 주목하여야 한다'고 제언하고 있다. 소주 한 병이 몸 밖으로 배출되는 데 12시간이 걸린다는 점을 감안할 때 전날 꽤 술을 마신 사람은 적어도 다음날 오전은 취중 근무를 하는 셈이라는 것이다.

이미 일부 업체들은 음주관리를 경영의 한 변수에 넣기 시작했다. 우리은행은 2004년 7월부터 매주 수요일을 '금주의 날'로 정해 조기 퇴근하도록 유도하고 있다. 삼성전자 등은 과음의 폐해를 강조한 포스터를 전 사업장에 붙였다. 국내의 대표적인 주류회사인 A사는 임직원들에게 절주지침을 내렸다. 절주지침을 몇 가지 살펴보면 '전날 마신 술이 과해 지각 출근하는 일이 없도록 합시다. 점심때 반주를 너무 많이 하면 오후 업무에 지장을 줍니다. 술 세다고 자랑하는 것은 어리석은 일입니다'. 등이다.

2   자기관리의 필요성과 본 저서의 구성

글로벌 환경 및 사회문화 환경 등의 변화에 따라 우리 인간은 적절히 반응하면서 생존을 해나가야 한다. 뿐만 아니라 성장 및 발전을 함으로써 경쟁에서 살아남을 수 있다. 이와 같이 필연적인 변화에 대응하여, 자신을 지키고 성장해나가는 행위들을 자기관리라고 할 수 있다. 따라서 현대를 살아가는 우리들은 필연적으로 자기관리를 잘 해나가야 하고, 지금도 그럭저럭 해나가고 있다고 할 수 있다.

특히 최근에 들어와서는 많은 일들이 일어났다. 좋지 않은 각종 사고와 많은 연예인들의 이혼과 자살 등이 그것이다. 이런 일들은 사회를 충격에 휩싸이게 하고, 모방범죄 및 모방자살사건 등의 후유증을 발생시키기 때문에 더욱 좋지 않다. 흔히 죄를 미워하되 사람을 미워하지 말라는 말을 한다. 범죄자가 처음부터 범죄자로 태어나는 것이 아니지 때문이다. 만나보면 착하고 순수한 사람인데 어쩌다가 그렇게 된 것인지 모르겠다고 말한다. 특히 경제사범들은 지능이 높고 일류대를 나오고, 심지어 외국유학까지 다녀온 사람들이 저지르는 범죄이기 때문에 더욱이 더 필요한 것이다.

본 저서는 다양한 환경의 위협과 자신의 취약점들의 조합에 의해 발생되는 문제들에 대응하기 위하여 3가지 차원에서 자기관리의 내용을 구성하려고 한다.

첫째는 정신건강(위생) 측면에서 개인의 정신적 사회적 건강도를 측정하고 이에 대한 방안 및 대책을 수립해보며, 정신건강에 대한 다양한 정보, 즉 성격과 적응 및 부적응, 스트레스, 대인지각과 대인관계, 친구사귀기, 사랑 연애 결혼, 직업에의 적응, 죽음대비교육 등을 제공하고자 한다.

둘째는 앞에서 제공되는 정보들은 서양사상적 관점에서 인간들을 물리적 치료의 대상으로 보아 정리된 이론이나 지식인데 비하여 동양사상은 인간의 도덕적 윤리적 측면을 중시하므로, 현대인에게 필요한 고귀한 동양사상으로 한민족 선인들의 격언 및 명언과 동몽선습, 격몽요결, 명심보감, 채근담, 대학, 논어, 맹자, 중용, 노자, 장자, 법구경 등에서 훌륭한 내용들을 뽑아 전달하고자 한다.

셋째는 많은 사람들이 대부분 직장생활이나 사회생활을 영위하고 있기 때문에 자신들의 경력을 잘 관리할 수 있도록 경력개발프로그램에 대한 정보를 소개하고자 한다. 경력개발을 위해서는 먼저 경력목표를 잘 세우고 이에 도달하기 위한 경력 경로를 잘 수립하며, 경력단계를 잘 구축하여야 한다. 이러한 경력계획은 자기 자신이 잘 세워야 하지만 가까운 멘토와 잘 협의하여 적절한 계획이 되어야 한다. 뿐만 아니라 이를 잘 진행할 수 있도록 경력관리가 철저히 이루어져야 한다. 이 두 가지, 즉 경력계획과 경력관리를 종합하여 경력개발이라고 하며 앞으로 더욱 자세히 소개하고자 한다.

이러한 3가지 차원이 조화롭고 균형 있게 구성되어 현대인들의 자기관리에 도움이 되고자 하는 것이 본 저서 집필의 목적이라고 할 수 있다. 이와 관련된 사례를 살펴보기로 한다. 아래 사례는 직장과 가정생활의 균형 잡기가 매우 어려우며 이를 위해서는 직장의 문화가 변화하여야 하며, 회사의 경영자가 그것의 필요성을 인식하여야 한다는 것이다.

사례) 잭 웰치의 직장과 가정의 균형 잡기[2]

나 자신을 포함해 어느 누구라도 직장생활과 가정생활의 균형 잡

---

2) 뉴스위크 한국판, 2005년 4월 6일, p.26

기 권위자란 없다. 지난 41년 동안 내 원칙은 열심히 일하고, 열심히 놀고, 아버지로서는 얼마간의 시간만 보내자는 것이었다. 내가 선택한 방식이 주위 사람들에게 큰 영향을 끼친 것은 분명하다.

내 자녀들은 거의 전처(잭 웰치는 퇴직 후 재혼했다)의 손에서 자랐다. GE에서 처음 일할 때부터 나는 토요일 아침에도 출근하곤 했다. 당연히 부하 직원들도 출근했다. 개인적으로 나는 그런 주말 근무가 신난다고 생각했다. 주주에 하던 업무를 느긋하게 마무리하고 스포츠에 관해 잡담도 할 수 있었기 때문이다. 나는 어느 누구에게 한번도 이렇게 묻지 않았다. '가족을 위하거나 개인적인 취미생활을 위해 다른 곳으로 가고 싶거나 반드시 있어야 할 곳이 있는가?'

사람들이 직장 말고 다른 곳에 있고 싶어 한다는 생각은 내게 전혀 들지 않았다. 변명을 하자면 당시는 그런 시절이었다. 1960~70년대의 샐러리맨은 전부 남자였고, 다수는 아버지였지만 당시의 아버지들은 지금과 달랐다. 대게 자녀 학예회에 참석하지 않았다. 또 자녀의 스포츠 경력에 방해된다는 이유로 전근을 거부하지 않았다. 아내들은 집에서 자녀들을 돌볼 수 있었다. 물론 지금은 변했다. 직장─가정생활 균형 잡기 문제에서 립서비스와 현실은 크게 다르다.

자신에게 가장 유리한 길을 선택하기 위해서는 현실을 이해하여야 한다. 상사가 가장 중시하는 것은 회사의 경쟁력이다. 물론 그도 부하직원이 행복하기를 바란다. 그러나 회사의 이득이 되는 한에서만 그렇다.

* 대다수의 상사들은 부하직원의 실적이 충분하다면 그의 직장
  가정생활 균형 문제를 기꺼이 수용하려든다.
* 상사들은 회사 안내서에 나와 있는 정책이 주로 채용을 목표
  로 한 것이며, 실질적인 직장-가정생활 균형 잡기 문제는 개
  별적인 협상에 따라 달라질 수 있다는 것을 안다.
* 사적인 문제로 회사에 계속 도움을 청하면 우유부단하고, 비
  헌신적이며, 무능하다는 낙인이 찍힌다.
* 이해심 많은 상사들도 그런 문제는 스스로 해결해야 한다고
  생각한다. 사실 대다수는 택할 수 있는 방법이 뻔하다는 것을
  안다. 어렵겠지만 업무에 계속 매진하면서 그 밖의 요구를 묵
  살하는 것이 가장 효과적인 방법이다.

1. 2006년도에서 2008년도까지 비록 3개년도이지만 10대 뉴스의 흐름이 좋은 뉴스들에서 나쁜 뉴스들로 그 흐름이 바뀌는 것을 인식할 수 있다. 그만큼 우리의 글로벌 환경이 이전보다 더 나빠질 가능성이 많으므로 이에 적극 대처해 나가면서 자기 자신의 관리에 철저한 노력을 기울여야 할 것으로 보인다.

2. 타인에 대한 배려를 유난히 강조하는 문화권에선 대인공포증 환자가 빈발한다. 고유한 문화가 정신질환을 초래하는 셈인데 똑같은 문화권에 놓여도 타고난 환경적·생물학적 요인이 취약한 사람에게서 발병한다.

3. 경조증 기업가들은 양쪽 모두를 똑같은 열정으로 추구할 가능성이 높다. 헨리 포드는 일반인도 구입할 수 있는 250달러짜리 자동차를 만들고 싶어 했지만 그는 유럽으로 배를 타고 건너가 자신이 직접 1차대전을 신속하게 종결시키겠다는 거창한 구상을 세우기도 해서 세상의 비웃음을 산적도 있어 그들의 일대기를 살펴보면 놀랄 정도로 멍청하고 충동적인 실수를 많이 범했음을 알 수 있다.

4. 연세대 보건대학원에 따르면 음주로 인한 연간 경제 사회적 비용은 과음 관련 질병 사고 범죄나 생산성 저하 등을 포함해 14조 5,000억 원(2000년도)으로 추산했다. 이는 같은 해 국내총생산(GDP)의 2.8%에 달하는 것이다. 미국의 2.3%(1992년도), 일본의 1.9%(1987년도) 등 주요 선진국 보다 높은 수치라 볼 수 있다.

5. 글로벌 환경 및 사회문화 환경 등의 변화에 따라 우리 인간은 적절히 반응하면서 생존을 해나가야 한다. 뿐만 아니라 성장 및 발전을 함으로서 경쟁에서 살아남을 수 있다. 이와 같이 필연적인 변화에 대응하여, 자신을 지키고 성장해나가는 행위들을 자기관리라고 할 수 있다. 따라서 현대를 살아가는 우리들은 필연적으로 자기관리를 잘 해나가야 하고, 지금도 그럭저럭 해나가고 있다고 할 수 있다.

제 2 장

자기관리의 이론적 고찰

1 자기관리의 개념

우리나라에서의 자기관리에 대한 연구는 교육학이나 스포츠, 철학적 측면에서 주로 이루어지고 있다. 교육학에서는 학습 부진아에 대한 프로그램의 일환으로 발전되어지고 있으며 대학생들의 리더십 개발, 혹은 게임중독자들에 대한 치유 프로그램으로 이어지고 있다. 스포츠에서는 운동선수들의 시합 전 자기관리가 곧바로 시합의 성적에 반영된다는 특징을 바탕으로 운동선수들의 자기관리 요소 및 결과 변수와의 상관관계를 연구해 오고 있다. 철학에서는 뚜렷한 연구 결과는 나오지 않고 있으나 최근에 동양의 유교사상과 자기관리와의 관계에 대한 연구가 시도되고 있다는 점에서 관심을 받고 있다.

경영학에서는 피터 드러커(1999)이후 인사관리의 한 분야인 교육훈련(혹은 육성관리)에서 교육방식의 하나로 자기개발(self development)에 대한 연구가 이루어지고 있지만 임원진을 대상으로 하는 독서프로그램이나 원격교육, 교양강좌 등으로 한정되어 자기관리에 대한 포괄적 연구가 부족함으로 적극 도입하여 대상의 확대 및 다양한 방식의 운영 등이 필요한 상황이다.

본 장에서는 먼저 자기관리의 개념에 대하여 연구자들을 중심으로 소개하고자 한다. 자기관리의 용어와 정의, 의미 등을 순서대로 설명한다.

Cooper, Heron & Heward(1987)의 용어 연구

자기관리와 관련된 용어들로는 자기통제, 자기관리, 개인통제, 자기조절, 자기수정, 자기규제 등이 있다. 이 중에서 자기통제라는 용어가 행동적 문헌에서 자기관리라는 용어보다 널리 사용되었으나, 두 용어가 함께 사용되어 왔고, 또 같은 의미로 간주되고 있다.

Thoresen & Mehoney(1974)의 연구

자기관리란 직접적인 외적 통제가 없는 조건화에서 일어나며, 개인의 자기관리 능력은 바로 그 개인의 지식에서 나오는 기능이며, 개인의 현재의 상황적 제요소를 통제하는 데 달렸다고 보았다.

Kazdin(1974)의 연구

자기관리는 개인이 그 자신의 행동을 관리하기 위하여 행동원을 응용하는 것이라고 보았다. 그는 개인이 그 자신의 행동 수정을 위하여 외적 강화자극을 갖추고 있는 여러 상황을 포함할 수 있다는 보다 광범위한 정의를 제시하고 있다.

Malott(1981)의 연구

자기관리와 타인에 의한 관리를 구별하기는 어렵다고 했고, 이러한 두 방법은 연관성이 있을 것이라고 했다. 즉 자기관리는 개인이 그 자신의 강화연관에서 타인의 개입을 포함시킬 수 있다는 것이다.

Kendall과 Wilcox(1979)의 연구

자기관리는 인지적 요인과 행동적 요인의 두 요인으로 결합되어 있으며 인지적 요인으로는 심사숙고할 수 있는 능력, 문제 해결 능력, 사려 깊게 계획할 수 있는 능력, 평가 능력 등이 포함되며, 행동적 요인으로는 자기점검, 자기평가, 자기강화 등이 포함된다. 이러한 과정을 통하여 인지적으로 무시되어야 할 행동을 억제하거나 또는 인지적으로 선택된 행동을 이행할 수 있는데, 이러한 행동을 자기 관리된 행동이라고 보고 있다.

Cooper(1987)의 연구

자기관리를 개인이 그 자신의 행동을 바람직한 방향으로 수정시키는 결과로 오는 여러 가지 행동변화 전략의 인성적·체계적 응용으로서 정의했고, 이 정의에 의하면 개인은 자기 스스로 구체화시킨 미래의 행동을 표출시킬 가능성을 변경하기 위하여 반응을 한다고 하며, 바람직한 변화가 일어나지 않으면 자기관리가 나타나지 않는다고 보고 있다.

Rees, Howard, 와 Rees(1978)의 연구

그들은 대부분의 사람들은 두 가지의 갈등되는 대안에서 선택할 때, 자기관리라는 수단을 통하여서 우리에게 잠시 동안의 즐거움을 주는 쪽을 선택하기보다는 우리 자신에게 장기간을 통하여 이익이 될 수 있는 쪽을 택하게 된다. 자기통제는 우리가 우리의 행동을 통제하는 여러 가지 변인들을 관리할 수 있을 때 훈련된다고 하였다.

Peter, Drucker(1999)의 연구[3]

피터 드러커는 하버드 비즈니스 리뷰(1999)에 실린 '성공하는 사람의 자기 관리'라는 글에서 경영자의 자질로 자기 자신을 잘 알고 자기 관리를 해야만 한다고 하였다.

'기회는 책임을 동반한다. 오늘날의 기업들은 개개인의 직업들을 잘 관리하지 못하고 있다. 그것은 지식근로자들 스스로 의사 결정을 내리고 책임을 지는 경영자가 되어야 함을 의미한다. 즉 '자기 자신을 관리해야만 한다 …… 나폴레옹, 레오나르도 다빈치, 모차르트 같은 역사적으로 위대한 성취자들은 부지런히 자기 자신을 관리해 왔다. 바로 그 점이 그들을 위대한 성취자로 만들어 낸 것이다. …… 우리들 대부분은 자기 자신을 관리하는 방법을 배워야만 한다. 즉 자기 자신을 발전시키기 위해서 배워야만 할 것이다.'

---

3) 이정숙, 피터 드러커와 [대학]의 접점 연구:자기관리와 성실성&수신과 성의를 중심으로, 철학연구:대한철학회논문집. 제107집, 2008. 08, pp.310~312 중에서 발췌하여 정리.

기업이라는 조직 속에서 직원들 개개인을 관리하는 것은 경영인의 책임이다. 이 책임을 수행하기 위해서 우선적으로 '자기 관리'라는 의무를 이행해야만 하기 때문에 자기 자신을 관리하는 방법을 배워야 한다고 피터 드러커는 밝히며 이에 대해 세부적이고 구체적으로 기술한다. 즉, 성인 교육의 제1관문이 바로 자기 관리이다. 기존의 경영학이 경영관리론, 조직이론, 의사결정, 동기부여이론, 인적 물적관리, 등에 중심을 두었고 경영자에 대한 연구가 없었던 것은 아니지만 단순히 경영자의 자질과 의의 및 유형을 구분하고 제시하는 정도에 그쳤다면 피터드러커는 경영자가 자기 자신을 대상으로 깊이 있게 관찰하고 분석하며 자기 자신까지 관리하는 경영자론을 펼친다. 자기 자신을 관리의 대상으로 포함시키는 과제를 중요한 경영자의 과업으로 두는 것이다. 자기 관리 과제를 배우고 수행한 경영자만이 개개인의 직원들을 관리할 수 있는 역량을 지니게 된다.

이러한 관점에서 보면 피터 드러커가 언급한 자기 관리를 배워 직원들을 관리할 수 있다는 것도 자기 관리를 하는 만큼 직원도 그 폭만큼 관리할 수 있다고 이해할 수 있다. 경영자 자신이 자기 관리를 70% 하면서 직원 개개인의 관리를 90%, 100% 한다는 것은 어불성설이다. 이 외에도 피터 드러커는 자기 관리의 지침으로 7가지 교훈을 제시하고 있다.

 자기관리 프로그램

위의 개념을 바탕으로 실제로 자기관리를 통한 결과를 규명하고 자 프로그램의 기획 및 설계, 실행, 검토 등이 이루어지고 있다. 이에 대해서는 각 분야별로 실시된 연구에 따라 주제별로 정리 및 소개하도록 한다.

1) 대학생들의 리더십개발을 위한 자기관리 프로그램[4]

자기관리란 자신이 어떤 행동을 변화시키기 위하여 기술이나 전 략들을 사용하여 변화를 주도하는 과정으로, 자신 스스로 환경 여 건을 수정하고 행동 결과를 조정하며 권리하는 것을 의미한다(한 국청소년상담원, 1996).

자기관리 프로그램의 영역으로는 워밍업 영역, 자기점검 영역, 자가지도 영역, 자기기획 영역, 마무리 영역으로 구성한다. 초반기 워밍업 영역에서는 자기관리 프로그램에 대한 전반적인 소개와 집 단원들 간의 상호작용 기회를 제공하고, 프로그램 초기에 야기 되 는 불안을 덜 수 있도록 한다. 자기관리 프로그램의 본 활동으로 는 자기점검 영역, 자가지도 영역, 자기기획 영역으로 구성한다. 자기점검 영역에서는 각자 자신의 태도를 돌아보는 활동과 자기관

---

4) 김진하, 자기관리프로그램이 대학생활적응 및 스트레스 대처방식에 미치는 영향, 전주 대 상담대학원, 2004. 08. pp.12~15 중에서 발췌하여 정리.

리에 대한 이해 및 동기를 가져 자신에게 도움이 되도록 하는 자기 이끌기 내용을 포함하고, 자기지도 영역에서는 효율적인 시간관리와 일의 중요도와 긴급도를 기준으로 우선순위를 정하는 활동을 하며, 자기기획 영역에서는 비전의 중요성을 자각하고 자신의 인생 목표를 세워 원하는 미래를 설계하는 인생사명서를 작성하도록 구성한다. 끝으로 마무리 영역에서는 전체 활동을 통하여 자신과 타인의 모습을 되돌아보는 시간을 갖도록 한다.

본 프로그램의 방법 면에서는 소집단 10명에서 15명 정도 자원한 학생들을 대상으로 소집단 활동을 통하여 자기관리 내용을 심층적으로 다루어 자신 스스로 이끌어 낼 수 있도록 구성한다.

또한 대학생들을 대상으로 하기 때문에 강의식으로 진행되는 것보다 집단원들과 자유롭게 자신의 경험한 것을 나누고 더 좋은 방안을 모색해 보도록 한다. 각자의 자기관리 영역의 활동을 통하여 자신을 계발하고 유지하고자 집단원들과 자기관리에 관한 내용을 나누고 서로 영향을 주고받는 활동을 위주로 할 수 있는 프로그램을 재구성한다.

(1) 프로그램의 구성

자기관리 프로그램

영 역	회 기	활동 내용	활동 목표
워밍업 영역	1회기	짝꿍이 되어 자기 소개하기	프로그램에 대한 오리엔테이션을 실시하고, 자기소개를 통하여 집단원들의 상호작용기회를 제공하고 초기 불안을 덜 수 있다.
자기점검 영역	2회기	자기 돌아보기	자기에 대한 태도와 자신의 리더십 사고수준 및 행동을 돌아보고 리더십 개발 동기를 갖는다.
	3회기	자기 이끌기	자기관리에 대한 이해와 동기를 갖도록 하고, 효과적으로 자기를 관리하는 방법과 기술을 익힌다.
자기지도영역	4회기	시간관리	시간관리 영역을 이해하고 효과적 자기관리 방법을 익혀 실천.
	5회기	우선순위정하기	일의 중요도와 긴급도를 고려하여 시간관리와 우선순위를 정해 효과적인 시간사용을 할 수 있다.
자기기획 영역	6회기	비전의 개발	비전의 중요성을 자각하고 자신만의 비전을 만들어 이를 추구하는 생활을 실천한다.
	7회기	인생사명서	각자 자신의 인생목표를 세우고 원하는 미래를 설계할 수 있다.
마무리 영역	8회기	피드백 주고받기	전체 집단 활동을 마무리하는 과정에서 자신과 타인의 모습을 되돌아보는 시간을 갖는다.

2) 학습증진을 위한 자기관리 프로그램5)

자율과 효율이 중요시되는 현대사회에서 자기관리 능력은 필수 조건이 된다. 자기관리(Self-management)는 자신의 행동과 생활과제를 관리하는 능력으로서 자기조사 (Self-assessment), 자기기획(Self-planning), 자기지도(Self-direction), 자기감시(Self-monitoring), 자기평가(Self-evaluation)의 능력을 포함하며 이러한 능력들이 자신의 삶에 긍정적으로 작용한다고 주장한다(Miller. D, 1998; 김기정, 2003 재인용).

자기 자신을 통제하기 위한 자기관리프로그램은 행동수정의 원리를 이용하여 부적응 또는 비효율적인 문제를 해결하는 데 목적을 두고 있다. 그러나 자기관리영역에 대한 많은 관심에도 불구하고, 아직까지 선행연구가 부족한 실정이다. 국내에서는 외국의 경우처럼 자기관리영역에 대한 전반적 연구보다는 지엽적으로 자기조절 학습 및 전략, 자기주도 학습 등의 인지적 학습프로그램과 자기성장의 정서적 프로그램 등의 개발 및 효과검증, 변인 간 상관에 관한 연구가 있을 뿐이다.

자기 주도적 학습전략은 자율적 학습자를 육성하기 위한 프로그램으로 학습기법, 공부전략, 공부방법, 학습요령, 또는 학습기술 등과 같이 방법론적 접근의 구체적인 행동지침을 학습시키는 데 목

---

5) 이정미외, 자기관리 프로그램이 시간관리, 학습습관, 대인관계에 미치는 효과, 학생생활연구. 제10집, 2006. 02. pp.87~88.

적이 있으며, 자기성장프로그램은 자아정체성 확립과 대인관계 간의 역동을 통찰하고 의식수준을 향상시키는 데 목적이 있다.

정채기(1991)와 이현정(1995)의 기본연구에서는 자아정체감과 의사결정 수준 간의 밀접한 관계를 밝히며 자아정체감이 높을수록 의사결정에서 계획과 확신 과정의 수행 수준이 높음을 보고하고 있다. 의사결정 수준은 자기관리영역 중 목표수립과 우선순위선정의 일부 내용에 포함될 수 있다. 김진선(2004)의 연구에서는 자기관리 프로그램의 일종인 '자기조절 학습전략 훈련'이 학습자의 자기효능감을 향상시킨다고 보고하였다.

자기조절 학습전략은 학생들의 인지적, 동기적 요소들의 취사선택을 통하여 그들의 학습능력을 개선하고, 우리한 학습 환경을 선택, 구성, 창조할 수 있게 한다. 또한 그들이 필요로 하는 수업의 양과 형태를 선택하는데 주도적인 역할을 한다. 이영숙(1997)과 이미봉(2003)의 연구에서는 자아정체감이 자기상에 대한 자기결정감 및 진로성숙도와 유의미한 정적관계에 있으며 자기결정감과 진로성숙도는 학업성취도와 정적 상관이 있다고 나타났다. 위와 같이 살펴본 바로 개인의 심리적 변인인 자아정체감이 진로결정에 결정적인 영향을 끼치는바, 교육을 통한 자아정체감 확립은 가깝게는 대학입시에서부터 일생에 걸쳐 직업선택까지 중요한 역할을 한다. 따라서 이에 대한 중요성을 언급해 자아정체감 확립 프로그램의 중요성을 시사하는 바이다.

자기조절학습은 자기관리 전략 중의 하나로 학습자가 인지적, 동기적, 행동적 전략을 사용하여 학습능력을 개별적으로 개선할 수 있고, 그들에게 유리한 학습 환경을 선택·구성 뿐 아니라 창조할 수 있는 주도적 역할을 할 수 있다(정미경, 2003). 이경숙, 김정호(2000)는 시간관리와 학습습관, 비합리적 사고의 수정, 시간관리훈련, 독서법, 핵심파악 훈련, 집중력 훈련 등의 학습방법은 학업스트레스원인과 학업스트레스 반응의 하위척도인 심리적, 행동적 변인에 대해 유의한 감소 현상을 보였고 그에 따라 학업성취 역시 높아 진 것으로 나타났다. 이것은 자기조절학습이 자기효능감 뿐 아니라 학업성취에도 유의미한 영향을 미친것을 의미한다.

3) 자기관리 훈련을 위한 프로그램6)

(1) 자기관리 훈련

초기의 자기관리 훈련은 행동의 통제를 매개하는 벌과 혐오적 자극 같은 강화인을 강조하는 조작적 처치나 행동분석접근이 대부분이었다. 그러나 60년대 말, 70년대 초 이후 개인의 내재적 또는 인지적인 변인들의 중요성이 인식되면서 인지적 행동수정의 원리를 적용한 자기관리기법이 등장하게 되었다(이경임, 1996).

Hallahan과 Sapona(1983)는 인지적 행동수정이란 내현적 사고 과

---

6) 민관식, 자기관리 훈련이 인터넷게임 중독감소에 미치는 효과, 경북대 교육대학원, 2004. 02, pp.16~18.

정을 조작해서 외현적 행동을 수정하는 것이라고 의미하였다. 이것은 외현적 행동을 변화시키려고 한다는 점과 행동은 조작된다고 가정하는 점에서 엄격한 강화이론에 기초한 접근과 유사하다. 그러나 인지적 행동수정은 인간의 인지 작용을 수정시켜서 행동을 변화시키려고 한다는 점에서 강화이론을 바탕으로 한 행동 수정 기법과 차이가 있다. 인지적 행동수정 접근을 사용할 때, 교사는 토큰경제와 같은 행동수정 프로그램에서와 같이 강화조건의 결정인자나 보상을 할 수 있는 유일한 사람이 아니다. 오히려 인지적 행동수정 접근은 각 개인이 자신의 행동을 점검하고 자신의 목표와 기준을 설정하고 자신의 보상까지도 관리할 수 있는 책임감을 요구한다(전성연과 최병연, 1999).

즉 인지적 행동주의의 기원은 행동주의에 있으나, 행동주의 이론이 갖고 있는 몇 가지 심각한 문제점을 해결하고 보완하기 위해서 설정된 이론이다. 인지적 행동주의의 기본 원리는 행동주의 원리와 맥을 같이하나, 사고, 정서, 기대, 신념 등과 같은 내적인 사건들의 존재를 인정하고, 이러한 내적인 사건들에 의해 외적인 행동이 매개되며, 내적인 사건, 외적인 환경, 외적인 행동은 상호작용하며 서로 영향을 미친다는 점들을 인정한다는 면에서 전통적인 행동주의와는 차이가 있다(김남성, 1998).

따라서 인지적 행동훈련에서는 행동의 치료에 인지적인 방법과 행동주의적인 방법을 한 가지 이상 통합하여 사용한 훈련을 말한다. 따라서 인지적 행동 기법의 원리를 이용한 자기관리 기법의 종류 또한 학자에 따라 다양하게 제시된다. 사회학습이론가인 Bandura (1977)는 인간의 주요한 자기관리 또는 자기조절 능력으로서 자기관찰 과정, 자기판단 과정, 개인적 표준의 설정 및 실제 수행과의 비교, 실제 수행과 사회적 표준과의 비교, 자신의 행동평가, 자기수행의 귀인을 설명하면서, 이러한 비교, 평가, 귀인 과정을 통한 자기 - 반응 과정들을 강조하였다.

Kanfer는 자기관리의 심리적 과정을 다음과 같이 뚜렷한 연속적 단계로 설명하였다(이경임, 1996).

첫째는 개인이 자신의 행동에 대하여 신중한 주의를 기울이는 자기점검 단계이다. 이 단계의 시작은 자신에 대해 검토하는 것이며, 여기에서 개인들은 자신의 행동을 판단할 수 있는 수행기준 혹은 표준을 결정한다.

둘째는 자기평가 단계이다. 자기평가가 충분한 자기검토를 거치지 못하거나 현실적이지 못한 표준이 설정되면 효율적인 자기관리 과정이 되지 못한다.

셋째는 자기강화 단계이다. 이 단계는 앞 단계의 결과에 대하여 인지적으로 정서적으로 어떻게 반응하는가에 따르는데 선험적 행동의 강도에 영향을 주는 피드백의 역할을 하며, 앞으로의 행동과 기대에 영향을 미치는 피드포워드 (feed forward)의 역할을 한다.

Cole과 Bambara는 자기관리전략에는 자기모니터링 전략 (자기관찰, 자기기록)과 자기교수전략 등이 포함된다고 주장했다(이종삼, 1997).
Shapiro와 Cole(1994)은 자기관리 프로그램을 두 가지 형태로 구분하였다. 첫 번째 형태는 유관성에 근거한 접근으로서 행동의 결과를 목표로 한다. 이러한 접근은 자기점검, 자기기록, 자기평가, 자기강화에 과정에 초점을 맞춘다. 또 다른 형태는 인지에 근거한 접근으로서 여기에서는 자기교수, 스트레스 극복, 사회적 문제 해결 등과 같이 행동의 선행자에 더 초점을 맞춘다.

이상에서 살펴보았듯이 자기관리 훈련의 의미는 환경을 변화시키고 행동목표를 설정하여 자신을 스스로 관리하는 것이고 할 수 있다.

3 사회적 측면에서의 고찰

그 밖에 사회활동의 주인공인 직장인이나 군간부, 경영자 등의 입장에서 자기관리에 대한 고찰들을 주제별로 구성하여 소개하고자 한다.

1) 직장인의 자기관리[7]

회사에서의 업무를 수행하는 경우에도 그것이 과연 장래에 얼마나 큰 영향을 미칠 것인가를 깊이 생각해 보는 것도 필요하다. 때

---

7) 노순규, 직장인의 자기관리, 시사금융사, 2004. 05. 10, pp.72~74 중에서 발췌 하였음.

로는 재미없고 힘들어 보이지만 장래로 보아 자신에게 도움되는 일이 있기 때문이다. 어떤 사람은 자신의 일보다는 다른사람의 일에 배려하는 듯한 마음을 갖는 것이 지금 당장은 손해를 보는 듯하지만 장래적으로 보아 더 큰 도움이 될 것이라는 생각을 하기 때문이다. 많은 직장인은 일이 바쁘다는 핑계로 자신의 장래에 중요한 일을 외면하는 경우가 있다. 그러나 인생에서 현재 바쁜 일보다 더욱 중요한 것은 진정으로 자신의 삶에 큰 영향을 미치고 궁극적인 변화를 일으킬 부분이다. 여기서 중요한 일이란 자신의 인생에 있어서 여러 가지 목표달성에 기여하는 일인 동시에 높은 가치를 지니는 것이다. 그것은 장기적으로 보아 자신의 인생에 큰 영향을 미치며 때로는 인생을 획기적으로 바꿀 수 있는 계기가 되는 것이다. 이른바 업무증진에 효과를 낼 수 있는 직장인이 되기 위해서는 영어실력의 향상, 각종 강좌에의 참가, 건강관리, 좋은 인간관계의 유지, 글짓기 및 독서 등의 자기개발이 필요하다. 또 단기적으로 해야 하는 일로는 인터넷 검색, 우편물 처리, 전화 걸기 등으로서 이것을 잘 수행하더라도 인생의 중대한 목표를 달성하는 데 도움이 될 수 있다.

성공한 사람은 중요한 일을 하되 그것이 장기적으로 보아 어떤 위치 및 중요성을 갖고 있는가를 확인하면서 수행하는 장점을 지니고 있다.

직장인들은 성공하기 위해서 성공모델을 찾고 있다. 성공하는 것이 사회적 흐름으로 자리 잡아 가고 있는 설정이다. 그런데 중요한 것은 "남들이 어떻게 해서 성공했는가"가 아니라 "내가 어떻게 하면 성공할 수 있는가"가 더욱 중요한 것이다. 또 무조건적으로 성공하는 모델을 벤치마킹하는 것이 필요한 것이 아니라 내가 진정으로 좋아하는 일을 찾아서 남보다 뛰어나게 잘할 수 있는 분야를 찾는 것이다. 그렇게 하기 위해서는 자신의 장점과 단점을 찾아서 자신의 인생경로와 조화를 시키는 것이 중요하다. 특히 남의 장점을 벤치마킹하더라도 자기 자신에 대한 철저한 진단을 행한 후에 가장 적합한 모델을 찾는 것이 중요하다. 자신의 성공모델을 찾기 위해서는 타고난 재능을 아낌없이 발휘하고 능력을 완전히 발휘해야 할 것이다.무엇보다도 나를 먼저 아는 것이 필요한 시대로 접어들었다. 더욱 중요한 것은 나를 알고 다른 사람을 동시에 아는 것은 시너지(synergy) 효과를 가져올 수 있는 계기를 마련해 준다.

2) 군간부의 자기관리[8]

군이라는 특수한 사회에서 생활해야 하는 간부들은 탤런트가 되어야 한다. 왜냐하면 대다수의 상관들은 내 부하들이 무엇을 요구하더라도 척척 처리해내는 만능박사이기를 원하기 때문이다.

그러나 군의 간부들도 사람인 이상 자신이 알고 있거나 또 가지고 있는 능력 이상의 실력을 발휘하기란 사실 불가능하다. 하지만 자신의 능력을 벗어나는 임무를 부여받았을 때 최선을 다해 수행해 내려는 의지는 있어야 한다. 그러기 위해서는 지금까지 자신이

---

8) 김종화, 간부의 자기관리를 위한 제언(하), 합동참모본부, 2003.07.01, p.319.

가지고 있던 매너리즘에서 벗어나 변화에 적응할 수 있는 마인드를 가져야 한다.

지금 우리 사회환경은 우리가 미처 예측하기 힘들 정도로 시시각각으로 변화의 바람이 불고 있는데, 사람들은 항상 그대로 있기를 원한다. 지금껏 생활해왔던 내 주변의 친근한 것들이 자신의 발목을 잡은 채 놓아주질 않는다. 예컨대 길을 가더라도 자신이 늘 다니던 길로만 다닌다거나 무슨 일을 하더라도 지금까지 자신이 사용했던 것만 고집한다. 또 만나던 사람만 만나려 한다거나 평소 자신이 생각하던 방식으로만 생각하려 한다.

그렇게 보면 변화를 수용하는 데 있어서 가장 큰 방해물은 자신의 마음속에 있으며, 자신이 먼저 변하지 않으면 그 무엇도 변화시킬 수 없다. 그런데 사람들은 낯선 환경에 대한 경계심을 품으면서도 자신이 변화를 두려워한다는 사실을 인정하려 들지 않는다.

하지만 원하든 원하지 않든 간에 반드시 변화는 일어나게 되어 있다. 변화를 모색하면서 새로운 길을 찾아 나서는 일은 스스로의 힘으로 개척해 나가야 한다. 자신의 인생은 아무도 대신 살아줄 수 없다. 조언은 할 수 있지만 그것을 받아들이는 것은 자신의 몫이기 때문이다. 성공에 대한 권리는 모든 사람들에게 있지만, 그것을 얻을 수 있는 사람은 그렇게 많지 않다. 왜냐하면 성공을 추구하는 사람들 자신이 변화를 두려워하기 때문이다.

편안한 곳에서 외부와 격리된 삶을 사는 것보다 스스로 선택하는 삶을 사는 것이 가장 안전하다는 사실을 알아야 한다. 최소한

군의 간부들만은 지금까지 익숙해져 있던 것들과 남들이 그래야만 한다고 생각하는 것에 자신을 맡기는 우를 범하지 않았으면 좋겠다는 생각을 해본다.

3) 자신은 어디에 속하는가[9]

소수의 사람들 예를 들면 천재적 소질의 음악가, 수학자 등은 벌써 4~5세 때부터 자질을 보인다. 그러나 대부분의 사람들 특히 아주 많은 재능을 부여받은 사람들조차도 20대 중반이 될 때까지 그들이 어느 분야에 소질이 있는지 잘 모른다. 그러나 이 시기에 와서 그들은 '자신의 강점은 무엇인가?', '자신은 어떻게 일을 수행하는가?' 그리고 '자신의 가치관은 무엇인가'에 대한 해답을 얻게 된다.

그리고 그들은 어디에 속하는지를 결정할 수 있고 또 결정해야만 한다. 커다란 조직에서 일을 잘 처리할 수 없다는 것을 아는 사람은 그러한 조직에 자리가 주어졌을 때 이를 거부할 수 있는 것을 배워야 한다. 패튼 장군도 독립적인 지휘관 자리에 대해서는 거절하는 것을 배웠어야만 했다.

가. 자신은 조직의 무엇에 공헌해야 하는가?

---

9) 손영수, 성공하는 사람들의 자기관리, 철도마케팅연구논집, 2001.03, pp.64~67.

많은 사람들에게는 공헌해야 할 분야가 외부로부터 주어졌다고 볼 수 있다. 소작인이나 기술공들의 경우 일 자체가 그들의 공헌이고 공무원의 경우는 부서의 장에 의해서 공헌해야 할 일들이 주어졌다. 그리고 아주 최근까지도 대부분의 사람들이 자기가 하는 일에 대해 윗사람으로부터 명령받는 것을 당연한 것으로 여겼다. 1950~60년대의 새로운 지식 노동자들(조직의 핵심적인 직원)도 그들의 경력관리를 함에 있어서 회사의 인사과에 의존했다.

그 후 1960년대 후반에 와서야 아무도 더 이상 무엇을 해야 하는지에 대해 명령받기를 원치 않게 되었다. 젊은 남녀들은 내가 하기 원하는 것이 무엇인가를 묻기 시작했다. 그리고 그들은 공헌하는 방법에 대해 '자신의 일을 하는 것'이라고 생각하게 되었다. 그러나 이는 올바른 해답이 될 수 없다. 자신의 일을 하는 것이 공헌·자기만족·성공으로 인도할 것이라고 믿었던 사람들은 이 세 가지 중 어느 하나도 달성하지 못했다.

그렇다고 명령받거나 자신에게 할당된 것만 하면 된다는 옛날 방식으로 회귀하지도 않았다. 특히 지식 노동자들은 전에는 하지 않았던 '어느 부문에 내가 공헌해야 하는가'라는 질문을 해야만 한다. 이것에 대답하기 위해 그들은 다음 3개의 분명한 요소를 다루어야 한다. '상황은 무엇을 요구하는가?' '내가 가지고 있는 강점, 업무스타일, 가치관을 종합해서 어떻게 나의 공헌을 극대화할 수 있겠는가?' 그리고 끝으로 '다른 것과의 차이를 만들기 위해서는 어떤 결과가 달성되어야만 하는가?'에 고민을 해야 한다.

나. 유대관계를 위한 책임

소수의 예술가, 과학자, 운동가와 같이 단지 소수의 사람들만이 혼자서 결과를 얻어낼 수 있을 뿐, 대부분의 사람들은 그렇지 못하다. 대부분의 사람들은 다른 사람들과 함께 일하고 다른 사람과 같이 있을 때 효과적이다. 그들의 조직의 구성원이든 아니면 따로 독립적으로 고용되든지에 관계없이 그것은 사실이다. 당신 자신을 관리하는 것은 유대관계를 위한 책임을 갖는 것을 요구한다. 이것은 두 부분으로 이루어진다.

첫째는 다른 사람도 당신처럼 개인이라는 사실을 받아들이는 것이다. 그들은 인간처럼 행동하기를 집요하게 요구한다. 이것은 그들 역시 그들의 장점을 가지며, 일을 처리하는 데 있어 그들의 방법을 가지며, 그들의 가치관을 갖는다는 것을 의미한다. 그러므로 당신은 효율적으로 일하기 위해 같이 일하는 사람의 장점, 수행방법 및 가치관을 알아야 한다. 상관이 읽는 것을 좋아해서 보고서를 잘 쓰도록 훈련받은 사람은 다음 상관이 듣기 좋아하는 사람일지라도 계속해서 보고서를 쓸 것이며, 그 보고서는 어떤 결과도 달성하지 못할 것이다.

그 상관은 그 직원을 무능력하고 바보로 평가할 것이다. 조직의 업무수행 방법을 보면 각자 다르게 하려고 하지만 효과적인 방법은 자신과 같이 일하는 사람을 이해하는 것이고, 그들의 장점, 일하는 방법 및 가치관을 활용하기 위해 그들에게 의존하는 것이다. 실제로 도움이 되는 유대관계는 일만큼 사람에도 기반을 두어야 한다.

　둘째는 의사소통을 위한 책임을 갖는 것이다. 조직에서 일하면서 일어나는 갈등의 대부분은 사람들이 무엇을 하는지, 어떻게 일을 하는지, 또는 어떤 공헌에 관심을 갖는지 그리고 기대하는 결과가 무엇인지를 알지 못한다는 사실에서 일어난다. 그리고 그들이 알지 못하는 이유는 서로간의 의사소통이 없었기 때문이다. 조직은 힘을 바탕으로 만들어지는 것이 아니라 신뢰를 바탕으로 만들어진다. 사람들 사이에 서로가 이해하고 믿음을 가지게 하는 신뢰 쌓기는 결코 쉬운 일이 아니다. 또 다른 한편으로 결코 어려운 일도 아니다. 사람은 누구에게나 부족한 점이 있기 마련이다. 서로간의 부족한 점, 나쁜 점보다 강점, 좋은 점을 의사소통에 활용하면 신뢰는 점점 두터워진다. 사람들 사이에 신뢰의 존재는 반드시 그들이 서로를 좋아한다는 것을 의미할 필요는 없다. 그것은 그들이 서로 이해한다는 것을 의미한다.

1. 경영학에서는 피터 드러커(1999) 이후 인사관리의 한 분야인 교육 훈련(혹은 육성관리)에서 교육방식의 하나로 자기개발(self development)에 대한 연구가 이루어지고 있지만 임원진을 대상으로 하는 독서프로그램이나 원격교육, 교양강좌 등으로 한정되어 자기관리에 대한 연구가 부족함으로 적극 도입하여 대상의 확대 및 다양한 방식의 운영 등이 필요한 상황이다.

2. 피터 드러커가 언급한 자기 관리를 배워 직원들을 관리할 수 있다는 것도 자기 관리를 하는 만큼 직원도 그 폭만큼 관리할 수 있다고 이해할 수 있다. 경영자 자신이 자기 관리를 70% 하면서 직원 개개인의 관리를 90%, 100% 한다는 것은 어불성설이다.

3. 자기관리 프로그램의 영역으로는 워밍업 영역, 자기점검 영역, 자가지도 영역, 자기기획 영역, 마무리 영역으로 구성한다. 초반기 워밍업 영역에서는 자기관리 프로그램에 대한 전반적인 소개와 집단원들 간의 상호작용 기회를 제공하고, 프로그램 초기에 야기 되는 불안을 덜 수 있도록 한다. 자기관리 프로그램의 본 활동으로는 자기점검 영역, 자가지도 영역, 자기기획 영역으로 구성한다.

4. 초기의 자기관리 훈련은 행동의 통제를 매개하는 벌과 혐오적 자극 같은 강화인을 강조하는 조작적 처치나 행동분석접근이 대부분이었다. 그러나 60년대 말, 70년대 초 이후 개인의 내재적 또는 인지적인 변인들의 중요성이 인식되면서 인지적 행동수정의 원리를 적용한 자기관리기법이 등장하게 되었다.

5. 그들은 어디에 속하는지를 결정할 수 있고 또 결정해야만 한다. 커다란 조직에서 일을 잘 처리할 수 없다는 것을 아는 사람은 그러한 조직에 자리가 주어졌을 때 이를 거부할 수 있는 것을 배워야 한다. 패튼 장군도 독립적인 지휘관 자리에 대해서는 거절하는 것을 배웠어야만 했다.

제3장

자기관리란 무엇인가

1 자기관리의 개요

앞장의 자기관리에 대한 여러 학자들의 견해를 종합해볼 때 자기관리란 자신의 행동을 바람직한 방향으로 변화시키거나 유지시키기 위한 체계적인 활동으로 볼 수 있다. 그러나 그것은 실제적으로 환경의 변화에 따른 적응활동이다. 특히 인간은 뒤처지는 것에 대한 불안감 때문에 무분별하게 변화를 수용하는 태도를 보이기도 하지만, 변화가 너무 빠르거나 심하다고 느낄 때는 이를 부인하거나 저항하기도 한다. 이와 같이 변화를 무분별하게 수용 추구하는 것이나, 변화에 무조건 저항하는 것 모두는 그리 바람직한 것이 아니다. 결국 변화가 피할 수 없는 것이어서 어차피 변화와 더불어 살아야 한다면 인간은 의식과 분별력을 가지고 변화에 적응하여야 한다.

이처럼 건전한 의식과 사려 깊은 분별력을 가지고 변화에 적극적으로 적응하는 행위를 자기관리라고 할 수 있다.

여기서 건전한 의식은 균형 있는 정신건강에서 나오는 것으로 볼 수 있다.특히 육체적, 문화적, 사회적, 종교적 건강 등이 정신건강을 결정한다고 본다.

사려 깊은 분별력은 윤리 도덕적 측면을 중시하는 동양적 사상에서 비롯된다고 판단하였다. 관계를 중시하는 동양적 사상을 통하여 분별력을 강화할 수 있다.

또한 변화에 적극적으로 적응하는 행위는 효율적인 경력개발프로그램의 운영에서 수행될 수 있는 것으로 이해할 수 있다.

따라서 본 저서의 자기관리 개념은 정신건강과 관련된 의학적 측면과 동양적 사상을 포함하는 동양철학, 경력개발과 가장 밀접한 경영학 측면 등으로 구성된다고 하겠다. 이를 바탕으로 하여 정신건강의 다양한 이슈들과 한민족 선인들의 사상을 포함한 동양의 철학들, 경력개발계획의 내용 등을 순서대로 설명하고 있다. 본 장에서부터 구체적으로 살펴보고자 한다.

2 정신건강의 이해10)

1) 정신건강의 개념

정신건강이란 다만 정신적 질병에 걸려 있지 않은 상태만이 아닌 만족스러운 인간관계와 그것을 유지해 나갈 수 있는 능력을 의미한다. (미국정신위생위원회)

정신건강이란 사람이 환경을 바람직하게 조성하고 잘 적응하여 만족과 성공, 행복을 누릴 수 있는 능력이다.

정신건강이란 정신적으로 건강하지 못한 상태의 예방 및 치료라는 소극적인 측면과 정신적으로 건강한 상태의 유지 및 증진이라는 적극적인 측면을 모두 갖고 있다.

결국 정신건강이란 자기능력을 최대한으로 발휘하고 환경에 대한 적응력을 가지며, 독립적 건설적 자주적으로 자기의 생활을 처리해 나가는 능력으로 이를 위해선 신체적 심리적 사회적 도덕적 측면의 조화가 바탕이 되어야 한다.

---

10) 장연집외, 현대인의 정신건강, 학지사, 2008.01.20, 제1장에서 발췌 정리하였음.

2) 정신건강의 조건

야호다는 정신건강의 조건을 다음과 같이 제시하고 있다.

다음을 읽고 수강생들은 자신들의 정신건강을 스스로 평가해 볼 수 있다.

* 자아정체감: 정신적으로 건강한 사람들은 자신을 긍정적으로 수용하고 필요한 경우에는 자기개념을 수정하기도 하며 자아정체감을 갖고 있다. (그렇다. 아니다.)
* 자아실현: 정신적으로 건강한 사람은 자신을 인정할 뿐만 아니라 성장, 발달하려는 욕구를 가지고 있으며, 또한 궁극적으로는 자아실현의 동기를 가지고 있다. (그렇다. 아니다.)
* 통합력: 건강한 사람들은 정신적으로 균형 잡혀 있고, 삶에 대해 통합적인 노력을 하며, 스트레스 상황에서도 항상 통정된 행동을 한다. (그렇다. 아니다.)
* 자율성: 행동의 결정과정에서 자율적으로 행하며, 독립적인 행동에 대하여 스스로 통제하는 자율성을 보인다. (그렇다. 아니다.)
* 현실지각 능력: 현실 지각능력이 정확하여 사물을 왜곡하지 않을 뿐만 아니라 현실에 대한 민감성도 갖추고 있어서 다른 사람에게도 보다 적절히 대응할 수 있으며, 적절히 자신의 감정을 주고받을 수 있다. (그렇다. 아니다.)
* 환경 적응 능력: 주어진 환경 속에서 대인관계가 적절하고 환경에의 적응 능력 및 조정능력이 있으며, 사랑할 수 있는 능력이 있고, 문제해결장면에서도 효율성을 보인다. (그렇다. 아니다.)

해설) 이중에서 (아니다.)를 1개 이상 선택 하였다면 현재 정신건강
에 다소 문제가 있다는 것이다.

3) 정신건강 조건의 공통점

건전한 정신건강의 조건들에는 네 가지 사항이 공통적으로 포함
되어 있다.

첫째는, 자기존중과 타인존중이다. 흔히 정상인들은 자신이 사회
집단에 수용된 구성원이라고 느낀다. 그는 다른 사람들을 좋아하
며, 그들도 자신을 좋아한다고 생각한다. 따라서 정신건강은 인간
관계에서 관용과 칭찬 및 긍정적인 접근, 개인의 존엄성 인정과
깊은 연관을 맺고 있다. 관련된 질문에 답해 보기 바랍니다.

사람들이 당신을 좋아 합니까? (그렇다. 아니다.)
당신은 사람들을 좋아 합니까? (그렇다. 아니다.)
당신은 당신 자신을 좋아 합니까? (그렇다. 아니다.)

해설) 이중에서 (아니다.)를 2개 이상 선택한 경우 자신과 타인에 대
하여 혐오감을 갖는 사람으로 일반적인 부적응상태에 있다.

둘째는, 자신과 타인이 지닌 장점과 한계에 대한 이해와 수용이
다. 정신건강의 주요 원칙은 인생의 현실을 분명히 보고 그것을

수용해야한다는 것이다. 아무리 지적으로 우수하다고 해도 부족한 측면이 없을 수는 없다. 개인은 자신의 장점을 있는 그대로 수용하고 자신의 한계 역시 받아들일 줄 알아야 한다. 관련된 질문에 답해 보기 바랍니다.

당신은 당신의 장점을 잘 알고 있습니까? (그렇다. 아니다.)
당신은 당신의 한계를 잘 알고 있습니까? (그렇다. 아니다.)
당신은 당신의 장점과 한계를 그대로 받아드릴 수 있습니까? (그렇다. 아니다.)

해설) 이중에서 (아니다.)를 2개 이상 선택한 경우 자신에 대한 이해와 수용이 부족한 사람으로 대체로 부적응상태에 있다.

셋째로, 모든 행동에는 원인과 그에 따른 결과가 있음을 이해하여야 한다.

인간의 모든 행동에는 원인이 있으며 그에 따른 결과가 반드시 존재한다. 이를 인과관계라고 하고, 뿌린 대로 거둔다고 표현하기도 한다. 잘 적응된 사람은 자신의 행동에 대한 원인으로 남을 탓하지 않는다. 자신의 행동은 자기 선택에 의해 나타난 것이기 때문에 선택에 따른 책임이 스스로 에게 있다고 본다. 관련된 질문에 답해 보기 바랍니다.

당신은 당신의 행동에 대한 원인이 남에게 있다고 봅니까?
(그렇다. 아니다.)

해설) 이중에서 (그렇다.)를 선택한 경우 인과관계에 대한 이해가 부
족한 사람으로 비교적 부적응상태에 있다.

넷째로 자아실현에 대한 동기를 이해해야 한다. 인간의 행동은
역동적이다. 모든 사람들은 일생 동안 만족을 얻으려는 욕구로 인
해 동기화된다. 맛있는 음식과 따뜻함, 성취, 정서, 경제적 정서적
안정 등을 얻기 위하여 열심히 노력한다. 인간은 누구나 저마다의
다양한 욕구를 지니고 있고 그같은 목적을 향해 살아나간다. 즉
모든 살아있는 유기체들은 성장의 동기를 갖고 있다. 모든 유기체
는 자신을 유지하고 자신의 한계 내에서 가능한 많은 것을 얻어
내려 하며, 성장하려고 한다. 관련된 질문에 답해 보기 바랍니다.

당신은 인간의 욕구가 저마다 다르다고 봅니까? (그렇다. 아니다.)
당신은 당신의 욕구를 잘 알고 있습니까 ? (그렇다. 아니다.)

해설) 이중에서 (그렇다.)를 1개 이상 선택한 경우 자아실현에 대한
동기를 이해하지 못하는 사람으로 다소 부적응상태에 있다.

[TIP] 정신건강에 대한 동양과 서양의 차이

동양에서의 정신의 탐구는 불교나 도교의 고승이나 학자, 그리
고 유가를 수행하는 요기들이 인간적인 구속에서 벗어나 해탈함으
로써 보다 자유로운 존재가 될 수 있는 방법에 대한 이론적이고
실천적인 노력을 통한 역사를 가지고 있다.

동양에서는 정신이 고양된 해탈된 상태를 정신적으로 최고의 상태로 보았으며 그 같은 상태에서만이 참 자유를 얻게 된다고 보았다.

고대 유럽에서는 정신장애인을 악령이 붙었거나 마녀에게 홀렸다든가 아니면 신의 벌을 받은 것이라고 보고 마술이나 영적인 기술로 치료하였다.

그것은 초자연적 신비적 주술에 의한 것으로서 거기에는 망상과 정신환자와의 구별이 없었다.

그러나 의학의 아버지라고 불리 우는 히포크라테스는 두뇌장애를 정신질환의 원인으로 보고 정신질환의 치료는 특별한 음식을 주고 몇 가지 약물의 사용을 권장함으로써 자연 상태에서의 신체와 똑같이 되도록 만들어 주어야 하는 것으로 생각하였다.

플라톤도 문화적 원인이 인간의 사고와 행동에 영향을 미친다고 보고 정신질환의 원인이 규범적이며 신체적인 것에 있다고 믿었다.

3 韓民族(한민족) 先人(선인)들의 격언[11]

사려 깊은 분별력은 풍부한 사색과 독서로부터 나오는 데 특히 고전을 읽음으로써 많은 생각을 할 수 있다. 본 장에서는 먼저 한민족 선인들의 저서로부터 그분들이 기록한 현대인들의 자기관리

---

11) 원주용편저, 동양의 지혜, 그리고 현대인의 삶, 한국학술정보, 2008.07.05, pp.267~309 중에서 발췌하고 이에 해설을 추가함.

에 도움이 되는 구절들을 살펴보고자 한다.

1) 최치원(857~?)은 그의 저서 〈桂苑筆耕集〉에서 다음과
   같이 논하고 있다.

  지혜로운 사람은 때를 따르는 것에서 일을 이루고, 어리석은 사
  람은 이치를 거스르는 것에서 일을 어그러뜨린다.

  해설) 때를 알고 이를 따르는 것이 곧 지혜라고 할 수 있으며 이러
       한 이치를 잘 알아야 일을 완성해 나갈 수 있다는 것입니다.

2) 이규보(1168 - 1241)는 그의 저서 〈東國李相國集〉에서
   다음과 같이 논하고 있다.

  무언가 생각하기를 깊게 하지 말라. 깊게 하면 의심이 많게 된다.
  참작하고 절충하여, 세 번쯤 생각하는 것이 가장 적당하다.

  해설) 사변적이라는 말이 있듯이 너무 생각을 많이 하게 되면 결국
       실천할 수 없게 된다는 것으로 의심이 많은 것은 좋지 않은
       것입니다.

  항상 곧기만 하고 활처럼 굽히지 않으면 남의 노여움을 받게 되
  고, 경쇠처럼 굽힐 수 있으면 몸에서 수치를 멀리할 수 있다. 오
  직 사람의 화복은 너의 펴고 굽힘에 달려 있다.

해설) 행동이나 태도가 너무 곧으면 거만해 보이고 관계가 불편해 지
는 것을 말합니다. 높은 자리에 있을 지라도 항상 겸손한 태도
를 가져야 합니다.

경모하여 그것을 배우면 비록 그 실상을 얻지는 못한다 하더라
도, 또한 거기에 가깝게는 될 것이다.

해설) 어떤 사람을 존경하여 그 사람의 학식이나 행동을 배우게 되면
거의 비슷한 수준까지 도달할 수 있으므로 매우 좋은 처세라고
할 수 있습니다.

3) 이황(1501～1570)은 그의 저서 〈退溪集〉에서 다음과 같이 논하고 있다.

자손이 훌륭하기를 바라는 것은 사람의 지극한 바람이지만 도리
어 애정에만 이끌려 가르치고 타이르기를 소홀히 하는 경우가 많
다. 이것은 싹은 김매지 않고 벼가 익기를 바라는 것과 같으니 어
찌 이런 이치가 있을 수 있겠는가?

해설) 김매기를 하고 잡초를 제거하는 것은 힘은 들지만 가을에 많은
수확을 얻기 위해서입니다. 자식이 잘되기를 바란다면 잘 돌보
아야 합니다.

자기를 버리고 남을 따를 수 없는 것은 배우는 사람의 가장 큰
병이다. 천하의 의리는 끝이 없으니, 어찌 자기만을 옳다고 하고
남을 그르다고 할 수 있겠는가?

해설) 배우는 사람의 자세를 말하는 것입니다. 제대로 배우려면 이전의
자기를 버리고 새로운 자신을 만들 수 있는 용기가 필요합니다.

4) 이이(1536~1584)는 그의 저서 〈栗谷全書〉에서 다음과
   같이 논하고 있다.

온 가족이 서로 화목하기를 힘써 그 마음이 화평하면, 집안에
길하고 좋은 일들이 반드시 생길 것이다.

해설) 화목하고 평안한 집안에서 훌륭한 인재가 양성되고 이웃으로부터
칭찬을 받으니, 마을로부터 존경을 얻게 되는 것입니다.

뜻이 서고 지혜가 밝아지고 행동이 독실해지는 것은 모두 나에
게 달려 있을 뿐이니, 어찌 다른 데서 구할 수 있겠는가 ?

해설) 먼 곳에 있는 금은보화보다 현재의 내 것이 중요한 것입니다.
모든 것은 나로부터 시작되는 것이니, 먼저 나를 가다듬고 갈
고 닦는 것입니다.

5) 이수광(1563~1628)는 그의 저서 〈芝峯集〉에서 다음과
   같이 논하고 있다.

말은 행동과 다르게 하지 말며, 행동은 말과 다르게 하지 말라.
말과 행동이 서로 맞는 것을 바른 사람이라 하고, 말과 행동이 서
로 어그러지는 것을 소인이라고 한다.

해설) 옛날부터 언행일치를 중시하였는데 언행이 일치된 사람을 가장
올바르다고 할 수 있습니다.

6) 정조(1752~1800)는 그의 저서 〈弘濟全書〉에서 다음과
같이 논하고 있다.

옥은 저절로 나오는 것이 아니라 사람이 스스로 그것을 캐야 만
얻을 수 있고, 거울은 저절로 모습을 드러내는 것이 아니라 사람
이 스스로 비춰야만 보인다.

해설) 옥돌을 캐서 다듬어야만 훌륭한 옥을 얻는 것과 같이 사람이
합당한 노력을 기울이기를 끊임없이 반복하여야 한다는 말씀
입니다.

마음에서 우러나 입으로 나오나니, 몸에 간직한 것이 선하거나
악함에 따라, 일을 시행함에 있어 이루기도 실패하기도 한다.
해설) 마음을 어떻게 먹느냐에 따라 말이 달라지고, 결국 일의 성패
가 결정된다는 말씀입니다.

7) 정약용(1762~1836)는 그의 저서 〈茶山詩文集〉에서 다
음과 같이 논하고 있다.

즐거움은 급하게 누리지 않아야 늙도록 오래 누릴 수 있고. 복
은 다 받지 않아야 후손에 까지 내려가게 된다.

해설) 젊어서 즐거움과 사치, 화려함을 지나치게 즐기면 늙어서는 즐
   길 여유가 없어지고 욕심이 과하면 자손들에게 화가 미치게
   된다는 것입니다.

몸을 닦는 것은 **孝**와 **友**로서 근본을 삼아야 한다. 이 점에 자기
의 본분을 다하지 않은 것이 있으면, 비록 학식이 **高明**하고 글이
아름답다 하더라도, 곧 이는 흙 담에다 색칠하는 것일 뿐이다.

해설) 먼저 부모에게 효를 다하고 친구들과 우정을 지키는 것이 본분
   이며 이런 다음에 여유를 가지고 학식을 쌓고 글을 배워야 만
   이 진정한 것입니다.

하늘은 한 사람을 사사로이 부유하게 하려는 것이 아니라 대게
여러 가난한 자들을 그에게 부탁하려는 것이요. 하늘은 한 사람을
사사로이 귀하게 하는 것이 아니라 대게 여러 천한 자들을 그에게
부탁하려는 것이다.

해설) 부자는 힘써 여러 가난한 사람들을 도와야 하고, 높고 좋은 지
   위에 있다면 여러 천한 자들을 돕는데 최선을 다하여야 하는
   것입니다.

8) 최한기(1803~1875)는 그의 저서 〈氣測體義〉에서 다음
   과 같이 논하고 있다.

자기의 잘못을 아는 것이 남의 착한 일을 듣는 것보다 낫다. 그
러므로 오직 잘못을 아는 것이 절실하지 못함을 근심해야지, 잘못

을 고치는 것이 빠르지 못한 것을 근심할 것 없다.

> 해설) 남의 착한 일을 듣고 내 잘못을 빨리 고치려는 것보다 내가
> 어떤 잘못을 했는지를 늘 살피는 것이 중요하다는 것입니다.

9) 이남규(1855~1907)는 그의 저서 〈修堂集〉에서 다음과
   같이 논하고 있다.

뜻이 정해지지 않으면 그 처신이 확립될 수 없고, 얼굴 모습이
정해지지 않으면 그 표정이 엄숙할 수 없고, 걸음걸이가 안정을
얻지 않으면 그 자세가 단정할 수 없고, 말을 할 때 안정되지 않
으면 그 표현이 온화할 수 없다.

> 해설) 반드시 해야 할 것이 있는 데 먼저 뜻을 정하고 얼굴을 단정
> 히 하며, 걸음걸이를 안정되게 하고, 말하기를 가다듬어야 합
> 니다.

4 경력개발프로그램의 개념[12]

앞에서 변화에 적극적인 적응하는 행위는 효율적인 경력개발프
로그램의 운영에서 발생되는 것으로 인식하고 있다고 설명한 것처

---

12) 임창희, 신인적자원관리, 명경사, 2003.06.15, pp.175~177.

럼 경력개발프로그램에 대하여 보다 구체적으로 학습하도록 하자.

각 개인은 회사에 입사하여 월급 받고 노동력을 제공하면서 동시에 자신의 능력과 자격, 기술, 경험 등을 쌓아나간다. 즉 회사인으로서 회사에 공헌하면서 자신도 성장해 가는 것이다. 그러므로 회사가 가만 두어도 종업원들은 스스로 경력을 향상시켜 나가겠지만 그 속도와 효율성은 매우 떨어진다.

기왕에 경력 향상의 무대가 회사이니만큼 회사에서 이를 좀 도와주면 서로에게 도움이 될 것이다. 경영학을 전공하고 회사에 갓 입사한 김창수(가명) 사원은 영업사원으로 뛰고 있다고 하자. 하지만 자신의 취향도 그렇고 후에 회계전문가가 되고 싶어 야간에 전산회계 학원에 다니고 있다고 한다면 개인과 회사 모두 손해이다. 그러나 김창수 사원을 회계팀에 근무시킨다면 전산 회계학원 실력을 회사 일에 적용하니 좋고 그의 경력 향상 속도도 빨라질 것이다. 더구나 자신이 바라고 있는 미래 직종이기 때문에 더 열심히 배우며 터득해 나갈 것이다.

이처럼 개인의 경력계획과 회사의 개인에 대한 경력관리 활동을 연결시켜서 개인의 경력개발에 도움을 주기 위한 계획을 경력개발프로그램(CDP)이라고 한다. 그러므로 CDP는 개인과 회사의 상호약속이며 어느 한쪽에서 일방적으로 세우는 것도 아니다. 회사는 개인과 상담을 통하여 그가 원하는 직무분야와 승진계획을 알아내고 회사는 그러한 직무분야가 미래에 어느 정도 필요한지 그리고 회사 내에 다른 사람은 몇 명이나 더 있는지 종합적으로 검토하여 본인에게 가능성을 일려준다. 동시에 그러한 경력을 효과적으로 쌓아 가도록 방법도 알려주고 가는 길도 열어준다. 이를테면 그가 원하는 부서로 이동시키는 것이다.

결국 경력계획은 회사의 승진 수급 계획 자료를 가진 관리자와 경력희망을 가진 종업원이 만나서 상담을 통하여 최종 경력목표를 정한다. 그리고 그곳에 이르는 구체적인 승진진로와 시기를 설정한 후 진행해 나가면서 수시로 진행과정을 살펴보면서 원래의 계획과 대조하여 필요하면 수정 보완을 해나가는 것이다.

요약하면 경력개발이란 경력계획과 경력관리라는 두 가지 차원을 포함하는데 전자는 개별종업원들이 경력목표를 달성하기까지의 방향과 경로를 미리 설정해 주는 것이며 후자는 이러한 계획이 제대로 실행에 옮겨지도록 계속 진행되는 대로 나아가면서 지원하여 마침내 개인과 조직의 요구에 맞게 경력을 달성시켜 주는 관리활동이다.

1. 건전한 의식은 균형 있는 정신건강에서 나오는 것으로 볼 수 있다. 특히 육체적, 문화적, 사회적, 종교적 건강 등이 정신 건강을 결정한다고 본다. 사려 깊은 분별력은 윤리 도덕적 측면을 중시하는 동양적 사상에서 비롯된다고 판단하였다. 관계를 중시하는 동양적 사상을 통하여 분별력을 강화할 수 있다. 또한 변화에 적극적으로 적응하는 행위는 효율적인 경력개발프로그램의 운영에서 수행될 수 있는 것으로 이해할 수 있다.

2. 정신건강이란 자기능력을 최대한으로 발휘하고 환경에 대한 적응력을 가지며, 독립적 건설적 자주적으로 자기의 생활을 처리해 나가는 능력으로 이를 위해선 신체적 심리적 사회적 도덕적 측면의 조화가 바탕이 되어야 한다.

3. 최치원(857 – ?)은 그의 저서 〈桂苑筆耕集〉에서 다음과 같이 논하고 있다. 지혜로운 사람은 때를 따르는 것에서 일을 이루고, 어리석은 사람은 이치를 거스르는 것에서 일을 어그러뜨린다. 해설) 때를 알고 이를 따르는 것이 곧 지혜라고 할 수 있으며 이러한 이치를 잘 알아야 일을 완성해 나갈 수 있다는 것입니다.

4. 이황(1501 – 1570)은 그의 저서 〈退溪集〉에서 다음과 같이 논하고 있다. 자손이 훌륭하기를 바라는 것은 사람의 지극한 바람이지만 도리어 애정에만 이끌려 가르치고 타이르기를 소홀히 하는 경우가 많다. 이것은 싹은 김매지 않고 벼가 익기를 바라는 것과 같으니 어찌 이런 이치가 있을 수 있겠는가 ? 해설) 김매기를 하고 잡초를 제거하는 것은 힘은 들지만 가을에 많은 수확을 얻기 위해서입니다. 자식이 잘되기를 바란다면 잘 돌보아야 합니다.

5. 경력개발이란 경력계획과 경력관리라는 두 가지 차원을 포함하는데 전자는 개별종업원들이 경력목표를 달성하기까지의 방향과 경로를 미리 설정해 주는 것이며 후자는 이러한 계획이 제대로 실행에 옮겨지도록 계속 진행되는 대로 나아가면서 지원하여 마침내 개인과 조직의 요구에 맞게 경력을 달성시켜 주는 관리활동이다.

제4장

자기발견과 자기관리

1 자기발견과 적응13)

적응한다는 것은 주변 환경의 요구에 좀 더 순응하기 위해 변화하는 것을 말한다. 따라서 적응은 반응적인 것이며, 환경이라는 상황 속에서 지속적으로 바뀌어 가는 것이므로 환경이 우리에게 편안함을 가져다주는 힘이 무엇인지 알아야 한다. 그러나 우리는 환경에 대해 단순한 반응자만이 아닌 적극적인 행위자가 될 수 있다. 환경이 우리에게 영향을 줄 뿐 아니라 우리 또한 환경에 영향을 줄 수 있다.

____

13) 전개서, 제3장중에서 발췌 정리하였음.

1) 선천성과 후천성

유전적 요인이 심리적 적응과 행동에 어느 정도의 영향을 미친다고 할지라도 그 자체가 특정한 행동패턴을 갖게 하지는 않는다. 그것들은 환경적인 요인과 상호작용하여 행동에 영향을 주게 된다.

유전적인 요인들은 강력한 영향을 줄 수 있지만 많은 경우 우리의 행동을 통해 그것의 영향력을 수정할 수 있다. 생물적인 것이 반드시 운명은 아니다. 우리의 잠재력을 적응시키고 발달시키기 위해 타고난 자원을 다룰 수 있는 정도는 우리에게 달렸다.

2) 임상적 접근과 건강한 성격 접근

임상적 접근은 인간이 개인적인 문제를 교정하고 스트레스에 대처하는 데 도움이 될 수 있는 방식에 일차적인 초점을 두고 있고, 건강한 성격 접근은 사회적 직업적 발달을 포함한 개인성장과 발달의 건강한 패턴에 일차적인 초점을 두고 있다. 따라서 임상적 접근에서는 정신역동과 행동주의적 입장을 주로 다루고, 건강한 성격 접근에서는 현상학적 측면을 주로 다루고 있다. 이러한 접근들의 종합적이고 균형 있는 통합을 통해 적절한 이론을 제시하고 이를 토대로 대처와 최선의 발달을 위한 적용이 필요하다.

3) 적응의 개념

인간이 적응해 나가지 않으면 안 되는 요구에는 다음과 같은 것
들이 있다.

가. 신체적 적응

체온과 수면, 배고픔, 갈증 같은 생리적인 욕구는 적당한 옷을
입거나 잠을 잔다거나, 음식을 먹는다거나, 물을 마신다거나 하는
의도적인 적응 행동을 통해 충족될 수 있다. 생리적 욕구는 인간
의 생리적 구조에서 자동적으로 일어나며, 그 적응 행동으로 즉각
적으로 충족시키려 한다.

나. 심리적 적응

아동은 부모와의 상호작용을 갖는 동안 사회가치를 수용하게 되
고, 그것을 차차 내면화하여, 자기의 성격으로 통합시켜 나간다.
즉 옳고 그름에 대한 우리의 감각과 성취나 승인의 욕구는 생리적
인 내적 구조에서 직접 유발되는 것이 아니라 오히려 우리가 살고
있는 사회에서 얻게 되는 여러 경험에서 학습되는 것이다. 그러므
로 서로 다른 사회에서 성장한 사람들은 간혹 아주 다른 가치 체
계와 사회적 동기 유형을 갖게 된다. 이러한 사회적 가치와 동기
는 학습되는 것이기는 하지만 일단 학습되면 그것은 일생동안 행
동을 작동시키고 방향을 잡아주는 강력한 힘으로 계속 작용한다.

다. 사회적 적응

인간은 그가 태어난 문화권의 사회제도가 개인에게 강요하는 일정한 사회 가치와 그 문화의 행동 양식 등에 동조하여야 한다. 그 예로 사람은 결혼해서 가정을 꾸리며 직장에서 일하고 어떤 지위 계층에 끼어들어 가 사회에서 자기 위치에 알맞은 어떤 방식으로 생활할 것이 기대된다.

라. 도덕적 적응

부모와의 상호작용을 통해 사회 가치를 수용하고 그것을 내면화하여 옳고 그름에 대한 도덕 윤리적 가치판단을 학습하게 된다. 이러한 가치판단의 기준은 실제로 적응에 있어 어떤 것이 좋고 나쁜가, 무엇이 바람직하고 무엇이 바람직하지 않은가에 대한 기초 틀이 된다.

4) 적응 기제

불안과 갈등이 생기면 인간의 내면에서는 자신도 모르게 그것에 대처하려는 무의식적인 적응 방어 기제들이 작동하여 자신을 보호하게 되는 데 이를 적응 기제라고 하며, 이것의 과도한 사용은 정신건강에서 일탈된 것으로 보며 그 종류는 아래와 같다.

가. 억 압

억압은 자아가 조절할 수 없는 욕구나 기억에 대한 방어로 작용하게 된다. 이러한 억압은 무의식적 과정에서 자동적으로 일어나는 거부이며 부정이라고 할 수 있다. 수치심이나 죄책감을 일으키거나 자존심을 손상시키는 경험들은 특히 억압되기 쉽다. 억압된 충동이지만 역동적인 힘이나 긴장은 그대로 보유하고 있다. 이들은 표면에 떠오르지 않고 숨어 있지만 인격 성향이나 특수한 관심, 신념, 가치관 등에 영향을 주거나 또는 신경증이나 정신증 및 정신신체 증상 같은 여러 형태로 영향력을 나타낸다. 억압은 억제와 혼돈돼서는 안되며, 억제는 받아들이고 싶지 않은 욕망과 바람직하지 않은 기억을 잊으려는 의식적인 노력이다.

나. 동일시

동일시는 주로 가정 안에서 숙달감에 대한 욕구와 관계된다. 이는 아동을 보호해주는 부모와의 반복적인 분리 과정에서 생기게 된다. 먼저 아버지나 어머니로부터 나중에는 선생님, 형제, 친구 등의 행동을 동일시하게 된다.

장기간에 걸친 성공적인 동일시를 통하여 성인으로서의 개별화가 이루어져 견고한 자기주체성을 갖게 되는데, 이는 정신 병리의 특징일 수 있는 병적 동일시와 구분되어야 한다.

다. 전 이

전이란 어떤 사람에 대한 상을 무의식적으로 다른 사람에 대한 상과 동일시하는 것을 말한다. 근래 알게 된 사람이 전부터 알게 된 사람의 대리자가 되어 전부터 알았던 사람에 대한 감정과 태도가 이 사람에게 옮겨지는 경우를 말한다.

라. 감정이입

건전한 동일시의 한 형태인 감정이입을 통하여 개인은 상대방과 같은 느낌을 느낄 수도 있고, 그 사람의 경험과 감정을 이해할 수도 있다. 감정이입을 느낄 수 있는 사람은 다른 사람의 상황이나 감정에 자신을 투사시킬 수 있는 따뜻한 감정을 가지고 있다.

마. 내 사

동일시가 일어나는 시기보다 더 이전 단계에서 발달되는 것으로 보여진다. 자기와 대상을 구분하지 못하는 시기에 발생된다. 반면 동일시는 자기와 대상을 구분할 수 있을 때 생기게 된다. 투사와 반대되는 개념이다.

바. 합일화

합일화란 자아의 변형 없이 동일시의 원천상대를 자신의 자아 구조 안에 그대로 받아들이는 방어를 말한다. 합일화가 되면 자신이 미워하는 상대의 부분이 자신의 것이 된다.

사. 반동 형성

받아들일 수 없는 충동을 계속 억압하고, 감추어져 있는 인격 성향을 부정하고 숨기기 위하여 본래의 경향과는 정반대로 표현되

는 성격경향이 반동형성이다. 완벽하고 타협할 줄 모르는 성격이
오히려 금지된 욕망이나 충동에 대한 반동 형성인 경우가 많다.

아. 보 상

보상이란 자신의 성격과 능력, 혹은 신체에 대한 실제적, 상상적
결함에서 오는 열등감을 해소하기 위해 다른 우세한 면을 과장해
결함을 극복하려는 기제이다. 생리적인 신체적인 보상은 내과나 외
과적인 질환자들에게서 흔히 볼 수 있는 현상이다.

자. 합리화

자존심을 유지하고 죄책감을 막아주는 기제 중 가장 흔한 것이
합리화이며, 이것은 어네스트 존스가 소개한 용어이다. 우리는 모든
행동이 심사숙고하여 올바르게 판단되고 충분히 자각되어진 동기의
결과라고 믿고 싶어 한다. 그러나 실제에 있어서는 그러한 의식적이
고 지적인 과정을 통해 일어나는 행동이란 아주 미미한 정도이다.

차. 대 치

대치는 좌절로 인한 긴장을 감소시키는 기제이다. 대치 수단을 통
하여 원래 추구하고자 했던 만족에 상당하는 결과를 얻고자 한다.

[TIP]

1. 전 치

어떤 사람이나 대상 또는 특정 상황으로 향했던 원래의 감정이 다른 사람이나 대상 또는 상황으로 전이되어 밀착되면 원래의 대상에게 가지고 있던 감정적 의미도 그대로 부여된다. 예를 들어 부모에 대한 적개심이 너무나 강력하면 의식적인 수준에서는 간직할 수 없다. 그런 경우 비슷한 사람을 미워한다면 부모를 향한 자신의 미워하는 태도를 의식적으로 인지하지 않을 수 있다.

2. 상 환

상환적 행동을 통하여 죄책감으로 인한 마음의 부담을 줄이는 기제는 흔히 볼 수 있다. 죄책감으로 인한 상환이 주요 동기가 될 수 있는데 끈기 있게 불굴의 정신으로 자선을 베푸는 사람에게서 그 좋은 예를 볼 수 있다.

3. 투 사

전치의 한 형태로 일상생활에서 여러 사람에게서 볼 수 있으며 정신병적 수준에서는 편집증과 편집성 정신병 등에서 흔히 볼 수 있다. 억압과 투사는 자아가 공격성과 증오감, 죄책감 때문에 압도당하거나 와해되는 것을 막아준다.

4. 상징화

의사소통을 위해서 처음에는 구체적인 대상을 이용하다가 언어의 발달로 인해서 대상 대신 단어가 이용된다. 점차적으로 단어는 어떤 생각이나 대상을 표현하기 위해서 도입되며 이와 유사하게 대상은 생각과 느낌 그리고 경향에 대한 상징으로 대치된다.

5. 고 착

불행히도 인격 발달 과정 중 어떤 면은 불완전한 단계에서 정지되며 그 결과 불완전하고 미성숙한 면이 그대로 나타날 수도 있다. 완전하고도 일관성 있는 성숙한 독립이 이루어지지 못한 단계에 인격 발달이 중지된 경우를 고착이라고 한다.

6. 퇴 행

퇴행은 인격이 이미 달성했던 발달을 상실하고 보다 이전의 적응단계로 되돌아가게 되는 현상이다. 이러한 인격발달의 이전 단계로의 후퇴는 생각이나 감정 또는 행동 면에서 미성숙한 양상을 보이는 것이 특징이다.

7. 해 리

해리에서는 인격 활동의 어떤 면이 개인의 통제에서 벗어나 정상적인 의식과는 분리되어 하나의 독립된 인격으로 기능한다. 이중성격 또는 다중성격은 평소 억압되어 있던 인격의 특성들이 억압을 깨고 의식으로 뛰쳐나와 새로운 인격으로 행동하게 되는 경우이다. 이때 1차적 성격과 2차적 성격은 서로 상반된다.

8. 저 항

저항이라는 방어 기제는 억압된 무의식적 내용이 자각되는 것을
막아주는 의식 깊은 곳에서의 반항이다. 이 기제를 통하여 사람들
은 의식에서 직면하게 될 때 불안과 고통을 유발하는 기억이나 통
찰을 피하려고 한다.

9. 부 정

부정은 의식에서 견딜 수 없는 지각을 무시하거나 인식하지 않
으려는 내적인 정신 방어 기제이다. 부정의 경우 무의식적으로는
부인된 지각의 중요성과 정서적인 함축성을 동시에 느끼기 때문에
자아의 기능에 분열이 온다.

10. 승 화

본능적 욕구와 용납될 수 없는 충동 때문에 생긴 불안이 사회적
으로 용납될 수 있는 형태로 처리될 수 있을 때 이러한 욕구와 충
동은 용납될 수 있는 출구와 표현 양상을 발견하게 된다. 승화는
이기적이고 금지된 목적의 원초적인 경향과 충동을 개인과 사회집
단 모두에게 풍요로운 삶과 문화 발달을 증진시키는 예술과 문학,
종교, 과학 등의 다른 직업 활동으로 바꾸어 나아가도록 한다.

 童蒙先習(동몽선습)과 先人(선인)들의 名言(명언)들

1) 동몽선습의 명언들14)

동몽선습은 조선 중기 명종 때 유학자 박세무(朴世茂)가 편찬한 것으로 이 책이 저술된 이후로 문자를 아는 자라면 이 책을 읽지 않은 자가 없을 만큼 널리 알려졌다. 현종 이후에는 왕세자의 교육에 필독서로 상례화 하였으며, 어린이 교육을 위한 필독서였고, 또한 우리나라 최초의 교과서였다는 점에서 귀중한 가치가 있다.

부모가 비록 자식을 사랑하지 않더라도, 자식은 효도하지 않을 수 없다.

해설) 부모가 형편이 어렵거나 신체가 불편하여 자식에게 많은 것을 베풀지 못했다 하더라도 이를 비판하거나 비관하여 부모에게 효도를 하지 않는 다면 그것은 짐승만도 못한 짓입니다.

남편과 아내는 두 성이 합쳐진 것으로, 백성의 시초이며 모든 복의 근원이다.

해설) 요즘에는 능력이 있고 신체가 건강 하더라도 결혼을 하지 않는 독신주의가 많아서 사회문제가 되고 있습니다. 남녀는 결혼을 함으로서 완전해지며 따라서 자식을 얻고 집안이 풍요로워지는 것입니다.

---

14) 전개서, pp.23~27 중에서 발췌하여 해설을 추가함.

나이가 많은 것이 배가 되면 부모처럼 섬기고, 10년이 많으면 형으로 그를 섬기며, 5년이 많으면 어깨를 나란히 하고 그를 따라간다.

해설) 사회에서 연장자나 선배를 대할 때 함부로 한다면 정상적인 사람으로 인정받지 못하는 것입니다. 나이 차가 많이 나면 그 차이에 따라 온당한 관계를 이루어 나가야 합니다.

부모와 자식은 타고난 성품이 본래 친한 것이다.

해설) 당연한 일이므로 생략합니다.

겨울에는 따뜻하게 해드리고 여름에는 시원하게 해드리며, 저녁에는 잠자리를 정해 드리고 새벽에는 살펴 드리며, 외출할 때는 반드시 아뢰고 돌아와서는 반드시 뵈며, 멀리 돌아다니지 않으며 돌아다닐 때는 반드시 장소를 두며, 감히 자기 몸을 마음대로 두지 않으며 감히 재물을 사사로이 하지 않는다.

해설) 부모님이 살아 계실 때는 최선을 다하여 공양 해드리며 자기의 몸을 잘 간수하고, 사치를 하지 않음 으로서 부모의 마음을 상하지 않게 하며 특히 현재 어디에 있는지를 잘 알려야만 화를 막을 수 있습니다.

2) 先人들의 名言들[15]

가. 孔子家語(공자가어)

---

15) 전개서, pp.313~325 중에서 발췌하고 그 해설을 보완함.

그 자손을 잘 알지 못하면 그 부모를 보고, 그 사람을 알지 못하면 그 친구를 보라.

해설) 부모를 보면 그 아들이나 딸을 미루어 짐작할 수 있으며, 주위의 친구들을 보면 그 사람을 알 수 있다고 합니다.

좋은 약은 입에 쓰나 병에 이롭고, 충성스러운 말은 귀에 거슬리나 행동에는 이롭다.

해설) 명약은 입에 쓰다는 말이 있습니다. 곧 올바른 비판이나 직언들을 잘 받아들일 수 있어야 훌륭한 사람이 될 수 있습니다.

부유하면서 남을 두려워하는 것은 가난하면서 비굴함이 없는 것만 못하다.

해설) 부자인데도 남과 마주치기를 싫어하고 주위사람들을 멀리 하는 것은 가장 가난한 삶입니다.

나. 近思錄(근사록)

마음을 비워야 남을 받아 드린다.

해설) 마음을 열어두지 않으면 새로운 것을 받을 수 없습니다.

사람의 마음이 같지 않음이 각자 다른 얼굴과 같다.

해설) 사람의 얼굴 들이 각자 다르듯이 마음도 각자 다르므로 미리 같다고 생각해서는 안 됩니다.

관직이 사람의 뜻을 빼앗아 버린다.

해설) 원래 좋은 뜻이 있어도 벼슬이 눈앞에 있으면 변질된다는 것입니다.

배우지 않으면, 곧 늙어서 쇠하게 된다.

해설) 삶에 있어서 배움이 없다면 젊은이라도 곧 늙은이가 됩니다.

다. 墨子(묵자)

편안히 거처할 곳이 없는 것이 아니라, 나에게 편안한 마음이 없기 때문이다.

해설) 아무리 훌륭한 궁전이나 값비싼 호텔룸 일지라도 마음이 편하
지 않는다면 누추한 초가집과 다를 바 없다는 것입니다. 마음
이 편하다면 초가집도 궁전과 같습니다.

미녀는 비록 집 밖으로 나오지 않아도, 그를 찾는 사람들이 많다.

해설) 재주가 많고 똑똑한 인재는 사람들이 곧 알아보고 쓰려고 합니다.

군자는 물을 거울로 삼지 않고, 사람을 거울로 삼는다.

해설) 물은 그 자체를 비춰 주지만 사람은 싫고 좋음 나쁨 등이 얼
굴에 나타나기 때문에 나의 잘 잘못을 깨닫게 되는 것입니다.

두드리면 울리고 두드리지 않으면 울리지 않는다.

해설) 내가 알릴 것이 있다면 적극적으로 알려야 한다는 것입니다.

라. 文選(문선)

남의 단점을 말하지 말고, 자기의 장점을 말하지 말라. 남에게 베풀었으면 삼가 생각하지 말고 베풂을 받았으면 삼가 잊지 말라.

> 해설) 말하지 않아야 하는 것은 자기의 장점과 남의 단점이며, 남에게서 입은 은혜는 잊지 말고 또한 알려도 된다는 것입니다. 자기 자랑을 하는 사람은 곧 자기에 대한 욕이 됩니다.

마. 史記(사기)

공은 이루기는 어렵지만 실패하기는 쉽다. 때는 얻기는 어렵지만 잃기는 쉽다. 때는 다시 돌아오지 않는다.

> 해설) 공은 이루기 어렵고 때를 얻기가 어려우므로 항상 노심초사하고 용의주도하여야 한다는 것입니다.

의식이 풍족하고 나서야 영화와 모욕을 안다.

> 해설) 의식이 풍부하게 되면 생활이 영화롭지만 정신이 흐려지고 좋지 않은 것을 추구하여 모욕을 얻게 됩니다.

사귐이 끊어진 후에도 그 사람의 나쁜 일을 말하지 않는다.

> 해설) 몸이 멀어지면 마음이 멀어지듯이 함부로 옛날 일을 말하게 됩니다.

결단하여 과감히 행하면, 귀신도 그를 피한다.

> 해설) 사람이 결단력을 발휘하여 행동하면 막을 방법이 없게 됩니다.

큰 명성의 아래에는 오래 머무르기 어렵다.

해설) 유명해지거나 명예가 높아진다면 그만큼 큰 화가 미치게 됩니다.

뱀은 변하여 용이 되어도 그 무늬는 변하지 않는다.

해설) 사람이 큰 지위나 명성을 얻게 되었어도 그 초심을 잃지 않아
　　　야 합니다. 초심을 잃게 된다면 사람들이 그것을 보고 웃게 될
　　　것입니다.

3 경력개발 활동16)

구성원 각자가 자기 나름대로 경력계획을 수립한 것을 조직이나
회사가 관리해 주는 것을 경력관리라 하면, 개인이 할 일은 자신
의 경력목표 달성을 위해 최종경력에 이르는 과정과 시기를 미리
정하고 미리 예측하여 준비하면서 기초를 쌓아 가면 된다.

회사가 할 일은 조직의 미래전략과 비전을 확인하고 거기에 필
요한 인력을 언제 얼마나 제공해야 하는지 계획을 세워서 이에 걸
맞은 필요인력을 선발 배치할 수 있도록 개인의 경력계획과 서로
이어 주어야 한다.

이러한 경력개발이 성공을 거두기 위해서는 구성원 개인과 직속
상급자, 기업 조직 모두 각자 역할을 다하여야 한다.

___

16) 전개서, pp.177~178.

1) 구성원 개인이 할 일

자신의 능력과 관심사 그리고 기호와 희망을 정확히 인식하고
확인한다.

개발이 필요한 부문이 어느 분야이며 어느 정도인지 파악한다.

자신의 경력 최종목표와 단계에 대해 상급관리자와 상담한다.

경력목표와 단계과정과 거치는 시기를 확정한다.

2) 직속 상급자가 할 일

회사 내 필요경력과 승진여석에 관한 정보를 확보하여 사원에게
제공한다.

종업원 개인의 희망사항과 조직의 필요사항을 연결해 준다.

종업원 개인목표의 실현가능성과 현실성을 판단하여 제시해 준다.

개인의 경력개발을 지원하고 필요한 정보를 제공한다.

3) 조직이 할 일

경력개발의 모델을 제시한다.

상급자에게 부하상담의 필요한 정보를 제공한다.

경력개발을 위한 경험과 실천의 장을 마련하고 기회를 제공한다.

교육 훈련을 확대하고 경력훈련 시설과 기회를 만들어 지원한다.

1. 적응한다는 것은 주변 환경의 요구에 좀 더 순응하기 위해 변화하는 것을 말한다. 따라서 적응은 반응적인 것이며, 환경이라는 상황 속에서 지속적으로 바뀌어 가는 것이므로 환경이 우리에게 편안함을 가져다 주는 힘이 무엇인지 알아야 한다. 그러나 우리는 환경에 대해 단순한 반응자 만이 아닌 적극적인 행위자가 될 수 있다. 환경이 우리에게 영향을 줄 뿐 아니라 우리 또한 환경에 영향을 줄 수 있다.

2. 불안과 갈등이 생기면 인간의 내면에서는 자신도 모르게 그것에 대처하려는 무의식적인 적응 방어 기제들이 작동하여 자신을 보호하게 되는 데 이를 적응 기제라고 하며, 이것의 과도한 사용은 정신건강에서 일탈된 것으로 본다.

3. 동몽선습은 조선 중기 명종 때 유학자 박세무(朴世茂)가 편찬한 것으로 이 책이 저술된 이후로 문자를 아는 자라면 이 책을 읽지 않은 자가 없을 만큼 널리 알려졌다. 현종 이후에는 왕세자의 교육에 필독서로 상례화 하였으며, 어린이 교육을 위한 필독서였고, 또한 우리나라 최초의 교과서였다는 점에서 귀중한 가치가 있다.

4. 구성원 각자가 자기 나름대로 경력계획을 수립한 것을 조직이나 회사가 관리해 주는 것을 경력관리라 하면, 개인이 할 일은 자신의 경력목표 달성을 위해 최종경력에 이르는 과정과 시기를 미리 정하고 미리 예측하여 준비하면서 기초를 쌓아 가면 된다.
회사가 할 일은 조직의 미래전략과 비전을 확인하고 거기에 필요한 인력을 언제 얼마나 제공해야 하는지 계획을 세워서 이에 걸 맞는 필요인력을 선발 배치할 수 있도록 개인의 경력계획과 서로 이어 주어야 한다.
이러한 경력개발이 성공을 거두기 위해서는 구성원 개인과 직속 상급자, 기업 조직 모두 각자 역할을 다하여야 한다.

제5장

스트레스에 대한 자기관리

1 스트레스의 이해[17]

1) 스트레스의 개념

적응심리학의 중요한 개념인 스트레스는 우리의 자존감과 성실성, 안녕 등을 위협하는 심리적 신체적인 반작용의 한 형태로 우리의 심리적인 자원을 총동원하여 위기를 극복하게 하고 우리 자신을 보호하도록 하는 것이다.

---

17) 전게서, 제4장중에서 발췌 및 정리.

2) 스트레스의 영역

우리가 겪는 스트레스는 종류도 다양하고 범위도 넓으나 이를 정리해 보면 크게 네 가지 영역, 즉 복잡한 관계, 힘든 업무와 일, 힘든 선택, 그리고 냉혹함 등으로 나누어 볼 수 있다.

가. 복잡한 관계

우리의 생활에서 타인과의 관계는 상당히 중요하며 시간적으로도 많은 부분을 차지한다. 우리가 우리의 부모와 형제, 자녀, 배우자, 친구, 그 밖의 타인과 만족할 만한 인간관계를 유지하는 것 자체가 엄청난 스트레스이다. 타인과의 신뢰적인 관계는 어떻게 맺어야 할지, 어떠한 방식으로 남에게 접근해야 할지, 어느 정도의 관계를 유지해야 할지 등에서 생기는 갈등은 어떻게 조절해야 할지 대인관계에서 겪는 복잡함은 한두 가지가 아니다.

나. 힘든 업무와 일

오늘날의 사회는 사회적인 성공과 경제적인 안정을 유지하려면 힘들게 일하지 않으면 안 된다. 대부분 많은 사람들이 일주일에 5 - 6일, 하루에 10시간 이상 일을 한다. 보수가 높은 직업일수록 스트레스도 많기 마련이다. 우리 각자가 자신들의 위치를 유지하고 보다 나은 지위를 얻기 위해서는 경쟁에서 이겨야 하고, 자신의 능력과 기술을 향상시키는 데도 게을리하지 말아야 한다. 이렇듯 우리의 생활은 스트레스의 연속이다.

다. 힘든 선택

예전에 비해 오늘날의 생활은 좀 더 유동적이고 복잡하여 선택의 폭은 넓어졌으나 그만큼 선택의 어려움은 증가된 셈이다. 직업을 선택해야 하는 젊은이들도 과연 어떠한 일을 해야 자신의 적성에도 맞고 원하는 바, 안정적이며 만족할 만한 대우를 받을 수 있을지 이를 잘 선택하기란 결코 쉬운 일이 아니다. 이를 위해서는 우선 직업의 직종에 대한 정확한 정보 및 일의 성격을 파악해야 할 뿐 아니라, 자신의 직업적 적성을 객관적으로 평가하는 작업도 필요하고 본인의 전공도 고려하여야 한다.

라. 냉혹함

우리가 사는 현대는 관계에 있어서나 일에 있어서나 냉혹함을 느낄 때가 많다. 어디를 가든 누구를 만나든 혼란 속에 있어야 할 경우가 대부분이고,

개인의 입장이나 형편 등을 배려하는 대우를 받기가 어렵다는 점을 실감하고 아예 포기하는 경우가 종종 있다.

3) 스트레스의 형태

현대 생활의 다양한 어려움은 스트레스의 영향으로 볼 수 있다. 이러한 스트레스의 영향의 형태에는 좌절 및 갈등, 긴장과 불안 등이 있다.

가. 좌 절

　좌절은 욕구나 동기를 만족시킬 수 없을 생긴다. 자신이 원하는 목표에 도달하지 못하거나 도달할 능력이 없을 때 일반적으로는 부정적인 감점을 느낀다. 그러나 욕구를 만족시키고자 하는데 장애물이 가로막고 있다면 이를 극복하여야 할 것이다. 다양한 좌절 상황을 잘 극복하려면 상황을 객관적으로 보고 차분하게 생각하며, 합리적인 사고를 하는 것이 중요하다. 그러나 아래와 같은 두 가지 반응은 우리가 상황을 객관적이고 합리적인 방법으로 해결하지 못하는 기능을 한다.

a. 좌절과 공격성

　좌절 – 공격 가설에 의하면 좌절에 의하여 야기되는 주된 정서는 분노이며 이러한 정서가 공격성을 일으킨다고 보았다. 이러한 공격성은 개인의 욕구를 좌절시킨 원래 상대에게 일어나기도 하고, 그와 유사한 상대나 심지어 자기자신에게 일어나는 경우도 있다.

b. 좌절과 퇴행

　좌절에 처하게 되면 아무리 그동안 성공적인 적응을 해 왔다고 하더라도 일상적인 행동에 비하여 좀 더 와해되고 유아적이 된다. 예를 들어 과거에는 스스로 잘 알아서 해 오던 생활방식에도 자신이 없어지고, 부모에게 의지하거나 도움을 받으려 한다는 것이다.

나. 갈 등

갈등이란 두 가지 이상의 대립된 가치를 가지고 있는 힘이나 선택 가운데서 겪는 압박감을 말한다. 갈등에는 접근-접근 갈등과 접근-회피 갈등, 회피-회피 갈등 등의 세 가지 유형이 있다.

a. 접근-접근 갈등

이 갈등은 유인가(+가)를 가진 두 자극 가운데 무엇을 어떻게 선택해야 좋을지 모르는 상황에 처한 때를 말한다. 다소 고민은 되지만 심각한 갈등 상황이라고 할 수 없다.

b. 접근-회피 갈등

이 갈등은 대부분 이중 접근-회피의 성격을 띠는 경우가 많다. 예를 들어 사귀려는 후보로 두 여자가 각기 +가와 -가를 동시에 가지고 있기 때문에 어떤 여자와 데이트를 계속할 것인지를 결정하기가 어려운 경우이다. 즉 가정배경은 좋으나 성격은 마음에 들지 않는다든가 아니면 이와는 반대인 경우이다. 갈등의 정도가 심해서 의사결정하기가 어렵다.

c. 회피-회피 갈등

이 갈등은 예를 들어 시험공부 하기는 싫고, 더욱이 좋은 성적을 못 받는 것도 싫어서 양쪽 다 피하고 싶은 상태를 말한다. 결국 울며 겨자 먹기로 어쩔 수 없이 어떤 한 가지를 선택하기 마련이다.

다. 긴장과 불안

프로이드에 의하면 긴장과 불안은 자신의 내부 안에서 일어나는 갈등을 해결할 수 없는 상태나 사회적으로 수용될 수 없는 충동을 무의식적으로 억누르게 될 때 야기된다고 한다. 성장하면서 불안의 대상이나 상황이 다양해지고 복잡하지만 뚜렷한 대상이나 이유를 알 수 있는 불안도 있으나, 그 이유를 도무지 찾아내기가 어려운 불안도 적지 않게 된다.

전자를 대부분 현실적인 불안이라고 하고 후자의 막연한 불안은 대부분 무의식적인 갈등이나 사회적으로 받아들이기 어려운 무의식적인 충동과 관련되어 있고, 불안은 이러한 충동이 떠오르는 데 대한 위험 신호라고 할 수 있다. 긴장이나 불안은 대부분 우리 각자가 어떠한 욕구를 가지고 이를 성취하려고 노력하는 상황에서 야기되는 것이므로 어느 정도의 긴장은 자신이 욕구를 충족하고자 노력한 만큼의 성과를 거두기 위하여 역시 필요하다.

4) 스트레스에 대한 반응

가. 신체적인 반응

일상생활에서 심한 긴장감을 느끼거나 일에 쫓기면서 일이 잘 처리되지 않을 때, 흔히 우리는 가슴이 뛰고 호흡이 빨라지는 것을 느낀다. 스트레스를 느끼고 심리적인 긴장이 고조되면 그 상황에 대한 공격 반응, 즉 교감신경계가 활성화되며 아드레날린을 분비하게 하여 우리의 활동을 증가시키고 주의집중을 하도록 도와 긴장 상황에 대처하도록 한다.

나. 일반적인 적응증후군

과다한 업무에 시달리거나 심리적 좌절 상황이 반복되고 긴장이 고조되는 등의 심리적인 위협은 스트레스를 증가시키며 이에 따라 우리의 신체는 머리가 아프거나 심한 피곤감을 느끼기도 하고 현실을 피해 버리고 싶은 욕구도 생기게 된다. 심리적이든 신체적이든 유해한 자극에 직면하게 되면 우리의 신체는 이에 대응하기 위한 체계를 갖추어 생리적인 균형 상태를 유지하려 한다. 그러나 이에 의해서도 해결되지 않는 지속되는 스트레스에 노출되면 심장병이나 고혈압 등의 정신신체적인 장애가 유발될 수 있다. 스트레스 하에 진행되는 일반 적응증후군은 경고기와 저항기, 탈진기 등의 3단계로 진행된다. 각 단계의 특징은 아래와 같다.

a. 경고기
이 단계에는 스트레스에 의해 충격을 받아 일시적으로 신체적인 피곤감이나 두통, 식욕부진, 위통 등을 느끼기는 하나 이를 회복시킬 수 있는 능력은 어느 정도 유지하고 있는 상태이다.

b. 저항기
개인의 스트레스가 경고기에서 그치지 않고 지속될 경우, 계속

되는 스트레스에 반응하기 위한 신체적 적응 반응을 보이게 되는데, 여러 신체기관에서 호로몬의 분비가 왕성해지면서 신체적 소실이나 신체적인 불균형 상태 복구하려 하나, 이에 반해 저항력은 감소하여 위궤양이나 고혈압 증상이 생긴다.

c. 탈진기

스트레스에 대한 신체적 방어 능력을 상실하게 되고 동시에 심리적인 에너지도 고갈된다. 이러한 결과로 인해 신체적인 질병이 나타내게 되고 심리적으로도 방어능력이 와해되어 망상이나 환각을 경험하는 정신증 증상을 나타낸다.

다. 심리적인 반응

a. 무기력증

일상생활에서 자신의 내적 외적인 욕구를 충족하기 위해 기울이는 노력과는 관계없이 반복하여 좌절을 겪게 되면 더 이상의 노력을 포기하게 된다. 더 이상 노력하고자 하는 의지를 상실한 상태를 곧 무기력 상태라고 한다.

자신의 노력과는 상관없이 부정적인 경험을 하게 되면 이런 스트레스 상태에서 자포자기하거나 운명론에 빠지고 책임을 회피하게 되는 결과를 낳게 된다. 자신의 노력이 어떠한 결과와는 무관하다는 통제불능을 경험하면 할수록 문제해결 능력이 떨어지는 것은 이 때문이다.

그러나 적절한 수준의 성공과 실패 경험이 무기력에 대한 면역 효과를 증진시킨다는 점을 염두에 두고 실패를 너무 두려워하지 말고 이를 자신의 재기발판으로 삼는 것도 중요하다.

b. 외상 후 증후군

예기치 못한 스트레스를 겪게 되면 정서적으로 상당히 민감해지고 쉽게 흥분하게 된다.

취업에 연속으로 실패한 청년이 주위사람들에게 화를 내고 극단적인 언어표현을 서슴지 않는 등 자신의 기분을 제대로 조절하지 못하는 행동을 하거나, 말이 없어지고 사람들을 피하고 멍하니 천장만 바라보는 우울한 행동을 보이기도 한다.

겉으로 나타나는 두 행동은 서로 다르지만 심각한 스트레스에 의하여 일어나는 정서는 곧 분노라고 할 수 있다.

2 擊蒙要訣(격몽요결)과 先人(선인)들의 名言(명언)들

1) 격몽요결의 명언[18]

격몽요결은 1577년인 조선 선조 10년에 율곡 이이가 42세 때 해주 석담(石潭)에 있으면서 초학자들의 학문하는 방향을 일러주기 위해 지은 것으로 칠서(七書. 논어, 맹자, 중용, 대학, 시경, 서경, 주역)로 들어가는 단계의 기본교양서로 또는 성리학파에게는 필독서

---

18) 전개서, pp.31~37 중에서 발췌하여 해설을 보완.

로 여겨져 왔다. 책 제목의 격몽은 「주역(周易)」몽괘 상구 효사의 말
로, '몽매하여 따르지 않는 자를 깨우치거나 징벌 한다' 는 뜻이다.

뜻을 세우고 알게 돼서 밝아지며, 행실이 돈독해지는 것은 모두
나에게 달려 있을 뿐인데, 어찌 다른 데서 구할 수 있겠는가?

　해설) 일이 잘 안되면 환경이나 조상 탓을 하게 됩니다. 그러나 모든
　　　 일의 성패는 나에게서 시작되며 그것의 기초는 나의 뜻과 행
　　　 실에 있습니다.

지혜보다 더 아름다운 것은 없으며, 어짊보다 더 귀한 것은 없다.

　해설) 현대는 지식정보화시대라고 하며 정보와 지식 등을 중시하고
　　　 있지만 그것을 넘어 이미 우리는 지혜와 어짊을 중요하게 여
　　　 기고 있습니다.

하문에 나아가 지혜를 더하는 데는 구사보다 더 절실한 것은 없
다. 이른바 구사(九思)라는 것은 1. 볼 때는 밝게 볼 것을 생각하
고, 2. 들을 때는 귀 밝게 들을 것을 생각하고, 3. 얼굴빛은 온화하
게 할 것을 생각하고, 4. 용모는 공손할 것을 생각하고, 5. 말은 성
실하게 할 것을 생각하고, 6. 일은 공경스럽게 할 것을 생각하고,
7. 의심스러운 것은 물을 것을 생각하고, 8. 화가 났을 때 재앙을
생각하고, 9. 얻을 것을 보면 의리를 생각하는 것이 그것이다.

　해설) 학문을 제대로 하기 위해서 갖추어야 할 자세 9가지를 설명하
　　　 고 있습니다. 잘 생각해 보아야 할 부분을 구체적으로 강조하
　　　 고 있습니다.

마땅히 몸과 마음을 바르게 하여 겉과 속이 한결같아야 할 것이니, 깊숙한 곳에 있다 하더라도 드러난 곳에 있는 것처럼 하고, 혼자 있다 하더라도 여럿이 있는 것처럼 해야 한다.

해설) 간혹 숲 속에 있다면 함부로 꽃을 꺾고 쓰레기를 버리기도 하며, 혼자 있다고 해서 방안을 어지럽히고 용모가 단정하지 않다면 겉과 속이 다르다고 해도 변명할 수 없을 것입니다.

무릇 사람이 자신에게 이롭게 하고자 하면 반드시 남을 침범하는 데 이른다. 그러므로 배우는 자는 먼저 자신에게 이롭게 하려는 마음을 끊어 버린 뒤에야 비로소 인(仁)을 배울 수 있다.

해설) 갈등이 생기고 다툼이 발생하는 원인은 자신의 이익을 더 많이 취하고자 하는 데 있습니다. 따라서 자신의 이익을 돌보지 않는 것이 仁의 시작입니다.

사람이 아직 벼슬하지 않았을 때는 오직 벼슬하는 것만을 급한 것으로 여기고, 이미 벼슬한 후에는 또 그것을 잃을까 걱정한다.

해설) 취업을 하지 않을 때는 취업이 가장 중요한 일이 되지만, 늦게라도 취업을 한 후에는 직장을 잃지 않도록 전전긍긍 하게 되는 것은 어쩔 수 없는 일입니다.

2) 先人(선인)들의 名 言 [19)

가. 설원(設苑)의 명언

---

19) 전개서, pp 326 - 333 중에서 발췌하여 해설을 보완함.

설원은 중국 전한(前漢) 말의 학자 유향(劉向. BC77~6)이 지은 설화집으로 춘추시대부터 한(漢)나라 초기까지의 선현(先賢)의 일화를 기록한 책.

천명을 아는 자는 하늘을 원망하지 않고, 자기를 아는 자는 남을 원망하지 않는다.

해설) 자기 자신을 잘 알고 천명을 깨닫는 것이 무엇보다 중요합니다.

친함이 심하면 서로 소홀해지고, 엄함이 심하면 가까워지지 않는다.

해설) 서로 친하게 되면 함부로 행동하고 말하게 되므로 존중되지 않으며 너무 엄격하게 대하게 되면 친해지지 않게 되어 늘 서먹서먹해 집니다. 따라서 적절한 거리를 두고 친구를 사귀어야 합니다.

높은 산의 꼭대기에는 아름다운 나무가 없다.

해설) 높은 산에는 눈이 많이 쏟아지고 비가 심하게 불며 기후변화가 심하므로 나무가 잘 자라지 못하거나 자란다 하더라도 유지하기 힘듭니다. 결국 높은 지위나 명성은 오래가지 않는다는 비유입니다.

온 집의 즐거운 잔치 중에 한 사람이 모퉁이에서 울면, 그것 때문에 모든 사람이 즐기지 못한다.

해설) 어떤 조직에서나 그들만의 독특한 분위기가 있으므로 이를 잘 이해하고 쫓을 수 있는 지혜도 필요합니다. 그렇지 못하면 분위기가 깨지고 많은 사람들이 싫어하게 됩니다.

사물은 반드시 먼저 썩은 뒤에야 벌레가 그곳에 생긴다.

해설) 문제가 드러나 확대된 이후에야 우리가 그 문제를 알게 되지만 미리 문제가 발생되기 전에 그 원인들을 제거하는 것이 좋다는 것입니다.

나. 순자(荀子)에 보면

순자(BC298?~BC238)는 중국 전국시대의 유학자인 순자가 지은 사상서로 그는 예(禮)와 의(義)를 외재적인 규정이라 하고, 그것에 의한 인간 규제를 중시하는 예치주의를 강조하며 성악설을 주창하였다. 후에 한비자 등이 계승하여 법가(法家) 사상을 낳았다.

높은 산에 오르지 않으면 하늘이 높은 것을 알지 못하고, 깊은 계곡에 임해 보지 않으면 땅이 두터운 것을 알지 못하고, 선왕이 남긴 말씀을 듣지 않으면 학문이 위대하다는 것을 알지 못한다.

해설) 경험과 체험이 무엇보다 귀중하다는 사실을 강조하고 있으며, 학문의 대의에 대해서는 선왕의 말씀으로 충분하다는 것입니다.

반걸음부터 걷지 않으면 천 리에 이를 수 없고, 작은 물줄기가 모이지 않으면 강을 이룰 수 없다.

해설) 무언가를 빨리 완성하고 크게 되기를 원하는 사람들에게 과정의 의미를 일깨우는 것입니다. 수많은 반복과 어려움을 극복함으로써 얻게 되는 결과인 것입니다.

마음은 몸의 임금이다. (心者 形之君)

해설) 몸과 마음 중에서 무엇이 더 중요한가를 시사하고 있습니다.
훌륭하고 바른 마음을 가질수록 귀한 몸을 갖게 된다는 것입
니다.

3 경력개발 프로그램 사례[20)

1) 종업원 인생설계

P사는 종업원들의 인생설계를 돕기 위해 Second Career Program
을 개발하여 운영하고 있다. 연령대별로 다섯 단계로 운영되는 워
크숍에 참여하면서 종업원들은 자신과 가족의 미래와 건강, 회사생
활, 중년기, 자기관리 등 직장과 삶에 대한 성찰을 하고 인생의 장
단기 비전을 수립한다. 이 시스템은 아래와 같은 단계로 운영된다.

〈평생직업 시대에 맞춘 생애 설계 시스템〉
1단계: 25세(신입교육). 회사의 전반적인 내용 교육.
2단계: 30세(커리어디자인). 입사 5년차의 경험으로 개인의 성장
　　　 경로 결정.
3단계: 35세(커리어리뷰). 30세에 설정한 성장경로에 대한 검토.

---

20) 전개서, pp.178~179.

4단계: 45세(세컨드커리어). 자신을 돌아보고 삶과 업무 목표의 보완.

5단계: 55세(그린라이프). 퇴직을 앞두고 1년간 업무에서 벗어나 창업교육이나 새로운 능력 개발.

[TIP] 경력 딜레마 탈출하기

올해 최고의 자동차 판매왕은 회사의 공헌도로 보아 누구보다도 먼저 승진을 시켜야 한다. 그러나 그는 자동차 판매는 잘할 수 있어도 부하관리는 어려울 수 있다. 최고의 엔지니어도 최고의 컴퓨터 프로그래머도 가장 먼저 과장이나 부장 혹은 이사로 승진시켜야 하지만 이들이 부장이나 이사가 되면 더 이상 자동차 판매도 프로그램 개발도 할 수 없다. 왜냐하면 부하직원들을 관리해야 되고, 모니터를 해야 하기 때문이다. 그러니 그들이 최고의 리더십을 발휘한다는 보장도 없거니와 자동차 판매는 누가 할 것이며, 엔지니어 역할은 누구에게 맡길 것인가? 그렇다고 이들보다 전문 능력이 없는 사람을 더 빨리 승진시킬 수는 없는 것이다.

이러한 딜레마에 빠진 회사들은 경력 경로를 이중 삼중으로 만들어, 프로그램 부장님이나 엔지니어 이사님으로 승진은 시켜주되 부하 직원관리 책임은 없다. 사람관리는 관리 전문 부장님이나 관리 전문이사님께 맡긴다. 관리직 경로나 기술직 경로 등 다양한 승진경로를 마련해 주고 개인이 선택하도록 하게 한다.

1. 적응심리학의 중요한 개념인 스트레스는 우리의 자존감과 성실성, 안녕 등을 위협하는 심리적 신체적인 반작용의 한 형태로 우리의 심리적인 자원을 총동원하여 위기를 극복하게 하고 우리 자신을 보호하도록 하는 것이다.

2. 일상생활에서 심한 긴장감을 느끼거나 일에 쫓기면서 일이 잘 처리되지 않을 때, 흔히 우리는 가슴이 뛰고 호흡이 빨라지는 것을 느낀다. 스트레스를 느끼고 심리적인 긴장이 고조되면 그 상황에 대한 공격 반응, 즉 교감신경계가 활성화되며 아드레날린을 분비하게 하여 우리의 활동을 증가시키고 주의집중을 하도록 도와 긴장 상황에 대처하도록 한다.

3. 격몽요결은 1577년인 조선 선조 10년에 율곡 이이가 42세 때 해주 석담(石潭)에 있으면서 초학자들의 학문하는 방향을 일러주기 위해 지은 것으로 칠서(七書. 논어, 맹자, 중용, 대학, 시경, 서경, 주역)로 들어가는 단계의 기본교양서로 또는 성리학파에게는 필독서로 여겨져 왔다. 책 제목의 격몽은 「주역(周易)」몽괘 상구 효사의 말로, '몽매하여 따르지 않는 자를 깨우치거나 징벌 한다' 는 뜻이다.

4. 높은 산의 꼭대기에는 아름다운 나무가 없다.
   해설) 높은 산에는 눈이 많이 쏟아지고 비가 심하게 불며 기후변화가 심하므로 나무가 잘 자라지 못하거나 자란다 하더라도 유지하기 힘듭니다. 결국 높은 지위나 명성은 오래가지 않는다는 비유입니다.

5. P사는 종업원들의 인생설계를 돕기 위해 Second Career Program을 개발하여 운영하고 있다. 연령대별로 다섯 단계로 운영되는 워크숍에 참여하면서 종업원들은 자신과 가족의 미래와 건강, 회사생활, 중년기, 자기관리 등 직장과 삶에 대한 성찰을 하고 인생의 장단기 비전을 수립한다.

제 6 장

스트레스와 자기관리

1 스트레스에의 대처[21]

1) 스트레스의 예상

사실상 스트레스는 우리의 성장과 건강유지를 위하여 필요하며 스트레스가 없다는 것은 가장 안전하고 편안한 상태라고 하기보다는 적절한 욕구 충동을 위한 동기가 없는 상태라고 해도 과언이 아니다. 스트레스는 꼭 뚜렷한 목적이 있어야만 야기되는 것은 아니다. 적어도 각자의 욕구가 어디에 있는 지 그 정도나 종류는 다르지만 욕구가 있는 곳에는 스트레스가 뒤따르기 마련이다. 단지 그 정도가 심각한가 아닌가의 차이가 있을 뿐이다.

---

21) 전게서, 제5장 중에서 발췌하여 정리.

스트레스에 대한 효과적인 대처 중의 하나는 예견되는 스트레스에 미리미리 대비하는 것이다. 일반적인 예로 교통 때문에 스트레스를 받지 않으려면 '어떻게 되겠지' '설마 늦기야 하려고' 식의 생각을 가지고 출발하기보다는 예상되는 시간보다 일찍 나가거나 미리 교통 정보를 알아보고 출발하고, 만약에 대비하여 생각보다 늦을 경우 어떻게 할 것인지 고려하고 나선다면 예상되는 스트레스에 대비할 수 있을 것이다. 결국 스트레스에 잘 대처하기 위해서는 앞으로 직면하게 될 스트레스에 미리 대비하는 대안들을 많이 가지고 있을수록 좋다.

2) 스트레스 유형과 대처 방식

각 인간의 스트레스 종류는 매우 다양하고 복잡하다. 대학생들의 스트레스 유형을 검토한 연구에 의하면 대학 1,2학년 학생들이 많이 겪는 스트레스는 대학 생활에 적응하는 문제와 관련된 학업, 대인관계 전반에서의 갈등과 관련된 것으로 나타났고, 스트레스 정도도 3, 4학년에 비해 높은 것으로 조사되었다.

반면에 3,4학년으로 올라갈수록 좀 더 현실적이고 목표지향적인 스트레스, 즉 진로나 취업 및 경제적인 문제에 대한 스트레스가 대인관계 문제나 학업에 대한 스트레스보다 높았다.

스트레스에 대처하는 방식은 문제 중심적인 대처와 정서 중심적인 대처로 나눌 수 있다. 문제 중심적인 대처는 스트레스를 유발

하는 개인의 행동을 변화시키든지 환경 자극 자체를 변화시키려는 노력으로, 이에는 다음과 같은 것이 있다

가. 직면적 대처: 상황을 바꾸고자 하는 공격적인 노력

나. 계획적인 문제해결: 상황변화를 위한 신중한 문제 중심 노력과 문제 해결을 위한 분석적 접근

다. 책임감 수용: 스트레스 문제에서 자시 역할 인정정서 중심적인 대처는 스트레스 자극으로 인해 유발된 부정적인 정서반응을 조절하는 노력에 속하는 것으로 이에는 다음과 같다.

라. 자기통제: 자신의 감정과 행동을 조절하려는 노력

마. 거리두기: 스스로 스트레스로부터 멀어지려는 노력, 긍정적인 전망

바. 사회적 지지 추구: 정보 추구 및 실제적이고 정서적인 지지를 얻기 위한 노력

사. 도피 – 회피: 스트레스를 피하거나 이를 회피하려는 사고와 행동

호프너(1983)는 문제해결을 효과적으로 해내는 사람들은 자아개념이 높고 비합리적인 사고도 적으며 결국 문제 중심적인 대응을 많아 한다고 보고하였다.

포크만(1986)은 30.40대 중년을 대상으로 이들의 스트레스 유형에 따른 대처 방식을 연구하였는데, 자기존중감이 높을수록 직면적인 대처 -> 자기통제 -> 책임감 수용 -> 도피-회피 -> 계획적인 문제해결 -> 거리두기 등의 순으로 대처하는 것으로 나타났다. 스트레스 유형별 대처 양식은 아래와 같다.

가. 일에 대한 스트레스: 자기통제, 계획적인 문제해결

나. 재정적인 압박 상태: 직면적인 대처, 사회적인 지지 추구

다. 대인관계에 있어 사랑하는 사람과 관계 위협: 직면적인 대처, 자기통제

박경(1994)은 스트레스가 낮은 집단보다 스트레스가 높은 집단에서 일이나 대인관계 스트레스에 대해 거리두기나 도피-회피 대처를 더욱 많이 사용하는 것으로 나타났다. 이는 스트레스가 높은 집단의 사람들이 스트레스를 해결을 위해 문제 중심적 해결력보다는 정서 중심적인 해결력을 활용하는 것을 반영해 준 것이다.

정리해 보면 스트레스에 효과적으로 잘 대처하는 사람들의 특징은 자기존중감이 높고 비합리적인 사고도 적으며, 스트레스의 성격에 따라 개인이나 환경을 능동적으로 변화시키는 문제 중심적인 대처를 효과적으로 잘 사용하는 점이라 하겠다.

3) 자기 주장적 대응

자신의 생각을 솔직하게 이야기하기가 힘든 사람이 있는가 하면 분명하게 자기 의사를 전달하는 사람도 있다. 자기주장을 제대로 펴고 살지 못한다면 스스로 답답하게 여길 때가 많을 뿐 아니라, 다른 사람도 그 사람의 의지를 알 수 없기 때문에 혼란을 일으키기 쉽다. 아래의 특징을 통하여 자신이 주장적인 사람인지 수동적인 사람인지, 공격적인 사람인지 스스로 평가할 수 있다.

　가. 수동적인 사람의 특징: 수줍음이 많고 위축되어 있음. 자신의 요구와 권리를 주장하기 꺼린다. 사회적으로 억제되어 있다.

　나. 주장적인 사람의 특징: 자신의 요구와 권리를 잘 알고 자신의 이러한 입장을 표현함. 사회적으로 건설적임.

　다. 공격적인 사람의 특징: 다소 적대적이고 자신의 권리를 열렬히 옹호 타인의 권리를 쉽게 침범하고 무시함. 자신의 요구 범위를 제대로 모르고 타인의 요구를 이해하려고 하지 않음 사회적으로 파괴적임.

만일 자신이 주장적이지 못하여 부적절한 특징을 가지고 있다면 이런 문제로 인해 스트레스가 많을 것이다. 이러한 점에서 다음과 같은 주장성을 키우는 훈련이나 노력이 필요하다.

가. 인사하는 연습은 가장 쉽게 접근할 수 있는 방법이다: 알기
는 하지만 평상시 잘 인사하지 않았던 사람과 두 번 이상
먼저 인사하고 간단한 말 걸기부터 시작하기.

나. 다른 사람의 좋은 점을 발견하면 칭찬을 아끼지 않고 되돌
려 주는 연습: 주장적이지 못한 사람들은 칭찬에 인색하며
칭찬은 쑥스러운 것이고, 마음속으로 하면 된다고 생각한다.
그러나 칭찬은 남과의 교류를 이어주는 다리의 역할을 하게
된다.

다. '왜'라는 연습을 한다: 주장적이지 못한 사람들은 타인에게
'이해가 되지 않는데 왜 그런지 설명해 줄 수 있느냐'는 질
문을 하기 어려워진다. 궁금하면 '왜?'를 묻도록 하고 '왜'라
는 말이 따지는 듯한 인상을 준다면 '이해할 수 있게 도와
달라' '설명해 준다면 고맙겠다'라고 표현 방법을 바꾸어서
연습한다.

라. 감정을 표출하고 표현하는 연습: 지나친 감정의 억제나 고립
은 심리적인 불편함을 야기할 뿐만 아니라 신체적인 질병에
도 취약하게 만들기 적절한 감정의 표출은 정신건강에 매우
중요하다. 감정을 표출하는 연습을 가족이나 친구 등과 같이
가까운 사이에서 시작하는 것이 좋은데, 우선 긍정적인 감
정, 즉 고마운 마음과 감사한 마음, 미안한 마음부터 서운한
감정, 화나는 감정, 속상한 감정 등을 하루에 2회 이상 표현
한다. 표현하기 전과 표현하고 나서의 느낌에 대한 차이점을

점검한다.

마. 거절하기 연습: 남과의 불일치를 직면하여 서로의 타협점을 찾기 위해서는 직면 그 자체를 두려워해서는 안 된다. 직면이 오히려 회피보다 더 나은 해결책이 될 때가 많다. 남과 동의가 안 될 때는 동의할 수 없는 이유를 처음에는 간결하게 말하고 점차 길게 말하는 연습을 해본다.

4) 스트레스 줄이기

직면하고 있는 스트레스를 줄이는 방법들로 아래와 같은 방법을 활용할 수 있다.

가. 철회: 대인관계나 사회생활에서 그동안 들인 노력과 공이 아깝고 혹시나 하는 생각도 들어서 기대하고 바랐던 바를 좀처럼 철회하기 어렵고 포기하기가 어렵다. 최선의 노력은 하였지만 생각처럼 결과가 나오지 않는다면 일단은 포기하는 지혜가 필요한 것이다. 예를 들어 부모가 자식에게 바라는 것이 있지만, 자식이 부모와는 다른 생각을 하고 있을 수도 있고, 자식의 능력과 힘에 부치는 요구를 하고 있는 것일 수도 있다. 여러 가지 가능성 가운데 어느 한 가지를 꾸준히 잘하기 위해서도 적절한 시기에 포기하는 것도 잘 해야 한다. 포기도 선택의 하나이고 이 또한 용기를 필요로 하는 것이며, 철회하는 순간 새로운 결정이 시작된다.

나. 타협 및 욕구의 재검토: 스트레스에 잘 대처하려면 문제에
따라 자신이나 타인과 잘 타협하여야 한다. 자신과의 타협이
란 자신의 욕구를 다시 한번 점검하여 무엇을 우선순위에
두고 무엇은 나중에 고려할 것인가를 결정하는 것이다. 문제
해결을 할 때 무엇을 우선적으로 고려해야 할지 그 결정이
어려우므로 이럴 때는 먼저 내가 진정 무엇을 원하는지를
잘 따져 보아야 한다. 현실적으로 성공가능한 방향으로 자신
의 욕구를 재검토하는 과정에서 가까운 사람들에게 자문을
구하는 것도 필요하다.

다. 음식과 스트레스: 특정한 음식의 과다섭취가 스트레스를 유
발할 수도 있다. 어떤 음식은 우리 몸에서 교감신경계를 지
나치게 활성화시켜서 교감성 스트레스 반응을 일으키기 때
문에 이를 삼가는 것이 좋다. 첫째로 스트레스 유발성 식품
으로 가장 많이 거론되고 있는 것은 카페인이다. 즉 하루에
250mg(세 잔) 이상의 커피를 마시는 것은 삼가는 것이 좋다.
커피를 많이 마시면 불안감과 초조, 설사, 불규칙적인 심장
의 박동(부정맥), 주의력 상실 등을 들 수 있다. 둘째로 스트
레스반응에 영향을 미치는 식품으로는 설탕을 들 수 있다.
설탕은 에너지원으로 우리 몸에 필요한 식품이기는 하지만
지나친 섭취는 비타민 B를 고갈시키게 되어 신경계와 내분
비계의 원활한 기능 수행을 방해하는 결과를 초래한다. 결국
그러한 기능을 돕는데 기여하는 비타민 B 복합체가 부족하
게 되면 스트레스에 대한 대처능력이나 내성을 저하시킨다.

5) 명상 및 이완훈련

가. 명 상

명상의 출발은 전통적으로 요가나 불교 명상에서 비롯되었으며 현대적으로는 여기에서 파생된 초월 명상법과 이완 반응법 등이 있다. 초월 명상법은 목적을 띤 종교적인 형식과 다르다. 우선 명상자는 조용히 수동적인 자세와 편안한 자세를 취한다. 이때 눕는 자세는 피하고 눈을 감고 실시한다. 잡념이 떠오를 때는 잡념을 강제적으로 없애려 들지 말고 명상자가 주의가 산만한 때는 그저 특정 낱말, 예를 들어 옴(ohm)과 같은 만트라를 계속 반복하여 암송하도록 한다. 초월 명상은 하루에 자신이 편안함을 유지할 수 있는 시간을 정하여 하루에 두 번 정도, 한 번에 20분 정도씩 수련하면 된다.

나. 이완훈련

일상생활에서 지속적인 스트레스로 인해 정신적 신체적인 긴장감이 고조되면 근육 긴장과 두통, 소화기 장애 등이 생기게 되는데 이를 해결하기 위한 좋은 대안 중의 하나는 마음의 긴장을 해소하는 이완 훈련이다.

이완훈련을 하려면 우선 외부 자극으로부터의 차단이 필요하다. 즉 전화벨 소리나 타인의 방해가 될 만한 자극은 무시하고 조용하고 편안한 장소에서 혼자 앉거나 누운 자세에서 하는 것이 도움이 된다. 그다음으로 이완 훈련에서는 호흡법이 중요하다. 호흡할 때는 들이마시는 호흡보다는 내쉬는 호흡의 길이 길게 하여야 한다.

공기를 들이마시게 되면 횡격막이 확장되어 긴장을 고조하나, 깊고 길게 숨을 내쉬게 되면 이완을 경험하게 된다.

[TIP] 팔 이완 훈련

편안한 의자에 앉거나 바닥에 누워서 시작한다. 의자에 앉을 때는 등을 기대고 편하게 앉도록 하며, 누워서 시작할 때는 바닥에 등이 충분히 닿도록 하며 팔도 바닥에 내려놓는다. 다음의 절차를 따라해 보자.

가. 심호흡을 하며 자신이 가장 편한 장소, 가장 기분 좋은 장소에 와 있다고 상상하라. 팔이 무겁게 느껴지는지 팔의 힘이 쫙 빠지는 기분인지 느껴본다.

나. 충분히 이완되었다면 오른손 주먹을 꽉 쥐고 긴장을 느껴보라. 오른쪽 주먹의 긴장이 손목과 팔뚝으로 전해지는 것을 느낀다.

다. 충분히 긴장을 느껴본 후 오른손 손가락을 천천히 펴고 손에 힘이 빠져나가면서 이완되는 것을 경험한다. 팔이 어떻게 느껴지는가? 무겁다고 느껴지는가? 천천히 이와 같은 동작을 반복한다.

라. 이번에는 왼쪽 주먹을 꽉 쥐고 긴장의 상태를 느껴본다. 팔에 힘이 들어가 있는가?, 팔이 긴장하고 있는가? 이번에는

반대로 왼손 주먹을 펴고 이완시킨다. 주먹을 꽉 쥐었을 때
와 어떻게 다른지 살펴라. 다시 한번 왼손을 꽉 쥐고 긴장시
켰다가 다시 이완한다.

마. 다음으로 두 손을 꽉 쥐고 팔뚝에 힘을 주어 긴장시킨다. 긴
장감에 머물러 잠시 긴장된 감각을 느껴 보라. 이번에는 두
손을 펴서 이완감을 느껴 보라. 긴장했을 때와 무엇이 다른
지를 살핀다.

2 明心寶鑑(명심보감)의 名言(명언)들

1) 명심보감의 명언들[22]

명심보감이란 마음을 밝히는 보배로운 거울이라는 뜻으로 자기
수양과 윤리도덕 및 처세에 관한 선현들의 지혜를 모은 책으로 고
려 충렬왕 31년(1305년)에 학자인 추적 선생이 엮었다고 한다. 명
심보감은 처음 학문을 배우는 자가 널리 배우고 익혀온 책으로 우
리나라에서는 조선 초기부터 후대에 이르기까지 모든 사람들이 많
이 보아오고 또한 널리 읽어온 책이라고 한다. 19편으로 이루어져
있으며 유불선의 복합된 사상을 망라하여 만든 책이다. 공자를 비
롯한 성현의 말씀과 소학 등의 책에서 발췌한 내용으로 이루어져
있다. 이 책은 당시 고려와 조선뿐만 아니라 중국과 동아시아 일

---

22) 전게서, pp.41~74 중에서 발췌하고 그 해설을 보완함.

대의 국가에 널리 알려졌다. 현재 전하는 것은 고종 6년(1869) 추세문이 출판한 인흥재사본이 일반적으로 쓰여지고 있다.

경행록(송나라 때 책명)에 이르기를 은혜와 의리를 널리 베풀어라. 사람이 살아가다가 어느 곳에서 서로 만나지 않겠는가. 원수와 원한을 맺지 마라. 길이 좁은 곳에서 만나면 돌아서 피하기 어렵다.

해설) 다른 사람과의 관계는 언제가 서로 만나게 될 수 있으며 만약 은혜를 베풀었다면 좋은 만남이 되겠지만 원한을 주게 되었다면 돌이킬 수 없다는 것입니다.

효도하고 순종하는 사람은 다시 효도하고 순종하는 자식을 낳고, 거스르는 사람은 다시 거스르는 자식을 낳는다. 믿지 못하겠다면 처마 끝의 물을 보라. 방울방울 어긋나지 않는다.

해설) 부모에게 효도하고 순종한다면 자식이 이를 본받고, 불효한다면 이를 보고 자식도 그렇게 할 것입니다.

마원(후한의 장군)이 말하기를 남의 잘못을 들으면 부모님의 이름을 듣는 것과 같이 하여, 귀로는 들을 수 있으나, 입으로는 말해서는 안 된다.

해설) 남의 잘못을 말하는 것은 부모님의 이름을 말하는 것과 같이 불손한 것이므로 남의 잘못을 듣는 것도 삼가야 합니다.

강태공이 말하기를 '부지런함은 값을 따질 수 없는 보배요. 신중함은 몸을 보호해 주는 부적이다.' 하였다.

해설) 사람들이 반드시 몸에 지녀야 할 것이 두 가지 있다면 그것은 부
    지런함과 신중함입니다. 그중에서도 부지런함은 어딜 가도 사
    람을 빛나게 합니다.

마음을 안정하여 사물에 응한다면, 비록 글을 읽지 않았더라도
덕이 있는 군자라고 할 수 있을 것이다.

해설) 시골 농부가 학문이 비천하지만 자연의 이치를 잘 깨닫고 이를
    생활에 응용할 수 있으며, 덕을 베풀 수 있다면 그는 군자가
    아닐 수 없습니다.

술 취한 중에 말이 없는 것이 진짜 군자요. 재산상에 있어 분명
한 것이 대장부이다.

해설) 대부분 술에 취하면 말이 많아지고 결국 실수를 하게 되는데
    이를 피할 수 있다면 훌륭한 사람이라고 할 수 있으며, 돈이나
    재산에 있어서 의혹이 있으면 좋지 않다는 것입니다.

복은 청렴하고 검소함에서 생기고, 덕은 낮추고 물러나는 것에
서 생기고, 도는 편안하고 고요함에서 생기고, 생명은 조화롭고
퍼짐에서 생기고, 재앙은 많은 탐욕에서, 잘못은 경솔하고 교만함
에서 생기고, 죄는 어질지 못함에서 생긴다.

해설) 모든 것은 원인이 있으며 그 원인이 좋지 않다면 그 결과가
    나쁠 수밖에 없습니다. 따라서 검소하고 낮추며, 고요하고 조
    화로운 생활을 해 나갈 수 있어야 하겠습니다.
아무도 보이지 않는 방에 앉아 있을 때 네거리에 있는 것과 같
이 하고, 작은 마음을 부리는 것이 여섯 마리 말을 부리는 것 같
이 하면, 잘못에서 벗어날 수 있을 것이다.

해설) 많은 갈등이나 범죄들은 홀로 있을 때 자신의 마음을 제어하지 못함으로서 비롯된다고 하는 것입니다. 마음을 진중히 사려 깊게 가져야 합니다.

남을 책망하는 자는 사귐을 온전히 하지 못하고, 자신을 용서하는 자는 잘못을 고치지 못한다.

해설) 다른 사람들은 잘 비판하고 비난하면서도, 자신에 대한 비평은 받아들이지 못하고 잘못을 고치려고 하지 않으며 결국 스스로를 용인하는 자는 발전을 할 수 없습니다.

자기를 굽히는 자는 중요한 자리에 처할 수 있고, 이기기를 좋아하는 자는 반드시 적을 만난다.

해설) 인생을 살다 보면 이길 때도 있지만 질 때도 있습니다. 만약 이기려고 만 한다면 많은 적이 주위에서 눈을 부라리며 기회를 엿보고 있습니다.

사람이 태어나서 배우지 않으면, 어두운 밤길을 가는 것과 같다.

해설) 학교에서뿐만 아니라 부모나 지인, 선배, 책 등을 스승 삼아 배우기를 힘써야 합니다.

입에 맞는다고 많이 먹지 마라. 병이 될 수 있다. 마음에 맞는 일이라도 지나치면 반드시 재앙이 생길 것이다.

해설) 어떤 사람이 봉사활동에 전념하여 본업을 소홀히 하였다면 가족과 친구들이 그를 외면할 것이며 술을 잘 먹는다고 이를 과시한다면 곧 병원에서 여생을 보내게 되는 것입니다.

오래 머무르면 좋은 사람도 천해지고, 자주 오면 친한 사람도 멀어지게 된다. 다만 3,5일에 한 번씩 보아야지, 서로 만나는 것이 처음만 못하다.

> 해설) 매우 친한 친구인지라 오랫동안 머무르면서 친분을 쌓으려 하지만 오히려 실례가 되며, 매일 만나고자 한다면 오래 만날 수 없습니다.

인생에 있어서 교만과 사치는 시작은 있으나 끝이 없는 경우가 많다.

> 해설) 교만과 사치를 즐기는 사람은 처음에는 그것을 즐기고 행복하지만 점차 이것이 자신에게 커다란 함정이 되어 끊임없이 추락하게 됩니다.

하늘은 녹이 없는 사람을 낳지 않고, 땅은 이름 없는 풀을 자라게 하지 않는다.

> 해설) 예로부터 사람은 태어날 때 복록을 가지고 온다고 하였으니 타고난 재주나 능력으로 직업을 가질 수 있으며, 각각 명성을 얻을 수 있습니다.

덕은 미미한데 지위는 높고, 지혜는 작은 데 꾀가 크면, 재앙이 없을 수 없다.

> 해설) 고관재상이 덕이 없고 지혜가 부족하다면 그 나라에는 크고 작은 재난이 무수히 일어나게 됩니다.

벼슬은 지위가 높아짐에서 게을러지고, 병은 조금 낫는 데서 더

악화되고, 재앙은 게으른 데서 생기며, 효도는 처자식에게서 시들
어진다.

> 해설) 지위가 높아질수록 부지런하게 일하고 병은 낫는다고 방심하지
> 말며, 처자식이 있을수록 부모에게 효도를 다해야 사람이라고
> 할 수 있습니다.

어리석은 사람은 아내를 두려워하고, 현명한 여자는 남편을 공
경한다.

> 해설) 어떤 이는 아내가 무섭다고 하면서 좋지 않은 일들을 저지르고
> 있습니다. 어떤 여자는 남편을 존경함으로써 그가 좋은 일들을
> 하도록 합니다.

부인의 예절은 말이 반드시 가늘어야 한다.

> 해설) 품위가 높은 부인은 집안에서 큰 소리가 나지 않게 스스로를
> 잘 통제하며, 그럼 으로서 남편이 편하게 쉬고 준비할 수 있습
> 니다.

집에 어진 아내가 있으면, 남편은 뜻밖에 재앙을 만나지 않는다.

> 해설) 아내가 훌륭하여 내조에 힘쓸수록 밖에서는 적이 없어 왕성한
> 활동으로 그 복을 받게 됩니다.

3 경력목표: 어떤 사람이 되려는가?[23]

어떤 사람이 되기를 원하는가? 대개의 사람들은 직장생활을 시작하면서 하나의 포부를 가진다. 누구는 사장이 되어 여러 사람을 지휘·통솔하는 것이 꿈이고 누구는 일류 생활설계사가 되고 싶어하며 누구는 식품개발 전문가가 되려고 한다. 13살 때 가졌던 꿈이 15년이 지난 후에도 계속된다는 연구결과도 있다. 일단 어떤 사람이 특정한 경력목표를 갖게 되면 그 사람은 그쪽으로 항상 동기가 부여되며 그것과 관련된 일에만 관심을 갖고 그 주변을 맴돌면서 젊음을 보낸다. 마치 배 한 척이 어느 항구에 다다르면 닻을 내리고 거기에 정박하여 그 닻에서 멀리 떨어질 수 없는 것과 비슷하다. 그래서 우리는 경력추구의 최종 골인점을 경력 닻이라 부르는데 사람들은 대강 다음의 다섯 가지의 경력 닻 중 하나를 택하는 것으로 확인되었다.

가. 전문가 닻(기술, 기능 중심): 기술적, 기능적 역량을 최대한 갖추기 위해 자신의 특기를 개발하고 전문지식을 획득하여 성공하려고 한다. 이들은 감독자나 관리자로의 승진보다는 반도체 전문가, 생명공학 분야의 권위자 등이 최종경력의 꿈이 되며 새로운 지식창출이나 신기술 개발을 위해 연구·개발 업무에만 전적으로 몰입하기를 원하는 성향을 가진다.

---

23) 전게서, pp.179~181.

나. 관리자 닻(관리능력 중심): 최고의 리더십을 갖추고 어느 한 조직의 최고 관리자 위치에 이르려고 한다. 그러기 위해서는 회사에서도 여러 분야의 경험을 두루 쌓기를 원하며 빠른 승진을 목표로 할 것이다. 이들은 인사고과 및 업무결재 권한을 갖고 팀의 목적달성에 책임을 지는 관리자가 되기를 원하는 것이다. 이 경로를 선호하는 사람들은 전문 분야에서 성공하기보다는 조직 내에서 상사로부터 인정을 받아 상위직급 또는 관리직으로 승진하는 데 관심이 높다.

다. 조직인 닻(안정 중심): 기술을 연마하든 승진을 하여 관리자의 자리에 오르든 특정의 한 조직체 안에서 끝을 보려는 사람이다. 이들은 회사 옮기기를 싫어하고 어느 한 회사에서만 계속 뿌리를 내리려 한다. 이들은 동일 조직에서 하나의 프로젝트를 지속적으로 수행하고 싶어 하는 성향을 말한다.

라. 기업가 닻(창의적 기업가 정신): 아무 조직에도 속하지 않고 한 조직에 의존하지도 않고 자신 혼자서 무엇을 이루려는 사람이다. 대개의 예술가, 소설가, 개인 발명가들의 경력 닻이 그렇다. 이들이 연구자들이라면 그들은 자신의 연구개발 경험을 바탕으로 독자적인 창업의 길을 모색하고자 하는 성향이 있다.

마. 자유인 닻(자율과 독립): 조직에 얽매여 일하는 것이 아니라 자유 직업인으로서 최고의 경지에 이르려 한다. 프리랜서, 컨설턴트 등으로 출세하면서 조직에 얽매이는 것을 싫어하

고 이 회사 저 회사 가리지 않고 자기 일만 있으면 찾아다
닌다.

그러므로 회사의 관리자들은 개인과 경력 상담을 할 때 상대방
이 경력 사이클의 어느 단계에 와 있는가, 경력 닻은 어디에 내리
려고 하는 사람인가를 먼저 파악하고 그것을 조직의 필요와 연결
시켜 주는 것이 현명하다. 기술적 전문가가 되려는 사람에게 회사
의 중역 자리를 종착역으로 제시한다면 잘못된 것이다.

1. 사실상 스트레스는 우리의 성장과 건강유지를 위하여 필요하며 스트레스가 없다는 것은 가장 안전하고 편안한 상태라고 하기보다는 적절한 욕구 충동을 위한 동기가 없는 상태라고 해도 과언이 아니다. 스트레스는 꼭 뚜렷한 목적이 있어야만 야기되는 것은 아니다. 적어도 각자의 욕구가 어디에 있는 지 그 정도나 종류는 다르지만 욕구가 있는 곳에는 스트레스가 뒤따르기 마련이다. 단지 그 정도가 심각한 가 아닌가의 차이가 있을 뿐이다.

2. 스트레스에 대처하는 방식은 문제 중심적인 대처와 정서 중심적인 대처로 나눌 수 있다. 문제 중심적인 대처는 스트레스를 유발하는 개인의 행동을 변화시키든지 환경 자극 자체를 변화시키려는 노력으로, 이에는 다음과 같은 것이 있다.
   가. 직면적 대처: 상황을 바꾸고자 하는 공격적인 노력
   나. 계획적인 문제해결: 상황변화를 위한 신중한 문제 중심 노력과 문제 해결을 위한 분석적 접근
   다. 책임감 수용: 스트레스 문제에서 자시 역할 인정 정서 중심적인 대처는 스트레스 자극으로 인해 유발된 부정적인 정서반응을 조절하는 노력에 속하는 것으로 이에는 다음과 같다.
   라. 자기통제: 자신의 감정과 행동을 조절하려는 노력
   마. 거리두기: 스스로 스트레스로부터 멀어지려는 노력, 긍정적인 전망
   바. 사회적 지지 추구: 정보 추구 및 실제적이고 정서적인 지지를 얻기 위한 노력
   사. 도피 – 회피: 스트레스를 피하거나 이를 회피하려는 사고와 행동

3. 명심보감이란 마음을 밝히는 보배로운 거울이라는 뜻으로 자기 수양과 윤리도덕 및 처세에 관한 선현들의 지혜를 모은 책으로 고려 충렬왕 31년(1305년)에 학자인 추적 선생이 엮었다고 한다. 명심보감은 처음 학문을 배우는 자가 널리 배우고 익혀온 책으로 우리나라에서는 조선 초기부터 후대에 이르기까지 모든 사람들이 많이 보아오고 또한 널리 읽어온 책이라고 한다.

제 7 장

적응의 실패와 자기 관리

1 적응의 실패[24]

심각한 부적응 행동, 즉 정신질환에 대해 우리가 가지고 있는 잘못된 생각 중의 하나는 정신질환을 고치기 힘든 전염병이나 고질병처럼 여겨 정신질환을 앓는 사람을 꺼려하거나 아주 이상한 사람들의 집단으로 보는 것이다. 물론 치료가 잘 안 되는 장애도 있지만 대부분의 사람들은 증상이 완화되면 자신의 생활을 되찾고 잘 살아가는 모습이 일반적이다.

이번 강의에서는 정신질환에 대한 객관적이고 명확한 이해를 돕기 위해 정신질환의 준거와 원인을 먼저 소개하고 이어서 심리장애에 대한 정신 의학적인 분류 체계를 살펴보고자 한다.

---

24) 전게서, 제6장중에서 발췌하여 정리함.

1) 심리장애(정신질환)의 준거

우리는 보통 심리장애, 즉 정신질환이라 하면 심각한 것이고 치유되기 어려운 것이라 여기며 타인에게 알려지는 것을 상당히 꺼려하고 그러한 사람을 멀리하려는 경향이 있다. 그러나 정신질환에 대한 일반적으로 잘못된 개념은 정신장애로 사람을 분류하고 있다는 것이다. 정신질환은 사람을 진단하는 것이 아니라 사람이 앓고 있는 질환을 분류하는 것이다. 그러므로 다른 질병이나 마찬가지로 그 질환을 치료하게 되면 얼마든지 정상적인 생활로 돌아가게 된다. 또 정신질환으로 고생하는 사람이 아닌 정상인도 심리적인 스트레스에 의해 적응의 곤란을 얼마든지 경험할 수 있고 일시적인 정신질환을 앓을 수도 있다는 점을 염두에 두어야 한다. 그러나 정신질환이라 함은 다음의 여러 가지 준거를 포함하고 있다.

첫째, 심리적인 고통을 느끼나 이를 스스로 통제하거나 해결할 수 없는 상태를 말한다. 심리적인 고통은 심한 불안감과 우울감, 분노, 정신적인 혼미 등을 말하며 이러한 고통 때문에 일상 생활, 대인관계, 직업적인 수행 등에 뚜렷하게 어려움이 있을 경우를 말한다.

둘째, 행동의 조절이 어려워 사회적으로 용납될 수 없는 문제행동을 빈번하게 일으키는 경우를 말한다. 예를 들어 약물 남용과 폭력, 도박, 가출, 성 문제, 알코올 중독 등이 여기에 해당된다. 이러한 문제들은 거의 개인의 성격적인 문제가 바탕에 깔려 있는 것이 일반적이다.

셋째, 스스로 심리적 불편감을 느끼지 못하나 정신의학적인 증상 분류에 명백히 해당되는 경우도 있다. 예를 들어, 정신병 상태에서는 스스로 불편감을 자각하거나 자신의 문제에 대한 통찰이 거의 없고 심지어 자신이 문제가 아니라 자신을 이상하게 보는 주변 사람이 이상하다고 이야기 한다.

넷째, 통계적으로 볼 때 정상의 기준에서 일탈되어 있을 때를 말한다. 물론 여기서의 일탈은 평균이나 정상 범주에서 심하게 일탈되어 있을 경우를 말하며, 이러한 기준은 개인을 측정하는 검사를 통해 정신질환을 평가할 때 적용된다. 예를 들어서 지능이 정상 범주에서 상당히 일탈되어 있어 정상적인 학급에서 공부할 수 없는 아동을 정신박약이라 하는데, 이는 그 집단에서 하위 2%에 해당된다.

2) 심리장애의 정신의학적인 분류

적응의 실패에 의해서 야기되는 정신질환은 신체질환 못지않게 다양하고 복잡하다. 현재 정신의학에서는 정신장애를 진단 및 통계편람에 의거해 분류하고 진단하고 있다. 다음은 이 준거에 의한 정신장애의 종류와 특징들을 소개한 것이다. 우선 일상생활에서 흔히 볼 수 있는 부적응 행동에 관해 살펴보도록 하자.

(1) 섭식장애

요즘 우리의 사회는 젊은이든 나이든 사람이든 너나 할 것 없이 '날씬병'에 걸려 있다 해도 과언이 아닐 정도로 자신의 외모에 관심이 많고, 특히 살찌는 것을 상당히 싫어하고 고민하는 모습들을 흔히 접하게 된다. 특히 여성의 경우 날씬해지기 위해 다이어트에 과도하게 신경을 쓰고 시간과 돈을 지나치게 들이는 여성들이 증가하고 있는데, 다행히 자신이 원하는 만큼의 다이어트에 성공하여 외모에 대한 자신감도 생기고 자신감 있고 활기찬 생활을 하게 되는 경우도 보게 되지만 다이어트의 실패로 스트레스가 증가하고 심지어 사람을 접하는 것조차 꺼리게 되는 심리적인 문제를 얻게 되는 경우도 적지 않다.

가. 신경성 식욕 부진증

신경성 식욕 부진증은 섭식장애 가운데 가장 흔하고 잘 알려진 장애에 속한다. 신경성 식욕 부진증은 최소한의 정상 체중 유지를 거부하며 체중 증가에 대한 심한 공포를 보이고, 객관적으로 볼 때 평범하거나 괜찮다고 여겨지는 자신의 외모를 왜곡하여 지각하는 경향을 드러낸다. 정상 체중에서 미달의 기준은 개인의 나이와 신장을 고려하여 정상이라 간주되는 체중의 85% 이하인 경우를 말한다. 이렇게 낮은 체중에도 불구하고 체중 감소에 집착하여 음식물을 지나치게 통제하고 체중 감소의 방법으로 구토제나 이뇨제를 사용하는 사람도 있다. 신경성 식욕 부진증은 여성이 90%를 차지하여 성차를 분명히 보이고 무월경 증상을 나타내는 것이 일반적이다. 평균 발병 시기는 17세 이상이고 40세 이상에서 발병하는 경우는 극히 드물다.

나. 신경성 폭식증 (과식증)

신경성 폭식증은 폭식을 한 후에 체중의 증가를 막기 위해 토해버리거나 이뇨제, 변비약을 사용하는 등 부적절한 보상 방법을 쓴다. 폭식 또한 자기조절 능력의 상실감과 관련되며, 기분 상태, 대인관계에서의 스트레스, 자신의 체중이나 체형과 관련된 느낌 등에 의해서 유발된다. 폭식은 일시적으로는 불쾌한 기분을 감소시키는 효과도 있기는 하나 빈번하게 되면 자기경멸이나 자기 비난을 수반하게 되어 우울한 감정에 빠지게 만든다.

(2) 정신 분열증

정신 분열증은 이상 행동의 대표라고 할 수 있을 만큼 널리 알려져 있으면서도 그 원인에 대해서는 의견이 분분하다. 'L군은 몇 개월 전부터 말이 없어지고 혼자 무엇엔가 골몰하는 듯 보이고 밤에 잠을 설치는가 하면 사람들이 자신을 바라보는 시각이 옛날과는 다르고 나를 이상한 사람처럼 여기는 것 같다고 하더니 사람들을 더욱 접하기 싫어하고 뒤에서 나를 욕하고 흉보는 소리, 즉 환청이 들린다고 하였다. L군의 사례는 정신분열증 환자에게서 흔히 볼 수 있는 행동 특징들을 나타낸다.

정신분열증의 첫 번째 특징은 자신과 자신이 처한 상황, 외부 세계에 대해 객관적이고 현실에 입각한 판단을 내리고 사고하는 데 뚜렷한 장애를 보인다는 것이다. 이러한 사고장애는 언어 표현상에서 지리멸렬함이나 엉뚱한 방향으로 빗나가는 양상으로 드러나 이들과의 대화는 어려울 때가 많다.

두 번째 특징으로는 망상을 들 수 있다. 망상이란 잘못된 믿음을 말하며, 그 내용은 피해망상, 관계망상, 종교망상, 과대망상 등 다양한데 가장 흔한 망상은 피해망상이다. 피해망상은 경찰이 감시한다고 믿거나 괴롭힘을 당한다거나, 감시당하거나, 조롱당한다고 믿는 것 등이다. 관계 망상도 흔한 망상 중 하나인데, 어떤 사람의 말투나 행동, 신문의 기사, 노래 가사, TV의 연속극 등이 특별히 자신을 겨냥한 것이라고 믿는다.

세 번째 특징은 환각으로서, 가장 일반적인 것은 환청이며 환시나 환후 등은 드물다. 환청을 들을 때는 사람의 말소리를 듣고 자신의 목소리 이외의 소리를 듣는다. 예를 들어, 자신의 귀에다 '너는 죽어야 해'라고 말한다는 것이다. 여기에서 종교적인 체험의 일부로 듣는 음성은 환각이라 하지 않으며 신앙의 성장과 관련된다는 점에서 환청과는 다르다.

네 번째 특징은 상당히 이상하고 괴이한 행동을 보인다는 것이다. 예를 들어, 계절에 맞지 않는 이상한 옷차림을 한다든지, 화장이 괴이하거나 지나치게 요란스러운 경우도 있고, 청결하고 규칙적인 생활이 엉망이 되기도 한다. 또 부적절한 분노심을 보이거나 그 상황에 맞지 않는 반복 행동이나 엉뚱한 행동을 보일 수도 있다.

다섯 번째 특징으로는 정서적으로 둔화되거나 냉담해져 감정이 메마르고 느낌이 없어진다는 호소를 하거나, 거의 정서 표현을 하지 않는다는 점을 들 수 있다. 무표정과 반응 없는 행동이 일반적이고, 목적을 가지고 어떤 행동을 하지 못하고, 두서가 전혀 없고 때로는 멍청히 장시간 동안 앉아 있는 경우도 있다.

위와 같은 특징들이 모든 정신분열증 환자에게서 똑같이 나타나는 것은 아니며, 하위 유형에 따라 그 증상의 정도와 증상 특징은 다소 또는 상당히 다르다.

(3) 기분장애(정동장애)

기분장애는 기분이 지나치게 침울하거나 들떠 있어 기분 조절이 어렵기 때문에 일상 생활과 대인관계 및 직업적인 수행에 곤란을 겪는 경우를 말한다. 기분장애에는 우울증에 속하는 주요 우울장애, 기분부전 장애와 양극성 장애, 순환성 장애 등이 있다. 여기에서는 발생 빈도가 높은 주요 우울장애와 양극성 장애를 소개하도록 하겠다.

가. 주요 우울장애

K양은 대학에 진학한 이후 자신이 원했던 학교가 아니라는 이유로 많은 실망감과 좌절감을 느끼고 학교생활을 능동적이고 적극적으로 하지 않았으며 학교에 대한 불만, 학생들에 대한 불평 등으로 시간을 보내다 재수를 생각해 보기도 했지만 여러 가지 여건도 여의치 않고 자신감도 없어 포기하고 말았다. 학교 공부도 소홀했고 친구 사귀기에도 관심 없이 혼자 동떨어져 지냈으며 점차 학교 수업도 빠지고 매사 의욕이 상실되고 밤에는 불면증에 시달리게 되었다. K양은 점점 자신이 하찮은 존재로 여겨졌고 자신에

게는 미래나 희망이 없다고 절망하게 되었으며 때론 죽고 싶은 생각이 들곤 했다.

기분장애의 여러 유형 가운데 K양은 주요 우울장애에 해당된다고 할 수 있겠다. 주요 우울장애의 주된 증상은 적어도 2주 이상 지속되는 우울한 기분과, 흥미나 즐거움의 상실로 일상적인 활동이 뚜렷이 저하된다.

동시에 식욕 및 체중의 감소, 수면장애, 에너지의 감소, 무가치감, 죄책감, 집중의 곤란, 자살하고픈 생각의 반복, 자살 계획 및 시도, 의사결정의 곤란 중 네 가지 이상의 증상이 해당되어야 한다. 대부분 주요 우울증은 성인의 경우 낙담과 침울함, 무기력감 등을 호소하나 아동 및 청소년은 지나치게 민감해지거나 까다로운 기분으로 발전 될 수도 있다.

나. 양극성 장애

양극성 장애는 이전에는 조울증으로 널리 알려진 장애로, 우울증 현상 이외에 적어도 한 번 이상의 조증의 현상를 보인다는 점에서 주요 우울증과 비교가 된다. 조증의 특징은 지나치게 의기양양하고, 자신에 대해 과대한 사고를 하며 말이 많아지고, 사고가 비약하는 경향을 보인다. 이러한 특성과 연관하여 부산하게 행동하고 주의산만을 보이며 쾌락적인 활동에 몰입하며 대인관계 및 직업적인 상호관계에서 분별력 없이 행동하며 감정 조절에 어려움을 심하게 나타낸다.

(4) 불안장애

가. 특정 공포증

특정 공포증은 특정한 상황이나 대상에 대해 현저하고 지속적인 두려움을 호소한다. 이러한 증상을 보이는 사람들은 자신의 두려움이 비합리적이라는 것을 알지만 같은 자극 상황에 접하면 똑같은 불안 반응을 보여 개인 생활에 막대한 지장을 초래한다. 즉, 불안을 유발하는 대상에 전혀 직면하지 못하기 때문에 일상생활을 하는 데 방해를 받게 된다. 이들의 불안 대상은 동물, 폭풍이나 물 등의 자연환경, 혈액, 터널, 지하철, 비행기, 다리, 엘리베이터 등 다양하다. 이 진단을 고려할 때는 일반적인 사람들에게서 나타나는 각 대상들에 대한 다소의 불안 반응들은 제외되는 것임을 염두에 두어야 한다. 소아의 경우는 자신의 두려움이 비합리적이라는 사실을 잘 모르는 것이 특징이다.

나. 사회 공포증 (대인공포증)

사회 공포증은 어떠한 사회적인 상황이나 대인 접촉에 대해 현저하고 지속적인 두려움을 나타낸다. 이런 증상이 있는 사람들은 긴장되는 사회적 상황에서 느끼는 불안감과 더불어 두근거림, 근육 긴장, 몸의 떨림, 뺨이 붉어짐 등이나 심지어 설사 등의 신체적 고통감 등을 호소하는 것이 일반적이다. 불편해 하는 사회적인 상황은 발표 상황이나 데이트, 상사에게 보고해야 할 때, 공적인 모임, 대중 앞에서 글쓰기, 공중 화장실 사용 등 매우 다양한 데 거의 모든 공공장소에서 긴장하는 사람들도 있다.

다. 강박장애

강박장애는 자신이 통제할 수 없는 반복되는 사고와 행동으로 많은 시간을 소비한다. 대부분 자신의 지나친 사고에 대한 불합리성을 더러 인식하기는 하나 자신도 모르는 사이에 원치 않는 같은 생각이 반복되기 때문에 심리적으로 고통스러워하고 이러한 생각은 생활에 막대한 지장을 초래한다.

가장 흔한 강박적 사고는 자신의 신체가 외부로부터 더러움이나 병균에 오염이 되었다거나, 교통사고를 낼 것만 같고, 문을 잠그지 않은 채 나온 것 같은 의심, 아이를 해치거나 교회에서 음담패설을 늘어놓을 것 같은 두려움, 반복되는 성적인 심상 등이다. 이는 실생활과 관련되는 단순한 걱정의 수준을 뛰어넘어 현실적이지 못한 걱정과 두려움으로, 이러한 사고나 충동을 억제하기 위해 다른 생각을 떠올리며 노력하거나 손을 씻거나 확인하는 등의 반복 행동이나 기도하기, 숫자 세기, 속으로 단어 반복하기 등의 정신적인 활동을 통해 이를 중화시키려 한다.

라. 외상 후 스트레스 장애

외상 후 스트레스 장애는 95년에 일어난 삼풍백화점 사건과 같이 급작스럽게 일어난 사건들로 인해 개인이 신체적인 안녕이나 생존에 대한 공포, 즉 심리적인 충격을 경함하고 난 뒤 이 사건에 대해 극심한 공포, 무력감, 두려움 등을 보여 사회적, 직업적인 기능상에서 심각한 고통이나 장해를 초래 할 때 나타난다. 외상성 사건으로는 추행이나 강도, 신체 상해, 유괴, 인질, 자연적 또는 인위적인 재해, 전쟁 포로나 수용소 수감, 심한 자동차 사고, 생명을 위협하는 질병의 진단 등이 포함되고 본인이 꼭 경험하지 않아도 가족이나 친지가 이러한 경우를 당하는 것을 목격하고 난 후 발병할 수도 있다.

마. 범불안 장애

범불안 장애는 여러 활동이나 사건에 대해 지나치게 걱정하거나 염려하는 장애로, 적어도 6개월 동안 지속되며, 한 번 발병 시 최소한 며칠 이상씩 일어난다. 이들이 겪는 걱정과 염려는 사건이 실제적으로 일어날 가능성과는 별개로 끊임없이 지속되고, 이 걱정들 때문에 과제에 집중하기가 어렵고 불안한 생각을 떨쳐 버릴 수 없는 것이 특징이다. 범불안 장애의 주증상은 위와 같은 걱정들로 인해 나타나는 안절부절 못함, 쉽게 피로해짐, 집중곤란이나 마음이 멍해지는 느낌, 과민한 기분 상태, 근육 긴장, 수면장애 등이다. 불안의 표현은 문화적인 차이가 크다. 즉, 어떤 문화권 내의 사람들은 불안을 표현하기보다 머리가 아프다거나 배가 아프다는 등의 신체 증상을 호소하는 것이 일반적이기도 하다. 또 걱정하는 내용이 특정 상황에서 지나친 것인지를 평가할 때 문화적인 배경을 고려할 필요가 있다. 즉, 우리 문화에서는 서구 문화에 비해 남들이 자신의 행동을 어떻게 보는지에 관해 민감함을 고려하여 진단해야 한다.

(5) 신체형 장애

신체형 장애에 속하는 사람들은 신체 증상을 심하게 호소하나 이들이 호소하는 정도의 신체 질병을 의학적인 검사로 충분히 증명할 수 없는 것이 특징이다. 이들은 의학적인 진단이 내려지지 않은 채 약물치료를 받거나 스스로 자가진단에 의해 약을 복용하는 사례가 적지 않다. 이 장애에 해당되는 이들은 증상으로 인해 사회적 직업적인 기능상에서 심각한 고통이나 장해를 일으키기 때문에 주변에서 아프다, 아프다 하면서도 일상적으로 적응해 나가는 사람들과는 구분된다. 이 범주에 속하는 장애에는 신체화 장애와 전환장애, 동통장애, 건강염려증, 신체변형장애 등이 있다.

가. 신체화 장애

특별한 이상을 발견할 수 없는데도 다양한 신체 증상을 호소할 때 신체화 장애라 진단한다. 이로 인해 병원에 자주 드나들게 되며 약물치료를 받게 되는 경우도 적지 않다. 발병은 30세 이전이어야 하고 수년에 걸쳐서 증상이 지속되는 것이 특징이다. 신체화 장애의 세 가지 특징은 첫째, 여러 장기에 걸쳐서 나타나고, 둘째, 신체검사 소견의 이상과는 관계없이 조기에 발병하고 만성화되는 경과를 보이며, 셋째, 막연한 다발성 증상을 호소한다는 것이다. 신체 증상으로는 머리와 복부, 등, 관절, 사지, 흉부, 직장의 통증이나 월경, 성 기능, 비뇨기와 관련된 통증의 호소와, 뚜렷한 이유 없이 나타나는 오심, 팽만감, 구토 등의 위장 관련 증상도 흔하다.

나. 전환장애

전환장애 역시 허위적이거나 꾀병처럼 의도적으로 만든 병은 아니나 신체 증상이 급작스런 운동 결함, 즉 마비, 균형의 결함, 발성 불능을 보이거나 감각이상, 예를 들어, 통증을 느끼지 못하거나 시력 장애, 난청 등을 일으킨다. 이러한 증상의 원인은 의학적인 검사로 설명되지 않으며 증상이 악화되기 전에 심리적인 갈등이나 스트레스가 선행되어 심리적인 요인과 관련되어 있다고 본다.

다. 건강염려증

건강염려증의 진단에 필수적인 증상은 하나 또는 그 이상의 신체 증상을 잘못 해석하여 자신이 심각한 질병에 걸렸다고 몹시 두려워하고, 그러한 생각에 집착하는 것이다. 요즘처럼 의학적인 정보가 홍수처럼 쏟아지는 사회에서는 건강에 대한 걱정이나 관심을 갖지 않고 사는 사람은 별로 없을 것이다. 그렇다고 건강에 대해 걱정하는 모든 사람들에게 이 진단이 내려지는 것은 아니다.

라. 신체변형장애

신체변형장애는 불구 공포증으로 알려져 왔고, 외모 결함에 대한 집착을 보이는 것이 주증상이다. 이들이 호소하는 외모 결함에 대한 두려움은 사회적, 직업적인 기능의 장해를 초래할 정도로 심각한 것이어야 한다.

(6) 약물사용장애

약물사용장애는 약물 남용과 약물 의존으로 분류된다. 약물 남용이나 의존은 약물 중독의 의미로 사용되기도 한다. 약물남용이란 인정되는 의료 행위에 부합되지 않거나 관계없이 지속적 또는 주기적으로 지나치게 약을 사용하는 것을 말한다. 약물 의존은 생체와 약과의 상호작용에서 기인하는 정신적 신체적 상태를 말하며 복용했던 약의 정신적인 효과를 재경험하기 위해, 때로는 약을 복용하지 않았을 때의 불쾌감을 피하기 위해 계속적 혹은 주기적으로 약에 강박적으로 의존하는 상태를 말한다.

가. 알코올 장애

우리 문화는 사회생활에서 술에 대해 관대하고 술 문제를 심각하게 보지 않는 경향이 있다. 그래서 실제로 치료받는 환자에 비해 상당히 많은 알코올을 장애자가 있다고 볼 수 있다. 알코올 장애는 크게 알코올 남용과 알코올 의존으로 나뉜다. 그중에서 알코올 남용의 경우는 학교나 일터에서 음주 후의 영향으로 인해 자신이 책임져야 할 학업이나 직무를 제대로 수행하지 못하거나 가정에서 자녀 양육이나 가사에 태만하게 되고 직장이나 학교를 결석하거나 결근하기 일쑤다. 알코올 남용 상태에서 때로는 법적인 문제를 일으키는 경우도 종종 있고, 가족 학대 등의 문제도 빈번해지며, 술이 깬 다음에는 후회하고 다시는 그런 일을 일으키지 않겠다고 다짐하지만 이러한 행동을 지속하는 것이 특징이다.

(7) 성적 장애 및 정체감 장애

성적 장애는 성 기능장애와 변태성욕으로 분류된다. 성기능의 장애는 성욕감퇴장애와 성적 혐오장애를 포함하는 성욕장애와, 여성의 성적 흥분장애나 남성 발기장애 등의 성적 흥분장애로 나뉜다. 변태 성욕장애는 비정상적인 대상, 상황에 대한 반복적인 성적인 집착을 보이며 이로 인해 직업적, 사회적인 기능에서 심각한 장해를 초래하는 장애이다. 성 정체감장애는 지속적으로 반대 성에 대한 동일시에 의해 생물학적으로 결정된 성 기능과 성 역할을 거부하거나 혐오함으로써 계속적으로 심리적인 고통과 사회적인 역기능이 수반된다.

가. 성 기능장애

성 기능 장애는 성 반응 주기와 관련되어 있다. 성 반응주기는 성욕구 단계, 성적 흥분 단계, 절정 단계, 해소 단계 등 4단계로 나뉜다. 성 기능장애는 이 네 과정에서 장애를 보이거나 동통을 호소할 때 진단될 수 있으며, 이 장애를 진단할 때에는 개인의 성욕, 성에 대한 기대, 성교 시의 태도, 종교나 사회문화적인 배경을 고려하여야 한다.

나. 변태성욕

변태성욕의 필수 증상은 인간이 아닌 대상에 이상 성욕을 보이거나, 자신이나 상대방에게 고통이나 굴욕감을 주고, 소아나 동의하지 않은 사람들과 성적인 흥분을 일으키는 공상이나 성적인 행동을 적어도 6개월 이상 지속하는 것이다. 변태성욕에는 노출증과 물품음란증, 마찰도착증, 소아기호증, 성적피하증, 성적 가학증, 복장도착증, 관음증 등이 포함된다. 노출증은 낯선 사람에게 성기를 노출하는 행위를 말하는데, 단지 노출만 할 뿐이지 성행위 시도는 하지 않으며, 보는 사람에게 충격을 주거나 놀라게 하려는 욕구가 있는 경우가 종종 있고, 18세 이전에 발병하거나 그 이후에 시작되기도 한다. 물품음란증은 특히 여성의 물품, 즉 내의, 스타킹, 신발 등을 만지고 문지르면서 자위행위를 하거나, 성교 시 상대방에게 그런 물건을 착용하도록 강요한다. 발병은 보통 청소년기에 시작되며 거의 만성적이다. 마찰도착증은 동의하지 않은 상대방에게 성적으로 접촉하거나 문지르는 행위를 하는 것이다. 이러한 행동은 사람들이 붐비는 도로나 특히 지하철이나 버스 등의 대중 교통수단에서 흔하게 일어난다. 이러한 행위가 적어도 6개월 이상 지속되는 경우 이에 해당된다.

다. 성 정체감 장애

성 정체감 장애의 첫 번째 특징은 지속적으로 반대 성과의 성적 동일시를 보인다는 점이다. 예를 들어, 반대 성이 되기를 갈망하여 여아는 남아의 복장을, 남아는 여아의 복장을 고집하는가 하면, 반대의 성이 즐기는 오락이나 놀이에 참여하기를 원하고, 반대 성으로 취급받거나 살기를 간절히 바란다. 두 번째 특징은 자신의 성에 대한 지속적인 불쾌감이나 자신의 성 역할을 부적절하게 느낀다는 것이다. 여아의 경우 유방이 나오거나 월경을 하는 것을 거부하여 성적 특징을 변화시키려는 목적으로 치료받기를 바라고 가

슴을 싸매고 다닌다거나 남자 복장만 즐겨 입는다. 뿐만 아니라
거친 스포츠를 더 좋아하고 전통적인 남자들만의 놀이에 관심이
많고 심지어는 앉아서 소변보는 것을 거부하기도 한다.

(8) 성격장애

성격장애는 한 개인이 속한 사회의 문화적인 기대나 상식에서
많이 벗어난 내적인 경험과 행동 양식을 보이는 장애로 청소년기
나 성인 초기에서 시작되어 지속성을 띠며, 이로 인해 인간관계나
직업적인 수행에 막대한 장해를 초래하게 되는 장애를 말한다. 여
기에 속하는 장애는 다음과 같다.

가. 편집성 성격장애

편집성 성격장애를 지닌 사람은 근거가 확실하지 않음에도 불구
하고 남들이 자신을 착취하거나 속이고 있다고 의심하는 경우가
많고, 자신의 신상에 대한 정보를 마음 놓고 털어놓지 않는데, 이
것은 자신의 정보가 악의적으로 이용되지는 않나 하는 의심 때문
이다. 남들의 사소한 말이나 행동도 자신과 결부시켜 위협적인 것
으로 지각하는 경향이 있고, 주변에서 일어나는 사건도 자신에게
불리하거나 해로운 쪽으로 잘못 해석하는 때가 많다. 남들에게서
받았다고 느끼는 모욕, 경멸들을 용서하거나 쉽게 풀지 않으며, 자
신을 공격했다고 여기면 즉시 화를 내거나 반격하기 때문에 까다
롭고 논쟁적이라는 인상을 준다. 또 뚜렷한 이유 없이 배우자나
사귀는 이성의 정절에 대해 의심하기도 한다.

나. 반사회성 성격장애

반사회성 성격장애에 해당되는 사람들은 적어도 18세 이상이 되어야 하며, 소아기에서 사춘기 초기에 걸쳐서 시작되어 성인기까지 계속된다. 이들은 생활 전반에서 남들의 권리를 무시하거나 침해하는 것을 일삼으면서도 자신의 행동에 대해 별로 반성하지도 않고 죄의식을 느끼지도 않는다.

다. 경계선 성격장애

경계선 성격장애에 속한 사람들은 대인관계에서 타인으로부터 버려진다는 데 민감하고, 혼자 있지 못하며, 자아상도 극단적인 불안정성을 보이며 충동적이다. 이들은 외부의 환경 변화에 민감하고 혼자라는 것을 참지 못하며 타인과 함께 있기를 강하게 바라면서도 상대방을 지나치게 이상화하거나 자신에게 붙들어 두려고 하기 때문에 친밀한 관계를 맺기가 어려운 사람들이다. 즉, 가까이에서 자신을 지지해 주는 사람으로 있을 때는 그 사람과의 관계가 잠시 유지되지만 자신의 기대에 미치지 못하고 실망감이 느껴지게 되면 상대에 대한 증오심이나 적대감이 극대화되어 인간관계가 극적으로 나빠진다.

라. 히스테리 성격장애

히스테리 성격장애에 속하는 사람들은 자신이 다른 사람들의 주의를 끌지 못하면 불편하게 느끼고 자신이 인정받지 못한다고 여긴다. 또 타인과의 관계에서는 개방적이며 열정적이고 관심을 끌기 위해 극적인 행동도 보인다. 이들은 지나치게 남의 관심을 끌려고 하기 때문에 거부감을 줄 때가 많다. 또 성적으로 남을 유혹하고, 감정 표현의 깊이가 얕고 쉽게 잘 변하며, 용모에 관심이 많아 외모를 치장하는데 시간과 돈을 낭비한다. 이들이 말하는 방식은 과장되어 있고 연극적이어서 겉으로는 흥미를 끄나 그 속에 담겨진 내용은 빈약하고 근거가 없는 것일 때가 많다. 다른 특징으로는 피암시성이 강해 자신의 문제를 마술적으로 해결해 주리라고 믿는 권위상을 전적으로 신뢰하고, 실제의 사이보다 남들을 가까운 사이로 지각하는 경향이 있다.

마. 강박성 성격장애

강박성 성격장애의 증상은 정리정돈을 지나치리만큼 잘하고 완벽주의적이며, 대인관계에서도 마음의 통제를 많이 하기 때문에 융통성이 부족하고 개방적이지 못하며 실수를 용납하지 못하는 특징을 보인다. 때로는 이들의 완벽성이 일을 하는데 있어서 유리하게 작용하기도 하지만, 이들은 지나치게 양심적이고 고지식하여 융통성을 발휘하지 못하고, 자신과 타인 모두에게 엄격한 도덕적인 원칙과 기준을 따르도록 강요한다. 일상 생활에서 세부 사항, 규칙, 절차 등의 형식에 매달리는 경향이 있어서 일의 전체 흐름을 잃어버리는 경우가 빈번하다.

2 菜根譚(채근담)의 名言(명언)들

1) 채근담의 명언들[25]

채근담은 명나라 말 환초도인(還初道人) 홍자성(洪自誠)의 저서로, 채근담의 의미는 늘 검소한 생활을 하고 물욕에 마음이 움직이지 않으면 모든 일이 성사된다는 뜻이다. 총 2권으로 처세법을 가르친 경구적(警句的)인 단문 들이며, 1권은 주로 벼슬한 다음, 사람들과 사귀고 직무를 처리하며 임기응변하는 사관(仕官)과 보신(保身)의 길을 말하며, 2권은 주로 은퇴 후에 산림에 한거(閑居)하는 즐거움을 말하였다. 모두 356조로 단문이지만, 대구(對句)를 많이 쓴 간결한 미문(美文)이다.

사상적으로는 유교가 중심이며, 불교와 도교도 가미되었다. 이 책은 요컨대 동양적 인간학을 말한 것이며, 제목인 '채근'은 소학(小學) <인상능교 채근즉 백사가성(人常能咬 菜根即 百事可成)> 에서 따온 것이다. 저자는 청렴한 생활을 하면서도 인격수련을 게을리하지 않았으며, 인생의 온갖 고생을 맛본 체험에서 우러난 주옥같은 지언(至言)들을 적고 있다.

착한 사람을 급히 친할 수 없으면 마땅히 미리 칭찬하지 말라. 참소하는 간사함이 올까 두렵다. 나쁜 사람을 가볍게 내칠 수 없으면 마땅히 먼저 드러내지 말라. 죄를 양성하여 해치는 재앙을

---

25) 전개서, pp.77~98 중에서 발췌하고 그 해설을 보완함.

부를까 두렵다.

해설) 우리는 착한 사람에 대하여 거리낌 없이 잘 알지 못하고 칭찬
하게 되는데, 그 대상은 자신이 그 이상으로 느껴져서 지적하
고 비평하려고 하게 됩니다. 나쁜 사람을 보이게 미워하면 포
기하여 더 나쁜 짓을 하게 됩니다.

남의 속임을 깨닫더라도 말로 나타내지 않으며, 남의 모욕을 받
더라도 얼굴에 변화가 없으면, 이 속에 무궁한 의미가 있고 또한
무궁한 수용이 있다.

해설) 가까운 사람이 간혹 나를 속이거나 모욕적인 언행을 하는 경우
가 있습니다. 이에 일일이 대응하게 되면 관계가 무너지거나
악화될 수 있습니다.

덕은 재주의 주인이요 재주는 덕의 종이다. 재주만 있고 덕이
없는 것은 집에 주인이 없어 종이 마음대로 하는 것과 같으니, 어
찌 도깨비처럼 날뛰지 않겠는가?

해설) 기술과 재주가 뛰어나서 사람들로부터 인정을 받고 칭찬을 받
게 되면 으슥해져서 모든 것을 자기 마음대로 하게 되어 낭패
가 생기가 됩니다.

자기를 반성하는 자는 일을 대할 때마다 모두 약과 침이 되지
만, 남을 탓하는 자는 생각을 할 때마다 곧 남을 해치는 창이다.
반성함으로써 여러 선한 길을 열고, 탓함으로써 여러 악의 근원을
깊게 만드니, 서로의 거리가 하늘과 땅이다.

해설) 어떤 일이 잘 안되는 경우 그 이유를 남에게 돌리게 되면 많

은 사람들을 괴롭히게 되며 자신에게 돌리게 되면 나 하나로 그 괴로움을 받게 되니 이를 분석하여 해결해 나갈 수 있는 것입니다.

물은 물결만 일지 않으면 저절로 안정되고, 거울은 흐리지 않으면 저절로 밝다. 그러므로 마음은 깨끗해지기를 요구하지 않아도 그 흐린 것만 제거하면 맑음이 저절로 나타날 것이요, 즐거움은 반드시 찾지 않아도 그 괴로움만 제거하면 즐거움은 저절로 존재한다.

해설) 물이 고요하고 거울이 밝은 이치와 마찬가지로, 사람의 마음을 흐리는 것이 무엇인지 알아야 하고, 즐거움을 방해하는 것이 무엇인지를 잘 알면 되는 것입니다.

일은 급하게 하면 명백해지지 않은 것이 있으므로, 그것을 너그럽게 하면 저절로 명백해지니, 조급하게 하여서 노여움을 불러들이지 말라. 사람을 부릴 때 따르지 않는 자가 있으면 그를 놓아두면 저절로 교화되니, 지나치게 부려서 완고함을 더하지 말라.

해설) 일을 진행하는 데 있어 급하게 처리하면 불명확해지며, 사람을 쓰는 데 있어 일방적으로 시키는 것은 좋지 않습니다.

마음이 비면 본성이 드러나니, 마음을 쉬지 않고 본성 보기를 구하는 것은 물결을 헤치고 달을 찾는 것과 같다. 뜻이 깨끗하면 마음이 밝아지니, 뜻을 명료하게 하지 않고 마음을 밝게 하기를 구하는 것은 티끌이 끼인 거울에서 자신을 찾는 것과 같다.

해설) 나의 본성을 잘 아는 것은 내 자신을 잘 아는 것과 같습니다.

이를 위하여 항상 뜻을 깨끗이 하여 마음을 비워야 합니다.

일이 없을 때는 마음이 어두워지지 쉬우니, 마땅히 고요한 가운데 밝음으로써 비추어라. 일이 있을 때에는 마음이 빨라지기 쉬우니, 마땅히 밝은 가운데 고요함으로써 흐름을 삼아라.

해설) 일을 마치면 즐거우리라고 생각하지만 어두워지게 됩니다. 이럴 때는 마음을 밝게 가져야 하며, 일을 할 때는 바빠지게 되므로 마음을 고요하게 가져야 하는 것입니다.

공을 세우고 일을 이루는 사람 중에는 겸허하고 원만한 사람이 많고, 일을 그르치고 기회를 잃은 사람은 반드시 고집스럽고 남을 꺾으려는 사람이다.

해설) 공적을 올리기 위해서는 고집스럽기보다는 융통성이 있어야 기회를 잡고 일을 해 나갈 수 있습니다.

물은 흘러가도 물가는 소리가 없으니, 시끄러운 곳에 처하면서도 고요함을 보는 운치를 터득해야 하고, 산이 높아도 구름은 막히지 않으니, 유에서 나와 무로 들어가는 기틀을 알아야 한다.

해설) 사람이 사회생활을 해나가는 데 있어서 조용한 곳에서 뿐만 아니라 시끄럽고 불쾌함 속에서도 잘 해나가야 합니다. 마치 구름이 막힘이 없듯이 자신을 잘 유지해 나가야 합니다.

오래 엎드렸던 새는 반드시 높이 날고 먼저 핀 꽃은 홀로 빨리 시든다. 이것을 알면 헛디딜 근심을 면할 수 있고, 조급한 생각을 없앨 수 있다.

해설) 인생을 살다 보면 헛디뎌 실수를 하고 조급하게 서둘러 실패를
　　　하게 됩니다. 이를 없애기 위해서는 충분히 준비하고 서두르지
　　　말아야 합니다.

높은 데에 오르면 사람의 마음을 넓어지게 하고, 물에 임하면 사람의 포부를 원대하게 한다. 눈비 오는 밤에 독서를 하면 사람의 정신을 맑게 하고, 언덕 꼭대기에서 휘파람을 불면 사람의 흥을 일어나게 한다.

해설) 호연지기를 말하는 것입니다. 때때로 높은 산을 오르고 물가에
　　　가며, 홀로 독서를 즐기고 언덕에서 휘파람도 불면서 살아갑니다.

3　경력경로: 어떤 과정을 거치려는가?[26)

1) 경력경로란?

R&D 부서에 입사한 연구원이 입사해서 일정한 기간이 지나거나 일정 직급에 도달하게 되면 그동안의 연구 성과나 본인의 선호도 등에 따라 원하는 경력경로를 선택하게 된다. 그 이전 단계에서는 특별한 경로를 지정하지 않고 모두 연구원으로서 연구에 몰두하게 한다. 즉, 조직은 개인에게 일정기간에 걸친 연구개발 관련 업무경험을 통해서 자신들의 적성과 능력을 찾아내고 경력개발 가능성을

---

26) 전개서, pp.181~182.

판단한 후 경력경로를 선택하고, 나아가 교육·훈련이나 업무 배정이 이루어지도록 배려하는 것이 필요하다. 그리고 경력경로별 역할과 경로목표, 요구되는 능력 및 자질, 선발기준 및 성과 평가기준, 필요한 교육 내용이나 연수기획, 보상체계 같은 인력관리를 모두 경력경로에 따라 다르게 적용하는 것이 바람직할 것이다.

이처럼 경력경로란 개인이 조직에서 그가 최종경력에 이를 때까지 맡게 되는 직무의 배열순서인데 전통적인 경력경로는 주로 수직적인 방향이었다. 예를 들면 전표정리 – 재무제표 작성 – 자금수급 계획 – 경림팀 대리 – 경리과장 – 회계팀장 – 회계이사 – 관리상무 등이다. 이는 전문성은 있지만 중간층이 너무 많아 회사 전체적으로 비대해지고 높은 자리에 올라가도 자기 분야만 알기 때문에 전체적인 관리능력이 부족하다는 단점이 있다. 그래서 최근에는 네트워크 경로라 하여 하나의 직급에서 여러 직무 분야를 거친 다음에 위로 승진시킨다. 이렇게 되면 인력배치가 유연해지고 경험도 다양해진다는 장점이 있지만 같은 한 분야에서의 체류기간이 너무 짧다는 단점도 있다.

- 학습정리 -

1. 심각한 부적응 행동, 즉 정신질환에 대해 우리가 가지고 있는 잘못된 생각 중의 하나는 정신질환을 고치기 힘든 전염병이나 고질병처럼 여겨 정신질환을 앓는 사람을 꺼려하거나 아주 이상한 사람들의 집단으로 보는 것이다. 물론 치료가 잘 안 되는 장애도 있지만 대부분의 사람들은 증상이 완화되면 자신의 생활을 되찾고 잘 살아가는 모습이 일반적이다.

2. 여성의 경우 날씬해지기 위해 다이어트에 과도하게 신경을 쓰고 시간과 돈을 지나치게 들이는 여성들이 증가하고 있는데, 다행히 자신이 원하는 만큼의 다이어트에 성공하여 외모에 대한 자신감도 생기고 자신감 있고 활기찬 생활을 하게 되는 경우도 보게 되지만 다이어트의 실패로 스트레스가 증가하고 심지어 사람을 접하는 것조차 꺼리게 되는 심리적인 문제를 얻게 되는 경우도 적지 않다.

3. 채근담은 명나라 말 환초도인(還初道人) 홍자성(洪自誠)의 저서로, 채근담의 의미는 늘 검소한 생활을 하고 물욕에 마음이 움직이지 않으면 모든 일이 성사된다는 뜻이다. 총 2권으로 처세법을 가르친 경구적(警句的)인 단문들이며, 1권은 주로 벼슬한 다음, 사람들과 사귀고 직무를 처리하며 임기응변하는 사관(仕官)과 보신(保身)의 길을 말하며, 2권은 주로 은퇴 후에 산림에 한거(閑居)하는 즐거움을 말하였다. 모두 356조로 단문이지만, 대구(對句)를 많이 쓴 간결한 미문(美文)이다.

4. 경력경로란 개인이 조직에서 그가 최종경력에 이를 때까지 맡게 되는 직무의 배열순서인데 전통적인 경력경로는 주로 수직적인 방향이었다. 예를 들면 전표정리 - 재무제표 작성 - 자금수급 계획 - 경림팀 대리 - 경리과장 - 회계팀장 - 회계이사 - 관리상무 등이다. 이는 전문성은 있지만 중간층이 너무 많아 회사 전체적으로 비대해지고 높은 자리에 올라가도 자기 분야만 알기 때문에 전체적인 관리능력이 부족하다는 단점이 있다. 그래서 최근에는 네트워크 경로라 하여 하나의 직급에서 여러 직무 분야를 거친 다음에 위로 승진시킨다. 이렇게 되면 인력배치가 유연해지고 경험도 다양해진다는 장점이 있지만 같은 한 분야에서의 체류기간이 너무 짧다는 단점도 있다.

제 8 장

부적응과 자기 관리

1 부적응 행동에 대한 치료[27]

심리장애는 그 종류도 다양하고 그 원인에 대한 견해도 여러 입장이다. 즉, 생리학적으로 볼 때는 신경전달물질의 이상 분비와 관련되어 있다고 보는 반면, 심리학적인 견지에서는 개인의 성격과 환경적인 문제의 상호작용에 의해 증상이 유발된다고 본다. 정신과적인 치료에서는 일차적으로 신경전달물질의 이상 분비가 정신질환의 유발과 관련된 것으로 보고 약물치료로 증상을 경감시켜 나간다. 실제 약물치료가 정신과 환자들의 증상을 해결하는 데 상당히 도움이 된다고 할 수 있다. 그러나 약물치료만 하기보다는 이

---

27) 전개서, 제7장 중에서 발췌하여 정리함.

와 심리치료를 병행할 때 치료에서 보다 큰 효과를 거둘 수 있다는 보고가 많다.

1) 약물치료

약물치료는 정신약물학에 기초하여 환자들의 증상을 완화하는 치료법으로 정신과적인 문제들을 치료할 때 일반적으로 많이 사용한다. 정신약물학은 우리의 뇌에서 분비되는 신경전달물질의 과다 또는 과소 분비 등의 변화에 의해 정신이나 행동에 어떠한 변화가 일어나는지를 연구하는 영역이다. 약물치료에 대해 일반인들은 지나친 믿음이 있는가 하면 지나친 염려 또한 많다. 정신분열증 환자의 치료에는 약물치료가 핵심적인데, 항정신증 약물 (클로르프로마진이나 할로페리돌)등에 의해 정신분열증의 주증상인 환각과 망상을 감소시킬 수 있으나 치료 기간이 2년 이상 길어지는 경우가 많다. 불안장애의 경우 항불안제(벤조다이아제핀계)를 사용하고, 우울증은 삼환식 항우울제(이미프라민)를 일반적으로 사용한다.

2) 상담 및 심리치료

심리적인 문제의 다양성 못지않게 부적응의 문제를 다루는 입장과 기법도 그 폭이 크다. 즉, 심리적인 문제의 원인을 무의식적인 갈등으로 보아 자신의 무의식적인 갈등을 의식화해 나가는 치료에서부터, 개인의 부적응 행동을 내적인 갈등에 기인한 것으로 보는 것에는 전혀 관심이 없이 겉으로 나타난 부적응 행동을 수정하는 데만 초점을 두는 행동치료에 이르기까지 다양하다.

가. 정신분석 치료

정신분석 이론은 프로이트의 이론으로 의학적인 모델을 가정한다. 프로이트는 인간이 타고난 생물학적인 조건과 욕구를 상징하고 있다. 정신분석 치료에서는 개인의 성격 형성이나 정신병리를 결정론적인 입장에서 본다. 이 이론에서는 인간의 행동이 무의식적인 동기인 성적 – 공격적인 충동이나 이에 대한 갈등, 그리고 초기 경험에 의해 결정된다고 전제한다. 인간 행동의 역동이 무의식 속에 묻혀 있기 때문에 심리치료는 과거에 뿌리를 두고 있는 내적 갈등을 분석하는 긴 과정으로 구성된다.

치료의 목적은 무의식적인 갈등을 통찰하여 이전에 가지고 있었던 성격을 재구조화하는 데 있으므로 장기적인 상담으로 이어지게 된다. 이 치료에서는 출생 이후 6세까지 형성된 성격 구조나 대인관계가 지속적이고 반복적으로 개인에게 영향을 미친다고 보기 때문에 어린 시기의 심리적인 상처나 갈등이 현재의 인간관계에 어떻게 작용하고 있는지를 의식할 수 있도록 하는 데 역점을 둔다.

나. 인본주의 치료

인본주의 상담은 로저스의 인본주의에 토대를 둔 자기 이론에서 출발한 상담이다. 인본주의 상담의 기본 가정은, 상담은 단지 내담자의 문제를 해결하는 것 이상이어야 한다는 것이다. 즉, 내담자는 상담을 통해 자신의 문제를 해결해야 하지만 동시에 자신의 내적 자원을 잘 개발하여 미래의 문제를 더 잘 다룰 수 있도록 하여 자신을 실현하는 방향으로 나가도록 하는 데 최상의 목표를 둔다.

인본주의 상담에서는 개인을 존중하며 누구나 각자 자신의 문제를 인식하고 해결해 나갈 능력이 있는 존재로 보기 때문에 상담 초기에 내담자의 문제를 분류하고 진단하는 작업은 상담에 전혀 도움이 안 된다고 본다. 여기에서는 상담의 기법 가운데 내담자에 대해 진단을 하거나 평가하는 것을 부정적인 시각에서 본다. 내담자의 문제는 자기경험과 자기지각 간의 불일치로부터 출발한다고 보아 내담자 자신의 자기지각에 초점을 맞춘다. 치료자는 무엇보다 내담자가 자신의 문제를 꺼내 놓을 수 있는 안전하고 신뢰적인 상담 분위기의 마련을 위해 노력해야 한다. 이렇게 하여 신뢰적인 관계가 형성되면 내담자는 스스로가 자신의 내적인 자원을 발견할 수 있을 것이라 믿는다. 치료자가 치료 과정에서 내담자의 성장력을 키우기 위해서는 자신에 대해서나 내담자에 대해서 솔직해야 하며, 내담자를 평가하지 말고 무조건적으로 긍정적인 관심을 보이며, 수용하고, 내담자가 경험하는 바를 정확히 이해하여 전달할 수 있는 공감 능력을 유지하는 치료관계 형성에 역점을 두어야 한다.

다. 합리적 정서적인 치료

합리적 정서적인 치료의 창시자인 엘리스는 인간을 자기와 대화하고 자기를 평가하며 스스로 자기를 유지하는 존재로 보았다. 합리적 정서적인 치료에서는 사람은 합리적인 사고를 할 수 있는 잠재력을 가지고 태어났으나 스스로 혹은 타인에 의해 주입된 비합리적인 신념을 비판 없이 받아들이는 경향이 있다고 본다. 이렇게 비판 없이 받아들인 사고나 신념 체계가 개인에게 때로는 죄책감과 증오심, 우울 등의 정서를 유발하기 때문에 부정적인 정서를 유발하는 것은 생활 사건이나 상황이 아니라 그 사건에 대한 평가나 신념이라고 본다.

이 치료에서는 사고하기와 평가하기, 분석하기, 질문하기, 행동하기, 연습하기, 재결정하기 등이 행동 변화에 기초가 된다고 가정한다. 합리적 정서적인 치료는 비합리적인 사고에 의해 스스로를 끊임없이 비하시키는 경향에 대항하도록 하는 매우 빠르고 효과적인 치료방법이다. 비합리적이고 자기주입적인 사고를 논박하는 것이 치료의 핵심이기 때문에 매우 교훈적인 치료라 할 수 있다.

합리적 정서적인 치료는 삶에 관한 자기패배적인 사고를 없애고 합리적인 생활 철학과 건설적인 사고를 갖게 하기 위해 ABC 이론을 내담자에게 가르친다. 여기에서 A는 개인에게 혼란을 야기한 어떤 사건을 말하는데, 예를 들면, 나와 가장 가깝다고 느꼈던 친구가 다른 친구에게로 가 버렸다거나, 여러 사람들 앞에서 비난을 들었거나 한 사건 등을 생각해 볼 수 있다. B는 어떤 사건이나 행위와 같은 환경 자극에 대해 개인이 갖는 태도나 사고방식을 말하고, C는 선행 사건에 접했을 때 비합리적인 태도나 사고방식을 가

지고 그 사건을 해석함으로써 느끼게 되는 정서적인 결과를 말한
다. 비합리적인 사고방식, 즉 '…해야 한다, …하지 않으면 안 된
다'는 식의 사고는 자신이나 남에 대한 지나친 불안, 원망, 분노,
우울 등과 같은 감정을 느끼게 한다.

라. 현실 치료

현실 치료는 정신과 의사인 글래서가 통제 이론을 배경으로 고
안한 치료법이다. 글래서에 의하면 인간의 가장 기본적인 욕구는
구뇌가 담당하고 있는 생존 욕구와, 신뇌에 자리한 소속 욕구와
힘에 대한 욕구, 자유롭고자 하는 욕구, 즐기고 싶은 욕구 등 다섯
가지 욕구로 구성된다고 보았다. 이러한 욕구들을 충족하기 위해
개인은 어떤 방법을 사용하여 행동을 하게 된다고 보았다. 통제
이론에서는 신경증이나 정신증 등의 부적응 행동을 환자나 내담자
가 자신의 욕구 충족을 위해 선택한 행동으로 간주한다.

현실 치료는 WDEP 과정을 거쳐 내담자의 문제를 현실적으로
치료해 나가며, 치료과정은 다음과 같다.

- W(want:바람 탐색) – 현실 치료에서는 내담자들에게 자신들
  의 생활에서 무엇을 원하는지 구체적이고 명확하게 알도록
  질문하고 내담자가 스스로 원하는 바를 탐색하도록 돕는다.
  과연 내담자는 자신의 생활이나 인간관계에 만족하고 있는
  지, 만족하지 못한다면 구체적으로 무엇에 대한 바람을 가지
  고 있는 지를 묻는다.

- D(doing:행동 탐색) – 그다음으로는 내담자가 자신이 원하는 것 가운데 실제 욕구를 충족하기 위하여 행동하고 있는 것이 무엇인지를 탐색한다. 내담자가 어떤 행동을 선택하고 있는가를 함께 논의하는 시간을 갖는다. 이는 내담자의 복잡한 정서적인 문제를 다루기보다는 내담자가 직접적으로 통제할 수 있는 행동을 다루는 것이 보다 효과적이라고 보며, 행동을 바꾸게 되면 더불어 정서도 변화될 수 있다고 믿기 때문이다.

- E(evaluation:자기평가) – 현실 치료의 중요한 부분은 평가다. 내담자의 행동 변화를 돕기 위해서는 내담자 스스로가 자기 행동에 대한 평가를 해 보도록 하여야 한다. 가족과 잘 지내고 싶다고 하면서 가족과의 만남은 피한다면 과연 가족과의 화합이 가능한 것인지 평가해 보도록 돕는다. 수업 시간에 잘 빠지고 숙제를 자꾸 미루는 학생에게 학점을 잘 받고 취직을 좋은 곳에 하는 데 있어 그런 태도들이 도움이 되는지를 묻는다.

- P(planning:계획하기) – 앞에서 논의하고 탐색한 부분을 내담자가 행동에 옮기도록 계획 수립을 도와주는 단계이다. 자신이 원하고 선택한 행동을 행동에 옮겨 욕구를 충족시키는 과정은 현실 치료의 핵심 과정으로 치료자는 내담자가 계획을 수립하여 자신의 욕구를 충족할 수 있을 것이라는 희망을 심어 주는 역할을 한다. 내담자가 비록 자신이 세운 목표에 도달하지 못하는 경우에도 내담자를 벌하거나 변명을 허용하지 않고 다시 자신의 바람과 자신의 행동을 탐색하고 검토한 뒤 거기에 적절한 행동 계획을 세울 수 있도록 돕는 과정을 반복한다.

마. 교류 분석

　교류 분석은 미국 정신과 의사 에릭 번이 개발한 치료로서, 치료의 핵심은 내담자와 치료자 사이의 계약을 강조하고, 내담자의 재결단을 중요시 여긴다는 점에서 다른 치료와 구분된다. 교류 분석에서는 각 사람이 초기에 내린 결정을 분석하고 새로운 결정을 내릴 줄 아는 능력을 강조한다. 교류분석이 정신분석 이론의 틀을 전혀 무시하지 않는 입장, 즉 개인의 행동과 결정에 영향을 미치는 초기 경험을 중요하게 여기는 관점에서는 두 분석이 서로 연관되어 있기는 하나 실제 치료의 가정이나 그 과정은 상당히 다르다. 정신분석 치료는 무의식적인 갈등에서 비롯된 증상이나 병리를 치료한다는 입장에서 과정이 장기적이기 때문에 학습과 훈련 또한 많은 시간을 요하게 된다. 따라서 내담자는 시간적 경제적으로 부담을 갖는다.

　반면에 교류 분석은 정신병리의 원인을 분석하고 그 이유를 통찰시켜 나가는 정신 분석에 비하면 구체적으로 행동을 결정하고 실천하는 것을 강조하고 있다. 이러한 점에서 교류 분석이 보다 실용적이고 실질적인 치료라 하겠다. 교류 분석에서는 사고와 감정, 성격의 행동적인 측면을 강조하고 자각을 증대시켜 내담자가 새로운 결정을 수립하고 생활과정들을 바꾸도록 돕는다. 치료 과정에서 맺는 계약은 내담자－치료자가 동등한 위치에서 출발하며, 무엇을 변화시킬 것인지를 결정하는 일은 내담자의 몫이다. 이렇게 내담자가 치료자와의 사이에서 체결한 계약대로 얼마나 지켰는지는 객관적으로 평가될 수 있다.

교류 분석은 사람들 사이 또는 한 개인 안에 존재하는 성격의 개념을 부모, 어른, 아이의 세 가지 자아 상태에 기초하여 설명한 다. 이밖에 교류 분석에서 다루는 중요 개념에는 스트로크, 결단, 재결단, 게임, 시련 경험 등이 있다. 교류 분석은 내담자의 과거가 현재를 지배한다는 결정론에 강하게 반대하는 입장을 내세우고 있 다. 한 개인은 습관적으로 답습하는 행동 양식에서 벗어나 새로운 목표를 세우고 행동을 선택할 수 있는 능력을 지녔다고 본다. 그 렇다고 해서 인간이 사회적인 영향들로부터 자유롭다는 것을 의미 하거나 전적으로 스스로의 힘으로 인생의 중요한 결정적인 결단에 도달한다는 것을 의미하지는 않는다.

즉, 개인을 중요한 주변 사람들의 기대나 요구에 영향을 받게 마 련이고, 특히 인생의 초기에는 타인에게 크게 의존하여 결단되기 때 문에 타인의 영향을 크게 받는 시기이다. 그러나 결단은 재인식될 수 있으며, 만일 초기의 결단이 더 이상 적절치 못할 때 새로운 결단은 얼마든지 내려질 수 있다. 이러한 인간 본성에 대한 견해를 전제로 하기 때문에 "나는 어쩔 수 없어요", "내가 바보 같아서 그래요"라는 말들은 용납되지 않는다. 인간은 스스로 살아남기 위해서 원하는 바 를 선택할 수 있고, 새로운 결단을 내릴 수 있고, 행동할 수 있다고 보기 때문에 변명은 받아들이지 않는다. 또한 인생의 어느 한순간에 서 선택한 결정이 영원히 계속될 필요는 없으며, 얼마든지 새로운 결 정이 내려지기도 하며 이에 따라 인생 과정이 변하기 마련이다.

바. 게슈탈트 심리치료

게슈탈트 심리치료는 독일 정신과 의사인 펄스에 의해 시작된 심리치료이다. 게슈탈트 심리치료는 골드스타인의 유기체 이론, 실존 철학, 모레노의 사이코드라마 등의 영향을 받은 치료법이다. 게슈탈트 심리치료는 다른 치료에 대해 개방적인 입장의 치료이고, 정신분석처럼 무의식적인 부분들을 분석하는 입장이 아닌, 개인의 여러 심리적인 요소를 전체의 장의 관점에서 통합적으로 이해하려는 치료이다.

게슈탈트 치료에서는 우리 각자가 자신의 모든 욕구에 대해 통합된 전체를 형성하여 이를 조정하고 해결한다고 본다. 따라서 한 개인이 게슈탈트 형성에 실패하게 되면 심리적, 신체적 장애를 겪게 된다. 그러나 심리적, 신체적으로 건강함을 유지하기 위해 분명한 게슈탈트를 형성하는 능력은 건강한 개인이라면 누구나 다 지니고 있다. 즉, 건강한 유기체는 자기조정 능력이 있기 때문에 여러 개의 게슈탈트가 형성되어도 이를 해결할 능력이 있다. 문제는 이러한 유기체 활동을 인위적으로 차단하고 방해함으로써 발생하게 된다. 이러한 차단 행동을 '접촉경계 혼란' 이라 한다.

여기에서 접촉이라 함은 개인과 환경과의 접촉이나, 개인과 개인과의 접촉, 개인 내부의 여러 부분 간의 접촉을 의미한다. 건강한 개인은 자신의 경계를 유지하면서 타인과 교류하고 환경과 교류하게 된다. 때로는 자신의 경계를 개방하여 자신이 필요로 하는 부분을 받아들이고, 환경으로부터 오는 해로운 면들은 경계를 차단하여 자신을 보호한다. 반면에 경계에 문제가 생기면 개인과 환경과의 교류 접촉이 차단되고 심리적 혼란이 유발된다. 이것이 접촉경계 혼란이다. 접촉경계의 혼란은 개인과 환경과의 경계가 너무 견고하거나 불분명할 때, 경계가 상실될 때 생긴다. 게슈탈트 치료에서는 정신병리 현상을 접촉경계의 혼란에 의해 설명한다.

게슈탈트 치료에서는 접촉경계의 혼란이 일어나는 이유를 내사와 투사, 융합, 반전으로 본다. 여기에서 내사란 아직 자신의 것으로 받아들이고 있지 않으면서 과거 권위적인 인물의 가치나 사고방식을 무비판적으로 따르고 있는 행동이나 사고방식을 말한다. 내사의 예로는 '여자는 얌전해야 칭찬받는다', '어른들 말에는 복종해야 한다' 등이 있다. 내사가 심한 사람들은 자신의 요구가 무엇인지 알지 못한 채 타인의 요구나 기대에 따라 행동하는 데 익숙해 있으며, 자신의 의지에 따라 얼마든지 달리 행동할 수 있다는 사실을 잘 알지 못한다.

투사는 자신의 요구나 생각, 감정 등을 타인의 것으로 지각하는 것을 말한다. 예를 들어, 자신이 타인을 증오하면서 마치 타인이 자신을 적대하는 것처럼 생각하고 행동하는 것을 말한다.

융합은 밀접한 관계의 두 사람이 서로 간에 차이점이 없이 일치한다고 느끼도록 합의할 때 일어나는 혼란을 말한다. 예를 들어, 어머니가 불행을 느끼면 나도 불행해지고, 어머니가 행복을 느끼면 나도 행복해지는 것을 말한다. 이러한 사이는 겉으로는 상당히 좋은 것처럼 보이지만 내면적으로는 서로 독립적이지 못하고 상호

의존적이어서 서로 상대방을 자유롭게 놓아두지 않는다.

반전은 다른 사람에게 하고 싶은 행동을 당사자에게 하지 못하고 자신에게 하거나, 타인이 자기에게 해 주기 바라는 행동을 드러내지 못한 채 스스로 자기에게 하는 것을 말한다. 예를 들어, 다른 사람에게 내야 할 화를 자기 자신에게 내거나, 남이 위로해 주기 바라면서도 그 사람에게서 받지 못하고 스스로 자위하는 것을 말한다.

사. 인지 치료

인지 치료는 벡에 의해 개발된 치료로 인지 – 행동 치료라 불리기도 한다. 인지 치료는 비교적 20회 내외의 단기적인 치료에 속하고 치료의 회기에 있어서 시간의 제약을 두며, 구체적인 목표를 세우고 시작하며 종료하는 치료이다. 인지 치료에서는 부적응 행동이나 증상이 개인의 사고틀, 즉 생각하는 방식에서 비롯된다고 보는 입장에서 앞서 언급한 합리적 정서적인 치료의 가정과 서로 통한다. 벡은 특히 우울증 환자들을 중심으로 이들이 지니고 있는 부정적이고 자동적인 사고가 우울증을 유발한다고 보았다. 따라서 인지 치료에서는 이들이 자신의 부정적이고 자동적인 사고를 인식하도록 가르치고 부정적인 사고를 객관적으로 파악하고 평가하게 한다. 그다음은 내담자의 정형화된 사고나 행동에서 추론할 수 있는 구체적인 가정을 확인하고 이를 수정하도록 한다.

우울증 환자를 비롯해 내담자들의 부정적인 사고, 자동적인 사고는 인지적인 오류를 포함하고 있다. 이 인지적인 오류의 유형은 다음과 같다.

첫째, 뚜렷한 사실에 근거하기보다는 자기 마음대로 추론하는 임의적인 추론으로, 예를 들어, 친구가 나에게 서운하게 대한 사건 하나로 그 친구가 나를 멀리하고 있다고 일반적인 결론을 내리는 등 과잉 일반화된 사고를 말한다.

둘째, 확실한 결론을 내릴 만한 충분한 증거가 없거나 오히려 반대적인 증거가 있는데도 불구하고 막연히 느낀 감정에 비추어 결론을 내리는 오류인 감정적 추리이다.

이렇게 유사한 자극 상황에서 자극의 의미를 각기 달리 지각하고 해석하는 이유는 무엇일까? 부정적이고 자동적인 사고는 왜 일어나는 것일까? 벡은 이러한 심리적인 장애가 '인지적인 취약성'에서 비롯된다고 본다. 인지적으로 취약한 사람들은 자신의 주변에서 일어나는 자극들을 자신의 제한된 경험이나 특정 경험에 비추어 해석하고 왜곡하기 때문에 우울 등의 부적응적인 감정이나 행동을 하는 것으로 본다. 이러한 인지적인 취약성은 역기능적인 신념이라고 할 수 있다.

아. 행동 치료

행동 치료는 지금까지 언급해 왔던 치료와는 상이한 점들이 많다. 행동 치료를 제외한 대부분의 심리치료는 개인의 불편 증상이나 심리적인 부적응을 다루는 과정에서 정서, 사고, 행동 가운데 어떠한 한 측면에 더 초점을 맞추기는 하지만 결국 정서 문제가 해결되면 행동이나 생각도 변화될 것이라고 기대한다. 그러나 행동

치료에서는 특정한 문제 행동만을 다루며 인간의 내부적인 문제에는 관심이 없다. 일반적으로 생각하기에 개인의 부적응 행동은 심리적인 문제와 무관할 수 없는데 이를 무시한다는 것이 쉽게 납득되지 않을 수도 있다. 그러나 행동 치료에서는 치료도 과학적이고 체계적으로 이루어져야 한다고 본다. 심리치료처럼 대인관계 문제나 정서를 다루는 등의 상담 목표는 내담자가 구체적으로 어떠한 도움을 받았는지를 평가하기도 어렵고 과연 치료의 효과가 있는지를 객관화 시킬 수 없다고 보기 때문에 실질적으로 다룰 수 있는 행동에만 초점을 맞춘다.

따라서 이 치료에서는 내담자에게 문제가 되는 특정한 행동, 즉 비만 문제, 대인관계에서 필요한 기술의 부족, 어떤 특정 상황에서 느끼는 심한 긴장감 등을 다룬다. 결국 행동치료는 자기주장 훈련의 원칙과 기술 배우기, 체중을 조절하는 행동적인 자기관리 프로그램 개발하기, 긴장 이완 훈련 등을 통해 자신이 불편하게 느끼는 증상을 경감시키거나 긍정적인 행동을 새롭게 학습하는 일련의 체계적인 과정이다. 다음은 주로 사용되는 행동 치료의 기법을 소개해 보겠다.

a. 체계적인 둔감화

체계적인 둔감화는 특정 대상을 두려워하는 공포증에 효과적인 행동 치료 기법이다. 이 기법은 불안을 일으키는 자극을 가장 약한 수준에서부터 시작하여 가장 높은 수준까지 견뎌 낼 수 있도록 하여 점진적으로 불안을 줄여 가는 방법이다. 체계적인 둔감법은 근육의 긴장이완법 배우기, 개인의 불안 위계 작성하기, 체계적으로 둔감화해 나가기의 세 단계로 구성되어 있다.

첫 단계인 긴장이완 방법은 제이콥슨의 점진적인 근육이완 훈련법이 많이 사용된다. 이 방법은 치료자의 지시에 따라 온 몸의 근육군을 긴장시켰다가 이완시키는 과정이다. 치료자는 긴장이 풀리고 편안해진다는 암시를 내담자에게 한다. 이 과정에서 주의해야 할 사항은 근육을 풀 때는 갑자기 풀 것, 근육을 긴장했을 때와 풀 때의 차이를 생생하게 느끼도록 집중할 것 등이다.

다음으로는 불안을 느끼는 상황을 내담자에게 빠짐없이 상세히 적도록 하여 불안을 가장 약하게 느끼는 상황에서 가장 강하게 느끼는 상황에 이르기까지 10단계 내외로 순서를 나열한다. 세 번째 둔감화 단계에서는 근육이완 연습이 끝난 다음에 내담자가 가장 편안하고 즐겁게 느꼈던 장면을 상상하게 한다. 그다음에 불안 위계 중에서 가장 불안을 약하게 일으키는 자극 상황을 도입하고 내담자가 충분히 그 상황을 상상하도록 시간을 준다. 점진적으로 불안의 수준을 높여 가면서 불안 유발 자극 장면을 불안을 느끼지 않고도 상상할 수 있을 때까지 반복하게 한다.

다음은 이성 사귀기가 불안한 여성의 불안위계의 한 예이다.

6. 데이트를 한다.

5. 그녀가 데이트를 받아들인다.

4. 그 남자가 데이트를 신청한다.

3. 둘이 방에 있고 남자가 먼저 말을 걸어온다.

2. 둘이 방에 앉아 있다.

1. 자신이 매력을 느끼는 남자가 방을 가로질러 가는 것을 본다.

b. 자기주장 훈련

자기주장 훈련은 주장적이지 못한 사람들에게 주장 기술을 가르쳐 주고 직접 시행하고 연습하게 하는 행동 치료 기법이다. 내담자들이 표현하고 싶은 말을 하지 못하고 자신이 행동한 뒤에 일어날 것을 미리 걱정하고 타인의 반응에 민감할 때 이 방법을 적용해 볼 수 있다. 이 기법을 사용할 때는 내담자들의 자신의 생각을 표현하기 어려운 구체적인 상황을 떠올리게 하여 내담자가 말하고 싶은 내용을 치료자가 모델이 되어 내담자 대신에 표현한 후 내담자가 치료자의 반응을 연습해 보도록 한다. 이 기법은 역할 연기식으로 진행되기도 하는데, 예를 들어, 내담자가 상담자를 대하기 힘들어 하는 선생님이라 여기고 자신이 하고 싶은 말을 표현해 보도록 하여 점차 자연스러운 자기표현 기술을 익히도록 도와준다. 이러한 훈련은 대중연설 공포, 요청을 거절하지 못하는 사람, 자신의 감정을 표현하기 힘든 사람, 대화에 참여하기 어려운 사람들에게 효과적이다.

c. 행동 계약법

행동 계약법은 자신이 변해야 하거나 달라지고 싶은 행동은 뚜렷하게 있으나 계획대로 실천에 옮겨지지 않을 때 도움이 될 수 있는 행동 치료법이다. 행동 계약법은 바꾸고자 하는 행동에 대한 계약서를 작성하여 그대로 실천하되 이를 잘 지키지 못할 경우에는 그에 따른 일종의 벌을 스스로 받아야 하고, 반대로 잘 이행했을 경우에는 그에 따른 보상을 스스로 하거나 타인에 의해 받도록 하는 방법이다. 행동 계약은 내담자와 치료자 사이에서 이루어지기도 하고 내담자와 보호자, 교사 등, 내담자의 문제 행동을 같이 지켜봐 줄 사람들과 함께 맺기도 한다.

다음은 행동 계약의 한 예이다.

자기 계약서

목표: 금연하기

계약내용: 2009년 ○월 ○일부터 가정에서나 직장에서 어떠한 경우에도 일체 담배를 피우지 않겠음.

강화조항: 금연을 지킨 하루하루마다 1,000원씩 저금통에 저금한다. 이를 모아 4주 후에 연극이나 음악회 등의 문화생활을 하는데 사용한다.

벌칙조항: 만일 이를 어기고 담배를 피울 시 1개비 당 5,000원의 벌금을 낸다. 낸 벌금은 저금통에 모아두며 이 돈은 모두 사회사업기관에 기탁한다.

기록: 하루 단위로 담배를 피우지 않았으면 0, 피웠으면 피운 개수를 수첩에 적어둔다.

서명: 김 **

자기계약을 도와주는 이: 박 **

자. 집단 상담

집단 상담은 10명 내외의 인원이 상담자의 지도 아래 집단 구성
원들 간의 상호작용을 통해 각자의 해결하고자 하는 바를 이루어
나가는 과정이다.

상담의 초기에서는 집단 구성원들이 친숙해지도록 서로 소개하
고 자신을 알리고 집단에 참여하게 된 동기와 목적을 확인하게 된
다. 이 첫 출발의 단계에서는 집단 상호 간에 눈치를 살피며 단원
들 간의 탐색이 시작된다. 서로 행동을 조심하려 들고 집단 구조
에 대한 불확실성을 느껴 집단 치료자에게 의존적이 되고 뭔가를
해 주기를 바란다.

그다음 과정은 집단 내 구성원들 간의 상호작용에 의해 갈등이
유발되기도 하고 자신의 문제를 내놓고 도움을 받는 작업 단계이
다. 이때는 다른 집단원에 대해 부정적인 정서 반응을 나타내고
불만을 토로하게 된다. 처음에는 집단 내에서 야기된 갈등과 불안
을 치료자에게 떠넘기려 하나 서서히 집단원들 끼리 상호 갈등을
해결하려는 노력을 하기 시작한다. 좀 더 협력적인 집단 분위기가
발전하면 집단 내 응집력이 생겨 단원들 간에 상호 적극적인 관심
과 좋은 느낌을 갖게 된다. 마지막으로 집단 구성원들이 집단 경
험을 통해 무엇을 얻었으며 실제 생활 장면에서 어떻게 적용할지
를 토의하는 종결 단계에 이른다. 이 단계에서는 문제를 해결하게
되어 자기 노출은 감소하며 집단원들 간의 유대가 분리되는 데 대
한 서운함을 느낀다.

2 大學(대학)과 先人(선인)들의 名言(명언)들

1) 대학의 명언들28)

大學은 원래 禮記의 한 편이었는데, 儒敎의 중요 經傳으로 인식되어 단행본으로 만들어지기 시작하였다. 子思가 이 책의 대부분을 기술하였을 것이라 추측하고 있다. 자사(BC 483~402)는 중국의 철학자로 공자의 손자이다. 儒敎 경전에서 孔子의 가르침을 正統으로 나타내는 四書 중 중요한 經書이다. 한편 주자는, 경은 공자의 말을 曾子가 記述한 것이고, 전은 증자의 뜻을 그 제자가 기술한 것이라고 단정하였다. 경에서는 明明德(명덕을 밝히는 일)·新民(백성을 새롭게 하는 일)·止至善(지선에 머무르는 일)등을 대학의 3綱領이라 하고, 格物·致知·誠意·正心·修身·齊家·治國·平天下 등의 8條目으로 정리하여 유교의 윤곽을 제시하였다. 실천과정으로서는 8조목에 3강령이 포함되고, 격물 즉 사물의 이치를 究明하는 것이 그 첫걸음이라고 하였다. 이것이 평천하의 궁극 목적과 연결된다는 것이 대학의 논리이다. 전은 경의 설명이라는 뜻이다.

그칠 데를 안 뒤에 定함이 있으니, 定한 뒤에 고요할 수 있고, 고요한 뒤에 평안할 수 있고, 편안한 뒤에 생각할 수 있고, 생각한 뒤에 얻을 수 있다.

---

28) 전게서, pp.101~108 중에서 발췌하고 그 해설을 추가함.

해설) 좋은 아이디어를 얻기 위한 창의적인 사고를 하기 위해서는 무엇보다 그칠 데를 알아야 한다는 것입니다. 여러 가지 관점이나 분야 중에서 자기 자신의 적성에 잘 맞는 부분을 선택하여 定하여야 마음이 고요하고 정신이 평안해질 수 있습니다.

옛날 밝은 덕을 천하에 밝히고자 하는 자는 먼저 그 나라를 다스리고, 그 나라를 다스리고자 하는 자는 먼저 그 집안을 가지런히 하고, 그 집안을 가지런히 하고자 하는 자는 먼저 그 몸을 닦고, 그 몸을 닦고자 하는 자는 먼저 그 마음을 바르게 하고, 그 마음을 바르게 하고자 하는 자는 먼저 그 뜻을 성실히 하고, 그 뜻을 성실히 하고자 하는 자는 먼저 그 지식을 지극히 하였으니, 지식을 지극히 함은 사물의 이치를 궁구함에 있다.

해설) 수신 및 제가, 치국평천하 하려는 자는 마음을 바르게 하는데 기본이 있습니다. 이를 정심이라 하고 이와 함께 성의와 치지, 격물 등이 있습니다.

진실로 어느 날에 새로워졌거든 나날이 새롭게 하고 또 날로 새롭게 하라.

해설) 태어나서부터 일생을 사는 동안 많이 변하게 되는데 보다 더욱 새로워지도록 노력하여야 하며 이러한 노력은 죽을 때까지 변함이 없어야 한다는 것입니다.

마음에 성내는 것이 있으면 그 바름을 얻지 못하고, 두려워하는 것이 있으면 바름을 얻지 못하고, 좋아하는 것이 있으면 바름을 얻지 못하고, 근심하는 것이 있으면 바름을 얻지 못한다.

> 해설) 사람의 마음에는 분노와 공포, 즐거움, 우환 등의 정서가 있어
> 때로 정심을 잃게 되므로 늘 마음을 정한 위치에 두도록 힘써
> 야 합니다.

마음이 있지 않으면 보아도 보이지 않으며, 들어도 들리지 않으며, 먹어도 그 맛을 알지 못한다.

> 해설) 몸이 멀어지면 마음도 멀어지듯이 마음이 제자리에 없다면, 보
> 이지도 들리지도 맛도 알 수 없게 됩니다.

좋아하면서도 그의 나쁨을 알며, 미워하면서도 그의 아름다움을 아는 자는 천하에 드물다.

> 해설) 위대한 왕이 신하를 잘 관리하고 잘 쓰는 방법을 보면, 신하의
> 다양한 면, 즉 좋은 점과 나쁜 점, 약점과 강점 등을 잘 알아
> 서 배치와 전환을 극대화하는 것입니다.

말이 어긋나게 나간 것은 또한 어긋나게 들어오고, 재물이 어긋나게 들어온 것은 또한 어긋나게 나가는 것이다.

> 해설) 어떤 사람이 친구의 말을 다르게 함으로서 친구들로부터 원망과
> 따돌림을 받게 되는 것처럼, 도리에 맞지 않는 금전이나 물질을
> 취하게 되면 곧 손님이 떠나듯 흔적 없이 사라지게 됩니다.

남이 미워하는 것을 좋아하며, 남이 좋아하는 것을 미워하는 것을 사람의 성품을 거스른다고 하는 것이니, 이러한 자는 재앙이

반드시 그 몸에 미칠 것이다.

> 해설) 좋은 교육을 받고 높은 위치에서 일을 하더라도 남들이 싫어하
> 는 것을 늘 즐겨하고, 남들이 좋아하는 것을 의도적으로 방해
> 하는 사람이 있다면 그의 나쁜 성품으로 스스로의 함정을 파게
> 되는 것입니다.

2) 十八史略의 명언들[29]

십팔사략은 중선지가 지은 중국 고대사를 담은 역사서로 원명은
고금역대 십팔사략(古今歷代 十八史略). 사마천이 지은 史記와 반
고가 지은 漢書에서 시작하여 구양수가 지은 新五代史에 이르는
17종의 正史, 宋代의 史料를 첨가한 十八史의 사료 중에서, 太古
때부터 송나라 말까지의 史實을 拔書하여 초학자를 위한 초급 역
사교과서로 편찬되었다. 원래 만들어진 것은 2권이었으나 명나라
초기에 陳殷이 음과 해석을 달아 7권이 되었고 劉剡이 補注를 가
하여 간행한 것을 현재 전하고 있다.

어려울 때 함께 고생한 아내는 쫓아내서는 안 되고, 가난하고
천할 때의 사귐은 잊어서는 안 된다.

> 해설) 어느 정도 성공을 거두게 되면 사람이 변하여 어려웠던 때를
> 잊으려고 동료나 아내 혹은 남편, 친구 등을 무시하고 거만해
> 집니다. 이후 또 어려운 때를 겪게 되면 그들에게 도움을 구하

---

29) 전개서, pp.334~336에서 발췌하고 해설을 추가함.

기가 어렵게 됩니다.

차라리 닭의 주둥이가 될지언정, 소의 꼬리는 되지 말라.

해설) 어느 분야에서 친구가 큰 성공을 하게 되면 내가 그보다 못할
      것이 없다고 생각하여 같은 길을 가게 되면 결국 그의 아래가
      될 수밖에 없는 것입니다. 고유한 자신의 분야를 개척하는 것
      이 중요합니다.

좋은 장사꾼은 좋은 물건을 깊이 감추어 두고 비어 있는 듯하는
것이다.

해설) 사업가는 꾸준히 좋은 제품이나 분야를 개발하여 현재 상태보
      다 더 우수한 잠재력을 가지고 있어야 고객이나 경쟁업자가
      기대감과 두려움을 갖게 되는 것입니다.

크게 간사함은 충성스러운 것 같고, 크게 속이는 것은 신의가
있는 것 같다.

해설) 어떤 신하가 '임금이 좋아하는 것'이 유일한 것처럼 간하는 말
      들은 대부분 피하여야 하는 것이며, 주위에서 '이 모든 것이
      다 너를 위한 것'이라고 말하는 것은 속이려고 하는 것입니다.

3) 禮記의 명언들30)

중국 고대 儒家의 경전들인 五經의 하나로, 周禮, 儀禮 등과 함

---

30) 전개서, pp.340~341에서 발췌하고 그 해설을 보완함.

께 3禮라고 한다. 禮經이라 하지 않고 예기라고 하는 것은 禮에 관한 경전을 補完·註釋하였다는 뜻이다. 그래서 때로는 의례가 예의 經文이라면 예기는 그 설명서에 해당한다고 이야기되기도 했다. 하지만 마치 예기가 의례의 해설서라고만 여겨지는 것은 옳지 않다. 예기에서는 의례의 해설뿐 아니라 음악, 정치, 학문 등 일상 생활의 사소한 영역까지 예의 근본정신에 대하여 다방면으로 서술하고 있기 때문이다.

재물에 임하여 구차하게 얻으려 하지 말고, 어려움에 임하여 구차하게 벗어나려 하지 말라.

해설) 가난한 선비라도 길을 가다가 떨어진 쇠붙이를 주워 취하려 하거나, 뜻에 맞지 않는 관직이나 벼슬을 하려 한다면 어울리지 않는 것입니다.

비록 좋은 음식이 있더라도 먹지 않으면 그 맛을 알지 못하고, 비록 지극한 도가 있더라도 배우지 않으면 그 훌륭함을 알지 못한다.

해설) 농부가 비옥한 논과 많은 토지가 있어도 이를 잘 갈고 모를 심어 노력을 하지 않으면 가을에 많은 수확을 얻지 못하는 것처럼 마땅한 실행과 실천이 없다면 훌륭한 결과를 얻을 수 있습니다.

부모 앞에서 위엄 있고 근엄한 것은 부모를 섬기는 방법이 아니다.

해설) 아들이 장성하여 높은 자리에 있을 때 부모는 그 이상의 수고

를 하고 기도를 한 결과이므로 마땅히 자리를 낮게 하여 부모
를 모실 수 있어야 합니다.

자기를 바르게 하고 남에게 요구하는 것이 없으면 원망이 없을
것이다.

해설) 직장에서 가장 인기 있는 상사는 자기가 할 수 있는 일은 스
　　　스로 하고 바른 모범을 보여주는 사람입니다.

3　경력경로의 새로운 추세[31]

경력경로의 변화양상을 보면 경력경로가 수직적 직선이 아니라
수평되고 곡선이 많으며 수직 사다리가 아닌 수평 사다리 모양으
로 변하고 있으며 한 부서에는 단기간 재직하는 추세이다. 따라서
오늘날의 올바른 경력이동은 직급이나 지위가 향상되는 것이 중요
한 것이 아니라 능력 위주로 되어서 이러 저러한 능력을 경함하고
신장시켜야 한다는 의미가 더 크다. 그러므로 사내의 직무순환이
더 많아지고 때로는 직장을 자주 바꾸는 일도 많아지며 경력경로
하면 수직이 아닌 수평적 경력 사다리를 쉽게 연상하게 되었다.

경영환경과 가치관 변화로 인하여 종업원들의 경력경로가 과거
처럼 하나만의 분야를 향해 좁고 수직적인 경력 사다리를 계속 오
르던 것에서 벗어나 넓고도 다양한 경로선택을 하는 것이 최근의

---

31) 전개서, pp.182~183.

추세인데 이를 요약해 본다.

가. 관리자, 감독자, 사장 등 최고경영자를 경력목표로 삼는 것이 아니라 팀장, 네트워크 연결자, 조정자를 선호하기도 한다.

나. 경력 사다리는 좁고 수직적이 아닌 넓고 수평적 형태를 띠며 심지어 하향적 사다리를 택하는 경우도 있다.

다. 오직 한 조직에서 오래 재직하는 것보다 회사를 자주 바꾸며 화려한 경력 쌓기를 선호한다.

라. 경력 사이클이 연령, 재직기간에 따라 자동으로 변하는 것이 아니라 개인의 성격, 야망에 따라 어느 단계를 반복하기도 하고 다른 경력으로 바꾸어 타기도 하면서 전이된다.

사람들이 경력경로를 선택하는 유형을 나누어 본다면 다음과 같이 다섯 가지 정도가 되는 것 같다.

A. 대기업형: 우선 큰 회사 그중에서도 본사에서 크게 시작하며 대기업 근무 경력을 키운다.

B. 중소기업형: 큰 회사에 입사하여 단순 업무만 반복하느니 영업부나 작은 회사에 가서 가능한 한 다양한 사람들과 접촉하며 관계를 맺으면서 자신의 특기, 기술을 쌓아간다.

C. 새 사업형: 나중에 새로운 회사나 새로운 사업을 해보고 싶
   어서 여러 분야를 직접 거쳐 보면서 견문을 넓힌다.

D. 학습·휴면형: 가던 길을 잠깐 멈추고 동일 계통의 경력을 높
   이려고 학교나 학원에 재입학하여 자격증을 따고 실력을 높인
   다. 혹은 완전히 진로를 바꾸려고 약간의 휴면기간을 가진다.

E. 프로젝트형: 특별한 기능과 자격을 소지한 채 한 회사에 얽매
   이지 않고 이 회사 저 회사 옮겨다니면서 자기의 자격과 기능
   에 맞는 프로젝트만 수행하면서 더 많은 노하우를 쌓는다.

1. 심리장애는 그 종류도 다양하고 그 원인에 대한 견해도 여러 입장이다. 즉, 생리학적으로 볼 때는 신경전달물질의 이상 분비와 관련되어 있다고 보는 반면, 심리학적인 견지에서는 개인의 성격과 환경적인 문제의 상호작용에 의해 증상이 유발된다고 본다. 정신과적인 치료에서는 일차적으로 신경전달물질의 이상 분비가 정신질환의 유발과 관련된 것으로 보고 약물치료로 증상을 경감시켜 나간다. 실제 약물치료가 정신과 환자들의 증상을 해결하는 데 상당히 도움이 된다고 할 수 있다. 그러나 약물치료만 하기보다는 이와 심리치료를 병행할 때 치료에서 보다 큰 효과를 거둘 수 있다는 보고가 많다.

2. 大學은 원래 禮記의 한 편이었는데, 儒敎의 중요 經傳으로 인식되어 단행본으로 만들어지기 시작하였다. 子思가 이 책의 대부분을 기술하였을 것이라 추측하고 있다. 자사(BC 483~402)는 중국의 철학자로 공자의 손자이다. 儒敎 경전에서 孔子의 가르침을 正統으로 나타내는 四書 중 중요한 經書이다. 한편 주자는, 경은 공자의 말을 曾子가 記述한 것이고, 전은 증자의 뜻을 그 제자가 기술한 것이라고 단정하였다. 경에서는 明明德(명덕을 밝히는 일)·新民(백성을 새롭게 하는 일)·止至善(지선에 머무르는 일) 등을 대학의 3綱領이라 하고, 格物·致知·誠意·正心·修身·齊家·治國·平天下 등의 8條目으로 정리하여 유교의 윤곽을 제시하였다.

3. 십팔사략은 증선지가 지은 중국 고대사를 담은 역사서로 원명은 고금역대 십팔사략(古今歷代 十八史略). 사마천이 지은 史記와 반고가 지은 漢書에서 시작하여 구양수가 지은 新五代史에 이르는 17종의 正史, 宋代의 史料를 첨가한 十八史의 사료 중에서, 太古 때부터 송나라 말까지의 史實을 拔書하여 초학자를 위한 초급 역사교과서로 편찬되었다. 원래 만들어진 것은 2권이었으나 명나라 초기에 陳殷이 음과 해석을 달아 7권이 되었고 劉剡이 補注를 가하여 간행한 것을 현재 전하고 있다.

제9장

대인지각과 자기 관리

1 대인지각32)

　로빈슨 크루소가 아닌 한 우리는 매일 남들을 만나게 되고 그들과 어울려 살아가야 한다. 이러한 대인관계에서 잘 적응하려면 상대방을 정확히 지각하고 그들과 더불어 효율적으로 의사소통할 수 있어야 한다. 본 강에서는 대인지각의 기본적인 과정과 거기서 발생할 수 있는 오류에 대해 그리고 서로 의사소통하는 방식과 효율적인 적응 방식에 대해 알아보기로 한다.

---

32) 전개서, 제8장 중에서 발췌하여 설명.

1) 타인에 대한 지각

동일한 사건이나 사물에 대한 인식조차 사람마다 천차만별일 수 있다. 하물며 사람에 대한 지각은 매우 다른 경우가 많다. 전철 안에서 사람들을 잠시 둘러보라. 인상이 공연히 기분 나쁜 사람이 있는가 하면 슬쩍 보기만 해도 정다운 사람이 있다. 또한 '며느리 발뒤꿈치는 계란 같아도 흉'이라는 식으로 자신의 입장, 위치나 상대방과의 관계의 속성에 따라 동일인에 대한 우리의 지각과 느낌도 변화무쌍하다.

성격이 건강하고 잘 적응하는 사람의 지각은 대체로 공정하고 정확한 편이지만 매우 편파적이고 외곬수로 지각하는 사람도 있다. 그 누구라도 세상사를 있는 그대로 그리고 신처럼 정확하게 지각하기는 어렵겠지만 여러분이 원만한 대인관계를 원한다면 적어도 편파와 부정확성을 최소화하려고 노력해야만 할 것이다. 그릇된 지각과 인상 형성 때문에 자기 패배적 행동을 하고 나아가서는 부적응하게 되는 경우가 있기 때문이다. 이제부터 우리는 대인지각의 기본 과정과 인상 형성이 어떻게 하여 잘못될 수 있는가를 살펴보고자 한다.

가. 인상 형성의 과정

인상을 형성하는 전반적인 과정은 두 단계로 이루어져 있다. 첫 번째는 상대방의 구체적인 특징을 추론하는 것이며, 두 번째는 간혹 상충되기도 하는 여러 자료를 통합하여 일관된 인상을 자아내는 것이다. 사람들의 특질을 추론하는 방법에는 여러 가지가 있다. 가령, 우리는 외모나 비언어적 의사소통을 근거로 해서 상대방의 성격을 추론할 수 있다(예, "눈이 크니까 겁이 많겠지", "이마가 좁으니까 심보도 밴댕이 속 같을 거야", "다리를 꼬고 팔짱을 끼고서 말하는 꼴이라니… 보나 마나 건방진 녀석이야"). 이것을 순간적 판단이라 한다. 또한 우리는 상대방의 행동을 보고 그들이 왜 그렇게 행동했는지를 미루어 짐작한다. 이것을 귀인이라 한다.

나. 귀인의 과정

대인지각 과정에서 가장 복합적이고도 중요한 것은 행동의 원인을 추적하는 것인데 이것을 귀인이라 한다. 우리는 일상생활에서 대하는 많은 사람들의 행동을 설명하고 싶어 한다. 가령, 국회의원 모 씨는 왜 늘 식언을 반복하는가? 오바마는 왜 미국 대선에서 승리했을까? 이웃집 아가씨는 왜 나만 보면 웃을까? 왜 민수는 툭하면 화를 낼까? 또한 우리는 자신의 행동에 대해서도 설명하려고 한다. 왜 나는 연아 앞에만 있으면 주눅이 들까? 내가 그 과목에서 낙제한 이유는 무엇일까? 왜 나는 책상 앞에 앉기만 하면 졸릴까? 이러한 잡다한 의문에 대한 답은 매우 중요하다. 왜냐하면 그 답은 우리가 타인을 대하는 행동 방향을 정하고 문제를 해결하는 근거가 되기 때문이다.

다. 귀인의 편파

귀인의 오류를 일으키는 요인에는 여러 가지가 있는데, 그중에서 가장 보편적인 것 두 가지를 살펴보기로 하자. 첫째는 대응편파이다. 귀인할 때 우리는 흔히 상황의 억제 요인을 무시하고 특정인의 행동이 곧 그 사람의 기본적인 성격 특질이나 성향을 반영한다고 지각하는 경향이 있다. 예를 들면 도서관은 일반적으로 공부하기 위한 장소임에도 거기서 공부하는 것을 보고 "영희는 참 학구적인 사람이야"라고 귀인하는 경우 우리는 도서관이라는 상황 요인을 무시하고 내적 요인을 과도하게 강조하는 것이다.

또한 은행직원의 불친절한 행동을 보고 그의 성품이 비우호적이라고 여긴다. 그 사람이 많은 고객을 대하느라고 피곤하다거나 하는 것은 도외시하며 이러한 경우 그 사람의 행동이 주의를 너무 많이 끌기 때문에 우리는 외적 압박 요인에는 충분한 주의를 기울이지 못하는 경향이 있다.

둘째로 주요한 귀인 편파는 행위자 - 관찰자 편파로서 대응 편파와 밀접하게 관련된 것이다. 우리들은 자신의 행동은 외적 압력에 대한 반응으로 귀인하거나 그 상황에 적절한 것으로 지각하는 한편 타인의 행동은 그 사람의 성격 특질에 귀인하는 경향이 있다. 즉 자신이 어떤 행동을 할 때와 그러한 행동을 남들이 할 때 그 원인을 달리 귀인하는 것이다. 가령 내가 화내는 행동을 하면, "상황이 그럴 만해서 어쩔 수 없이"그런 것이지만, 이웃집 여자가 화를 내면 "원래 성깔이 못돼서" 그런 것이다.

라. 내현성격 이론

귀인 할 때 우리들이 남들로부터 직접 볼 수 있는 특질은 그다지 많지 않다. 그런데 우리는 소수의 특질로써 미루어 보고 매우 많은 것을 추론해 낸다. 이것을 내현성격 이론이라 하며 어떤 특질이 으레 다른 특질과 연관되어 있으리라는 것에 대한 생각을 말한다. 물론 내현성격 이론은 사람마다 다를 수 있고 내현적(또는 암묵적)이 의미하듯이 우리는 자기도 모르는 사이에 이러한 생각을 대인지각에 적용하는 경향이 있다. 가령, 갑이 지적이라는 것만을 알 때 어떤 이는 갑이 근면하고 건방지고 실제적이라고 생각하는가 하면 다른 이는 창조적이고 다정하고 조직 생활을 싫어한다고 생각하기도 한다.

마. 첫인상과 다른 정보는 어떻게 처리할까?

우리는 가끔 이런 경험을 한다. 처음 볼 때는 "퍽 건방진 사람이구나" 라고 생각했는데 알고 보니 의외로 겸손하다든지, "바늘로 찔러도 피 한 방울 안 날 사람"이라고 여겼는데 의외로 인정이 많은 모습을 본다거나 하는 경우이다. 바로 앞에서 보았듯이 나 자신을 포함하여 사람들에게는 매우 다양한 측면이 있다. 그럼에도 불구하고 대인관계에서 우리들이 나타내는 뚜렷한 경향 중 하나는 타인에 대해 일관된 인상을 형성하려 하고 상치되는 정보들을 일관된 틀로써 묶으려 한다는 것이다. 일관된 평가를 형성하는 한 가지 방법은 내가 가진 인상과 다른 정보를 무시하는 것이다. 즉, 처음의 인상에 부합되는 사실만을 지각하는 것이다.

우리들의 인상 형성 과정에서 가장 뚜렷한 경향 중 하나는 첫인 상의 강렬함이다. 예외가 없지는 않지만 한 사람에게는 매우 다양 한 면모가 있는 데 비해 우리는 대개 처음에 지각한 몇몇 특징으로 써 나머지를 뭉뚱그리거나 또는 왜곡시켜서 지각자 본위의 인상을 형성하기조차 한다. 첫인상의 위력을 입증한 연구를 살펴보자. 평균 점수는 동일하지만 어떤 과제를 수행함에 있어 처음에는 잘하다가 점점 못하는 사람과 이와 반대로 처음에는 못하다가 마지막에 가장 잘하는 사람에게 우리는 어떤 인상을 형성할까? 연구자들은 피험자 와 여성 실험 보조자 한 명에게 30문제를 풀게 했으며 실험 보조자 는 피험자를 한 번에 한 명씩 만났고 10문제를 맞췄다고 허위로 피 드백해 주었다. 피드백의 조건은 두 가지이다: 첫째 조건에서 일부 피험자에게는 상대방이 처음의 8문제 중 7개를 맞췄지만 마지막으 로 갈수록 점점 못한다고 했고; 둘째 조건에서는 다른 피험자에게 처음에는 잘못하다가 마지막 8개 중 7개를 맞췄다고 알려주었다. 그리고 피험자들에게 누가 더 지적으로 보이는지를 물어보았다.

연구자들은 최신 효과가 나타나리라 예측했으나 오히려 강한 초 두 효과가 나타났다. 즉, 피험자들은 처음에 잘한 사람이 더 똑똑 하다고 생각했고 처음 부분과 나중 부분의 수행을 다르게 귀인하 였다. 처음의 수행은 안정된 요인에 귀인하는 한편 마지막의 수행 은 외적인 불안정한 요인에 귀인하였다. 즉 처음에 잘한 경우 우 선 그 사람이 똑똑하다거나 아니면 멍청하다는 인상을 형성한(내적이며 안정된 요인인 능력에 귀인함) 후 나중의 못한 수행에 대해서는 '지쳐서 혹은 부주의한 탓에'라고 귀인하는(불안정한 상황 요인에 귀인) 것이다. 한편 처음에 못한 경우에는 일단 멍청하다고 귀인하고 나중에 잘하면 '문제가 쉬워서 혹은 더 열심히 해서'라고 귀인하는 것이다.

이 연구를 통해 볼 때 사람들은 타인에 대해 매우 빨리 판단하였고 그 판단과 상반된 정보가 있어도 좀처럼 처음의 판단을 바꾸려고 하지 않았다. 오히려 사람들은 판단과 상반된 행동을 외적 요인에 서슴없이 귀인함으로써 처음의 지각을 고수하였다. 즉, 우리들은 자신의 기대에 맞추어 사람들의 행동을 해석하는 경향이 있다.

사. 최신 효과와 과잉 보상 효과

초두 효과가 압도적이기는 하지만 어떤 상황에서는 최신 효과가 나타나기도 한다. 가령 마지막까지 판단을 유보해 달라고 피험자에게 요청하는 경우에는 초두 효과가 사라지고 최신 효과가 나타나기도 한다. 그리고 초두 효과와 상반된 중요한 예외의 현상이 있다. 이것은 일종의 편파라 할 수 있는데 엘라인 왈스터 등의 연구에서 볼 수 있는 과잉 보상 효과이다.

이들 연구에서는 피험자들에게 처음에 누군가에 대한 인상을 매우 친절하거나 또는 매우 잔인하다고 일러 주고 나서 나중에 왜 그러한 행동을 하지 않으면 안 되었는지를 설명하고 그 사람의 성향이 사실상 정반대임을 알려 주었다. 이 경우 피험자들은 초두효과를 나타내지 않고 첫인상을 바꾸었다. 바꾸다 못해 원래의 그릇된 인상을 지나치게 보상하는 방향으로 감으로써 또 다른 오류를 범하는 경향을 나타냈다. 가령, 처음에 잔인하다고 생각했다가 나중에 그렇지 않다는 정보를 들은 피험자는 처음부터 친절하다고 들은 피험자보다 그 사람이 더 친절하고 관대하며 이타적이라고 하였다.

아. 적응을 잘하려면 대인지각을 어떻게 해야 할까?

강의 서두에서 보았듯이 개인의 적응과 대인지각은 서로 강한 관계가 있다. 그런데 인상 형성 과정에서 살펴본 것처럼 그 과정에는 객관적인 정확함보다는 주관적인 오류가 더 흔히 나타난다. 자신을 비롯하여 모든 사람들은 매우 복합적이고 많은 면에서 근본적으로 일관성이 없기 때문에 정확한 인상을 형성하기란 매우 어렵기도 하다. 따라서 대인지각을 정확히 하지는 못하더라도 다음의 점에 유념한다면 대인관계에서 적응하는 데 도움이 될 것이다.

첫째, 우리는 타인의 행동에 영향을 미치는 외적인 힘에 대해 가능한 한 민감해질 필요가 있다. 이상적으로 보자면 우리는 자신에게 끼치는 상황 압력에 대해 민감하듯이 타인에 대한 상황의 압력에도 민감해지려고 애써야 한다.

둘째, 우리는 행동과 소문, 고정관념을 토대로 타인에 대해 섣부른 결론을 내리지 말아야 한다. 많은 연구에 따르면 인상을 형성할 때 더 많은 정보를 알기까지 조금 더 기다리는 단순한 행동만으로도 우리는 훨씬 정확한 인상을 형성할 수 있다고 한다. 물론 일상생활에서 피치 못해 급히 판단해야 할 경우도 있겠으나, 그렇지 않은 경우라면 느긋하게 짐짓 두고 보는 마음가짐이 필요하다.

셋째, 사람들의 많은 행동은 우리가 그들을 어떻게 대하는가에 의존한다는 점을 기억하자. 즉, 그들의 행동이 그 사람의 성격을 반영하는 것이 아니라 오히려 나의 행동을 반영하는 것일지도 모른다.

2) 남들과 의사소통하기

의사소통을 잘할 수 있는 기본자세는 자신감이다. 일상적인 대화든 공식적인 면담이든 자신감은 의사소통을 유연히 할 수 있는 기초가 된다. 유명한 앵커우먼인 바바라 월터스는 의사소통 시 남들에게 좋은 인상을 줄 수 있는 세 가지 규칙을 다음과 같이 말하고 있다.

"멈추어, 바라보라. 그리고 들으라."

이것은 그녀가 어렸을 때 들었던 것으로 매우 평범하게 들리지만 우리가 소홀히 여기기 쉬운 것이다.

'멈춘다'는 것은 상호작용을 준비하고 가능한 문제를 예시할 시간을 갖는다는 의미이다. 특히 공식적인 상호작용에서라면 대화하기에 좋은 주제를 준비하는 것이 좋다. 또한 자신의 욕구나 관심

을 짚어 두는 것도 좋다. 그렇게 함으로써 상호작용을 좀먹는 파
괴적인 불안을 해소할 수 있다.

'본다'는 것은 상대방에게 최대한 주목한다는 의미이다. 그리고
'들을' 때는 직접 드러내어 말하지 않는 비언어적인 내용까지 들을
자세를 갖추는 것이 효율적인 의사소통의 관건이다.

의사소통은 중요한 두 가지 범주로 나눌 수 있다.

첫째는 외적인 문제에 대한 것(예: 날씨나 정치 문제, 하는 일)이
며, 둘째는 기분이나 의사소통하는 당사자가 관계를 어떻게 보는가
와 같은 내적인 문제에 관한 것이다. 특히 후자는 주로 비언어적
채널을 통해 표현된다. 의사소통할 때 상대방을 유심히 쳐다봄으로
써 우리는 상대방에 대한 관심을 전달할 뿐 아니라 그 사람의 내
적 상태를 읽을 수 있다. 또한 우리도 대화하는 동안 부지불식중
에 나 자신의 내적 상태를 드러내게 된다.

가. 대인관계 자체에 대한 의사소통

a. 대인관계의 분류

대인관계에는 많은 종류가 있는데 이것은 다음의 두 가지 중요한
차원에 따라 분류할 수가 있다. 첫째는 지위 차원으로서 우리는 두
사람이 동등한지 아닌지에 따라 관계를 분류할 수 있다. 가령, 대학
생들 간이나 동년배 간은 동등한 지위의 관계이기 쉽지만 학생과 교
사라든가 평사원과 사장 간에는 동등하지 않은 관계이다. 둘째는 친
밀성 차원으로서 가까움, 애정, 호감, 사랑의 정도이다. 대개 부부는

친구보다 친밀도가 훨씬 더 높지만 은행에서 사업상 만나는 사람들은 친밀도가 매우 낮다. 또한 맞수나 적처럼 서로 미워하는 관계도 있다. 그렇다면 사람들은 이 두 가지 차원을 상대방에게 어떻게 전달하고 또 그 사람으로부터 어떻게 읽어 낼까? 대체로 사람들은 이것을 직접 드러내기보다는 대인간 행동을 통해 은연중에 전달한다.

b. 대인간 행동의 차원

대인간 행동에는 무수히 많은 종류가 있을 테지만 우리는 이것을 다음의 두 차원으로 대분할 수 있으며 이 차원은 관계 차원과 밀접히 관련되어 있다. 대인간 행동의 두 차원 중 하나는 사랑-미움 차원이고 다른 하나는 지배-복종 차원이다. 많은 연구에 따르면 사람들은 다른 이들의 행동을 이 두 차원에서 매우 신속하게 분류한다고 한다.

사랑-미움 차원은 우리가 특정한 대인간 행동에 우정과 친밀감 대 적대성과 분노가 얼마나 많이 내포되어 있는가를 헤아리는 측면이다. 가령, 따뜻한 악수와 밝은 미소에는 우정이 듬뿍 담겨 있다. 그러나 상대방을 노려보는 행동은 적개심을 반영하며, 다정하지 않은 태도와 친밀감이 낮은 관계를 상대방에게 전달한다.

지배-복종 차원은 지배성, 능동성, 주장성, 경쟁성 대 수동성, 수줍음, 순종성, 협동성의 측면에 해당한다. 많은 것을 제안하거나 이모저모를 명령하는 사람은 지배적 차원의 극단에 해당한다. 상대방에게 주도권을 주고 그 사람이 이끄는 대로 고분고분 따르는 사람은 복종 차원의 끝에 해당한다. 사람들이 지배적인 행동을 하는 것은 그들이 그 대인관계에서 우월한 위치에 있다고 보는 것을 반영한다. 한편 수동적인 행동은 자신이 특정한 대인관계에서 열등한 위치에 있다고 보는 것을 반영한다. 주장적이지만 예의바르고 반응적으로 행동하는 사람은 그렇게 행동함으로써 그 관계에서 서로의 지위를 동등하게 보는 것을 상대방에게 전달한다.

c. 대인간 행동에서 상보성

미팅에서 만난 효리가 친절하지만 수줍어하고 머뭇거린다면(우호적이며 수동적인 행동)을 한다면 당신은 어떻게 행동할 것인가? 리어리(Leary)에 따르면 철수의 행동은 당신에게서 어떤 유형의 행동을 이끌어 내기 쉽다. 즉, 우호적인 행동은 상대방에게서 우호적인 행동을 이끌어 내지만 적대적인 행동은 적대적인 행동을 이끌어 내는 경향이 있다. 또한 수동적인 행동은 지배적인 행동을 이끌어 내기 쉽다. 이것을 대인간 행동의 상보성이라 한다. 우리가 타인으로부터 우리에게 어떻게 행동하도록 이끎으로써 일어나는 것 중 하나는 우리가 그들에게 그 관계에 대한 견해를 전달할 뿐 아니라 상대방이 그것을 보상적 행동으로 받아들이도록 요청하는 것이다.

d. 관계 커뮤니케이션에 대한 반응들

한 사람이 관계에 대한 정의를 전달하면, 다른 사람은 그 커뮤니케이션에 대해 어떤 전형적인 방식으로 반응해야만 한다. 가령 민호가 과제물에 대해 문의하려고 최 교수를 찾아갔다고 하자. 최 교수는 대화 동안에 줄곧 다정하지만 지배적인 태도로 행동하였다.

따뜻하고도 편안한 방식으로 그녀는 과제물을 하기 위해 밟아야
할 사전 과정과 수순을 민호에게 알려 주었다. 즉, 교수는 학생이
원하는 도움을 우호적인 분위기에서 제시해 주었다. 우호적이면서
도 지배적으로 행동함으로써 최 교수는 그 관계에 대한 정의를 전
달하였다. 그녀는 그 관계를 친밀감이 중간 정도로 우호적인 것으
로 보고 있으며 그녀의 위치가 학생의 것보다 더 우호적인 것으로
보고 있다. 그렇다면 학생은 어떻게 반응할 수 있을까?

e. 상대방의 의사소통을 묵살하기

수용과 거부는 관계 수준에 있어 상대방의 커뮤니케이션에 대한
중요한 두 가지 반응 양식이다. 또 다른 반응 양식으로는 묵살이
있다. 묵살이란 상대방의 커뮤니케이션 그 자체를 거부하는 것이
다. 만약 친구에게 탁구하는 대신 대화하자고 제안했는데 그가 슬
며시 웃으며 아무 말 없이 라켓을 집어 들었다면 당신은 묵살당한
것이다. 그는 거부하지도 수용하지도 않았고 다만 제안 자체를 무
시하였다. 이런 류의 반응은 상대방을 낙담시키고 부끄럽게 만든
다. 이렇게 반응하는 경우는 상대방의 행동에 어떻게 반응할지를
확신하지 못하거나 반응하기를 두려워하거나 반응하는 데 굼뜬 사
람들이 흔히 나타내는 양식이다.

f. 상호작용에서 주고받기

상호작용할 때 우호적이든 적대적이든 또한 지배적이든 순종적
이든 그러한 행동을 통해 사람들은 관계에 대한 자신의 입장을 전
하는 동시에 상호작용에 있어 서로가 수긍할 만한 견해를 만들어

내려고 애쓴다. 즉, 상호작용의 대부분은 상보적인 관계를 수립하려고 애쓰는 것으로 이루어져 있다. 가령, 한 사람이 지배적일 때, 다른 사람은 순종적이라든가, 한 사람이 우호적일 때 다른 사람도 그렇다든가 하는 경우가 그렇다. 때때로 어떤 이들은 뚜렷한 대인간 양식을 가지고 있어서 늘 지배적이라든가 아니면 늘 순종적으로 행동하기도 한다. 이렇게 일방적인 행동은 대인관계를 경색시키기 쉽다. 당신은 어떤 유형인가? 만약 당신이 이렇게 일방적으로 행동하는 유형이라면 자신의 단점에 주목하고 상보적인 행동을 하도록 노력함으로써 보다 조화로운 관계를 이룰 수 있을 것이다.

나. 비언어적 의사소통

우리가 비언어적 의사소통을 생각할 때 가장 많이 떠오르는 것은 자세, 몸짓, 안면 표정과 같은 신체 언어이다. 신체 언어에 관한 책은 늘 잘 팔리는데 그중에는 사실로 증명된 것들도 있다. 가령, '열린' 몸자세에 관한 연구에 따르면 꼬고 있던 다리를 풀기, 몸을 앞으로 기울이기, 전반적인 이완 등은 상대방을 좋아하거나 그 사람에게 매력을 느끼고 있음을 나타낸다. 머리 끄덕이기, 몸을 곧바로 앞으로 향하기, 빈번한 몸짓과 자세 바꾸기는 사람들이 상대방과 친하려 하거나 관심을 가질 때 흔히 나타낸다.

이와 같이 비언어적 언어를 이해함으로써 우리는 직접 드러내지 않은 상대방의 느낌을 포착할 수 있다. 비록 신체언어가 중요하기는 하지만 비언어적 의사소통에는 또 다른 영역이 있다. 우리의 무심한 듯 보이는 여러 행동은 무언중에 여러 가지 의미를 상대방에게 전달한다. 가령, 별다른 이유 없이 약속을 어기거나 상대방을 오래 기다리게 하는 행동은 그들을 좋아하지 않는다거나 무시한다는 의미를 담고 있다. 이와 같이 시간을 사용하는 방식, 몸의 자세, 옷매무새, 눈맞춤, 주의하는 방식, 목소리의 고저, 어조, 말의 속도 등도 비언어적 의사소통의 범주에 포함된다.

a. 신체가 전달하는 이야기

언어 이외의 의사소통은 정서를 담은 언어인 동시에 관계를 담은 언어인 동시에 관계를 담은 언어이다. 좋든 싫든 우리의 비언어적 행동은 우리의 전반적인 느낌과 특정한 사람과의 관계를 보는 시각을 담고 있으며 우리는 그것을 의도적으로 통제하지 못한 채 은연중에 뿜어내고 있다. 일찍이 지그문드 프로이트가 말했듯이 "입술이 침묵한다 해도, 손가락 끝은 시종일관 종알댄다: 비밀은 털구멍 하나하나에서 새어 나오고 있다" 이러한 비언어적 속임은 나중에 보기로 하고 우선 비언어적 행동이 무엇을 어떻게 전달하는 지를 생각해 보자.

b. 안면 표정과 눈맞춤

얼굴은 복잡 미묘한 여러 가지 정서를 전달하므로 안면 표정에 대해 많은 연구가 이루어져 왔다. 에크만과 후리젠에 따르면 놀람, 두려움, 혐오, 분노, 행복, 슬픔과 같은 정서가 안면 표정을 통해 분명히 나타난다고 한다. 또한 각 정서의 강도에 따른 미묘한 차이와 행복, 놀람과 같은 복합 정서도 표출될 수 있다. 특히 눈은 안면 표정에서 매우 중요한 창구이다. 흔히 우리는 눈이 진정한 기분과 느낌을 나타낸다고 믿고 있다. 눈과 관련하여 가장 많이 연구된 주제는 사람들이 서로를 언제 응시하며 어떻게 눈맞춤을 하는가이다. 연구에 따르면 사람들은 대화 도중에 주목하고 있음을 보여 주기 위해 상대방을 쳐다본다. 상대방을 바라봄으로써 우리는 그 사람에 대한 관심과 자신의 정서를 드러낸다. 응시와 상대적 지위 간에는 중요한 관계가 있는데 대개 사람들은 자신보다 지위가 놓은 사람을 응시하지 않는다. 지위가 높은 사람은 낮은 사람을 임의로 선택하여 응시할 수 있지만 지위가 낮은 사람은 그렇지 못하다. 지위가 높은 사람이 응시할 때 낮은 사람은 대개 시선을 피하거나 또한 건방지게 보이지 않도록 조심스럽게 응수하여야 한다.

c. 신체적 접촉

신체적 접촉은 관계의 속성에 따라 매우 다양한 비언어적 행동이다. 때때로 신체적 접촉은 애정과 호감을 나타낸다. 우리는 싫어하는 사람보다는 좋아하는 사람을 더 만지려고 한다. 또한 신체적 접촉은 지위와 관련되어 있다. 지위가 높은 사람은 자신보다 지위가 낮은 사람을 더 임의로 만질 수 있다.

d. 준 언어

속도, 목소리의 억양, 음색, 크기, 높이와 같은 언어의 비언어적 측면도 화자의 기분을 상대방에게 전달한다. 가령 빠르고 크고 높은 말투는 분노와 같은 능동적 정서를 표현하며 느리고 작고 낮은 말투는 슬픔과 같은 수동적 정서를 표현한다. 행복, 비탄, 슬픔, 공포와 같은 정서도 독특한 준언어를 갖고 있다. 데이비즈에 의하면 언어 패턴으로부터 정서를 읽어 내는 능력에는 개인차가 있다고 한다. 이러한 능력은 대인관계에서 매우 중요하며 훈련과 연습을 통해 어느 정도까지는 개선될 수 있다.

e. 비언어적 표현에서 속이기와 알아채기

사람들은 때때로 자신의 진정한 기분을 다른 이들에게 속인다. 에크만과 후리젠에 의하면 사람들은 대개 세 가지 방법을 사용한다고 한다. 첫째, 사람들은 실제로는 느끼지 않은 정서를 느끼는 체 한다(예: 별로 만나고 싶지 않은 사람과 마주쳤을 때 매우 반가운 척 호들갑 떨기, 시답지 않은 선물을 받고서 "내가 꼭 갖고 싶었던 건데 족집게 같이 집어냈네. 하하하"라고 하기). 둘째, 사람들은 그들이 느끼는 정서를 느끼지 않는 척한다(예: 아내와 외출했다가 정부를 만났을 때 모르는 사이인척, 반갑지 않은 척 하기). 셋째, 사람들은 한 정서를 다른 정서로써 뒤집어씌우는 경우가 있다(예: 맞수의 실패가 내심 기쁘면서도 슬픔을 가장하기).

f. 비언어적 의사소통에서 남녀 차이

많은 연구에서 비언어적 의사소통상의 남녀 차이를 입증하고 있다. 대개 여성은 남성보다 비언어적 정서 표현을 더 많이 한다. 남성과 함께 있을 때 여성은 남성보다 더 많이 웃고, 더 긴장된 자세를 취하고 더 멀리 떨어져 있는다. 남성이 말할 때 여성은 그 반대의 경우보다 더 주의 깊게 주목하지만 눈을 응시하기보다는 시선을 피하는 경향이 있다. 여성이 남성을 만지는 것보다 남성이 여성을 만지는 경향이 더 많다.

g. 언어 이외의 의사소통에 대한 결론

우리는 비언어적 의사소통이 관계와 정서의 언어임을 보아 왔다. 사람들이 언어 이외의 것으로 말하는 것은 자신과 타인 및 그들 간의 관계에 대해 생각하고 느끼는 바를 가장 신뢰롭게 나타내는 척도이다. 왜냐하면 그것은 언어적인 것에 비해 통제하거나 속이기가 더 어렵기 때문이다. 그렇기는 해도 사람들은 그것을 통제하려고 노력한다. 가령, 상거래시 진짜 기분을 숨기려고 하거나, 특정한 상황에서 부적절한 기분을 드러내지 않으려 한다.

다. 의사소통의 문제점

의사소통의 가장 큰 문제는 애매모호함이다. 우리는 때때로 다른 사람이 우리에게 진정으로 한 말이 무엇이었는지를 의아스러워한다. 갑돌이가 한 말을 있는 그대로 믿어도 될까? 그의 얼버무리는 말을 어떻게 이해해야 하나? 왜 갑돌이의 말은 수상쩍고 의심스러울까? 이러한 모든 의문은 상대방이 그들의 생각과 느낌을 전달하는 데 있어서 애매모호하다는 것을 반영한다. 이러한 애매모호함은 많은 상호작용에서 흔히 나타나면서 많은 문제를 일으킨다. 이것은 우연히 처음 만난 상황에서나 오랫동안 긴밀한 관계를 맺어 온 사람에게서나 마찬가지로 문제가 된다. 이제부터 두 종류의 부자연스러운 의사소통과 그로 인한 애매모호함의 영향을 살펴보기로 하자.

a. 게임하기

교류 분석과 에릭번의 (Games People Play, 1964)에서 보았듯이 게임하기에는 애매모호한 의사소통이 내포된다. 흔히 게임하는 사람은 어떤 심리적 이득을 보기 위해 다른 사람을 의도적으로 또는 짐짓 현혹시키거나 혼동시킨다. 게임은 일시적인 만족을 줄지는 모르지만 장기적으로는 대인관계에 매우 파괴적인 영향을 미친다.

b. 모순된 의사소통과 이중 구속

게임은 대인관계에 유해할 수 있다. 그러나 가장 파괴적인 것은 모순된 의사소통이라고 알려진 애매한 커뮤니케이션이다. 모순된 의사소통은 일관성이 없고 상반된 두 가지 내용을 동시에 담고 있다. 대부분의 경우 언어로 표현한 것과 비언어적으로 나타내는 것 사이에 불일치가 있다. 가령, 어린아이를 놀이방에 처음으로 보내는 날 부모는 어린 자녀에게 두려워하지 말라고, 그리고 그곳은 재미있고 안전하다고 말한다. 그러나 사실상 부모 자신은 그곳에서 자녀를 제대로 돌봐 줄지 불안해 하고 있으며 이러한 불안이 부모의 비언어적 행동을 통해 표출되고 있다. 그 결과 어린 자녀는 놀이방이 정말로 좋은 곳인지 아닌지 혼란스러워지게 된다.

c. 모순된 상호작용에는 어떻게 반응해야 하나?

모순된 상호작용이 일으킨 혼란에 대처하는 데는 여러 방법이 있다. 첫째 방법은 상대방이 진정으로 원하는 것을 짐작해 보는 것이다. 대부분의 경우 사람들은 이것을 직접 말하기보다는 비언어적 수준에서 표출한다. 그러나 본인도 자신이 진정으로 무엇을 원하는지 몰라서 우리들이 그것을 확인하기 어려운 경우도 있다. 사람들이 모순된 '이중 메시지'를 주는 이유는 그들이 혼란에 빠져 있고, 갈팡질팡 갈등하거나 자신의 욕구 및 소망에 대해 양가적이기 때문이다. 가령, 겉으로는 여자 친구가 다른 남자의 데이트해도 좋다고 말하면서도 내심으로는 상처받은 젊은이는 아마도 자신이 진정으로 어떻게 느끼는지를 확실히 모르는지도 모른다. 한편 그는 그녀를 잃을까 봐 두려워하고 그녀가 떠나지 않도록 할 수 있는 일은 무엇이든 하기를 원한다. 그러나 그녀가 다른 남자와 데이트해도 좋다고 한 말은 진심이 아니다. 그의 혼란과 양가적 감정은 모순된 의사소통에 반영되어 있다. 이 경우 상대편 여성은 혼란에 빠져 자신조차 자신의 진정한 소망을 모르는 이 사람에게 적절히 반응하기가 어려울 것이다.

2 論語의 名言들

1) 논어의 명언들[33]

논어는 孔丘가 본명이며 자는 仲尼, 노나라에서 태어난 孔子의 언행을 기록한 책으로 공자의 제자인 曾子나 有子, 혹은 그의 제자들에 의해 편집된 것으로 추정하고 있다. 공자는 중국 춘추시대의 교육자 철학자 정치사상가 유교의 開祖이다. 논어는 儒家의 聖

---

33) 전개서, pp.111~150중에서 발췌한 후 그 해설을 보완함.

典이며 四書의 하나로, 중국 최초의 語錄이기도 하다. 공자와 그 제자와의 문답을 주로 하고, 공자의 발언과 행적, 그리고 훌륭한 제자들의 발언 등 인생의 교훈이 되는 말들이 간결하고도 함축성 있게 기재되었다.

나는 날마다 세 가지로 내 몸을 살핀다. 남을 위하여 일을 도모하는데 충성스럽지 못한가? 친구와 사귀는 데 성실하지 못한 가? 이미 전수받은 것을 복습하지 않은 가?

해설) 공자는 자기성찰을 중요시하였는데 무엇보다도 먼저 일을 하는 데 있어 고객의 만족을 강조하고 있으며 동료와의 성실한 관계, 전수받은 기술이나 방식을 갈고 닦는 것이 그러한 측면이라고 할 수 있습니다.

배우는 자는 먹음에 배부름을 구하지 않고, 거처할 때에 편안함을 구하지 않으며, 일에 민첩하고 말을 삼가며, 도 있는 사람에게 바르게 대한다면 학문을 좋아한다고 말할 만하다.

해설) 학문을 하는 사람의 바른 수양 태도로는 배부르지 않으며 편안하지 않고, 민첩하고 말을 아끼며, 사람을 볼 줄 아는 것이라고 할 수 있습니다.

남이 자기를 알아주지 않음을 걱정하지 말고, 내가 남을 알아주지 못함을 걱정해야 한다.

해설) 팀의 구성원으로서 가장 훌륭한 사람은 타인의 노력과 실력, 철학을 이해할 수 있어야 합니다. 남을 잘 인식하고 인지할 수 있다면 저절로 남으로부터 존경과 신뢰를 받을 수 있습니다.

옛 것을 익히고 새 것을 알면 스승이 될 수 있다.

해설) 선생이 옛것만을 고집하고 전부라고 주장한다면 진정한 배움을
줄 수가 없습니다. 더불어 새로운 것을 적극 도입하고 익혀야
만 스승의 역량을 갖추게 되는 것입니다.

배우기만 하고 생각하지 않으면 터득함이 없고, 생각만 하고 배
우지 않으면 위태로워진다.

해설) 어리석은 선비는 배우기만을 즐기며 배운 것을 깊이 생각하지
않는 것이며, 더 어리석은 선비는 생각하기만을 즐기며 적극
배움을 청하지 않는 것입니다.

군자는 **義**에 깨닫고, 소인은 **利益**에 깨닫는다.

해설) 큰 장사꾼은 재물이나 인간관계면에서의 의를 통하여 경영을
해나가고 작은 장사꾼은 오직 수익의 크기에 의하여 영업을
해나갑니다.

부모님의 나이를 알지 않으면 안 된다. 하나는 기쁨 때문이요.
다른 하나는 두려움 때문이다. (부모님의 생신날: **喜懼日**)

해설) 자식은 부모님이 오래 사실수록 장수하심을 기뻐해야 할 뿐만
아니라 곧 돌아가시지 않을까 하는 두려움을 갖게 됩니다.

군자는 말을 어눌하게 하고 행동에 민첩해야 한다.

해설) 선비는 말을 아끼며 느리면서도 분명하게 하여야 하지만 행동
    에 있어서는 절제되면서도 빨라야 합니다.

군자의 도가 네 가지 있으니, 자기를 행함이 공손하며, 윗사람
을 섬김이 공경스러우며, 백성을 기름이 은혜로우며, 아랫사람을
부림이 의로운 것이 그것이다.

해설) 높은 자리에 있을수록 공손하게 행동하고 공손하게 섬기며, 은
    혜롭게 육성하고, 의롭게 부하를 활용하여야 합니다.

사람이 살아가는 이치는 정직하여야 하는 것이니, 정직하지 않
으면서도 살아가는 것은 죽음을 요행이 벗어난 것이다.

해설) 다국적기업일지라도 임원을 발탁할 때 가장 중요시하는 것은
    정직한 생활태도입니다. 정직하지 않으면 경쟁업체나 소비자로
    부터 비방이나 비난의 대상이 되기 때문입니다.

없으면서 있는 체하며, 비었으면서 가득한 체하며, 적으면서 많
은 체하면 항상 참된 마음을 보존하기 어려울 것이다.

해설) 선비가 양심을 지키려면 항상 없으면 없는 대로 비었으면 비어
    있는 대로, 적으면 적은 대로 즉 있는 그대로를 유지하여야 합
    니다.

능한 것으로 능하지 못한 이에게 묻고, 많은 학식으로 적은 이
에게 물으며, 있어도 없는 것처럼 하며, 가득해도 빈 것처럼 하며,

침범해도 따지지 않는다.

해설) 고귀한 선비는 인간관계를 특히 고려하므로 능하지 못하거나 학식이 부족하더라도 그를 잘 대우하고 늘 빈 것처럼 행동하여 방해를 하여도 물리치지 않는 것입니다.

3 경력 단계[34]

대개의 사람들은 회사에 처음 입사하여 승진을 하고 나이가 들어 퇴직하는 일련의 생물학적 삶의 사이클을 갖는다. 그렇지만 이러한 사이클이 연령과 무관한 것은 아니지만 모든 사람의 연령대에 똑같이 맞추어 동일하게 변화하는 것은 아니다. 오히려 요즘 같은 변화시대의 경력은 시간이 지남에 따라 사이클을 건너뛰거나 같은 자리에서 여러 단계를 반복하면서 진보해 나가기도 한다.

그럼에도 불구하고 초년기 회사생활에서 중년, 말년에 이르는 동안 인간의 삶이 순서대로 진행되듯이 직장생활의 초기 때부터 자아정체성을 찾으려는 탐구행위가 계속된다. 초기에 자신이 누구인가, 무슨 존재인가, 무엇 때문에 존재하는가를 어느 정도 알게 된 다음에는 타인에게 눈을 돌려 그들과 사귀고 비교해 보면서 관계를 형성한다. 그 후에는 자신이 세상에 나온 이상 무엇인가 공헌을 하고픈 마음이 있듯이 회사에서 주어진 일을 열심히 하여 성과를 남기고 자신도 이를 발판으로 성장한다. 그리고 말년이 되면

____
34) 전게서, pp 183 - 185.

그간의 인생경험을 회상하며 종합하듯이 각 부문 업무들을 전체적으로 관조하며 정리, 통합하여 남에게 조언을 해주는 단계에 이른다. 그런 의미에서 직장이나 하나의 인간이나 삶의 단계가 비슷하다고 할 수 있는데 다음의 네 단계로 구분 지을 수 있겠다.

A. 탐색 단계
- 자신의 적성에 맞는 분야 찾기
- 그러기 위해 여러 직무에 대한 정보를 최대한 수집
- 여러 직무를 다양하게 이동하면서 시행착오를 해본다.

B. 사회화 단계
- 특정 분야를 택하여 그곳에 안착
- 기대 차이를 극복하고 수용하면서 더 이상 이동을 금한다.
- 그 분야에 익숙해지도록 노력하며 사회화, 순응, 동화한다.

C. 확립 단계
- 그 분야에 숙달, 몰입하여 그 분야 전문가가 된다.
- 주어진 목표를 달성하여 업적을 내고 승진도 한다.
- 그 분야에 도전하고 적극적으로 성과를 쟁취한다.

D. 유지 단계
- 획득한 지위를 유지한다.
- 조직에 대해 충고자, 관리자, 지원자 역할을 담당한다.
- 경력발달을 위한 노력을 정지한다.

• 노후화되지 않도록 재훈련 등으로 현상을 유지한다.

나의 경력 단계

내가 4살 때: 우리 아빠는 뭐든지 할 수 있는 사람이었다.

내가 6살 때: 우리 아빠는 다른 아빠보다 더 똑똑하셨다.

내가 10살 때: 아빠 말이 모두 맞는 것은 아니었다.

내가 14살 때: 아빠는 너무 구식이었다.

내가 21살 때: 아빠는 구제불능일 정도로 시대에 뒤져 있었다.

내가 25살 때: 아빠 말씀이 맞는 것도 있었다.

내가 30살 때: 모든 것을 경험 많으신 아버지께 물어보는 것이
　　　　　　　좋을 듯 싶었다.

내가 35살 때: 아버지께 여쭙기 전에는 난 아무것도 하지 않게
　　　　　　　되었다.

내가 40살 때: 아버지라면 이럴 때 어떻게 하셨을까 하는 생각
　　　　　　　을 종종 한다. 아버지는 역시 그만큼 현명하고
　　　　　　　세상 경험이 많으신 분이셨다.

내가 50살 때: 지금쯤 아버지께서 곁에 계셔서 그분께 여쭤볼
　　　　　　　수 있다면 나의 모든 문제를 해결할 수 있을 것
　　　　　　　이다. 아버지로부터 많은 걸 배울 수 있었는데
　　　　　　　후회스럽다.

<마음을 열어주는 101가지 이야기> 중에서

1. 동일한 사건이나 사물에 대한 인식조차 사람마다 천차만별일 수 있다. 하물며 사람에 대한 지각은 매우 다른 경우가 많다. 전철 안에서 사람들을 잠시 둘러보라. 인상이 공연히 기분 나쁜 사람이 있는가 하면 슬쩍 보기만 해도 정다운 사람이 있다. 또한 '며느리 발뒤꿈치는 계란 같아도 흉' 이라는 식으로 자신의 입장, 위치나 상대방과의 관계의 속성에 따라 동일인에 대한 우리의 지각과 느낌도 변화무쌍하다.

2. 의사소통을 잘할 수 있는 기본자세는 자신감이다. 일상적인 대회든 공식적인 면담이든 자신감은 의사소통을 유연히 할 수 있는 기초가 된다. 유명한 앵커우먼인 바바라 월터스는 의사소통 시 남들에게 좋은 인상을 줄 수 있는 세 가지 규칙을 다음과 같이 말하고 있다. "멈추어, 바라보라. 그리고 들으라."

3. 논어는 孔丘가 본명이며 자는 仲尼, 노나라에서 태어난 孔子의 언행을 기록한 책으로 공자의 제자인 曾子나 有子, 혹은 그의 제자들에 의해 편집된 것으로 추정하고 있다. 공자는 중국 춘추시대의 교육자 철학자 정치사상가 유교의 開祖이다. 논어는 儒家의 聖典이며 四書의 하나로, 중국 최초의 語錄이기도 하다. 공자와 그 제자와의 문답을 주로 하고, 공자의 발언과 행적, 그리고 훌륭한 제자들의 발언 등 인생의 교훈이 되는 말들이 간결하고도 함축성 있게 기재되었다.

4. 초년기 회사생활에서 중년, 말년에 이르는 동안 인간의 삶이 순서대로 진행되듯이 직장생활의 초기 때부터 자아정체성을 찾으려는 탐구행위가 계속된다. 초기에 자신이 누구인가, 무슨 존재인가, 무엇 때문에 존재하는가를 어느 정도 알게 된 다음에는 타인에게 눈을 돌려 그들과 사귀고 비교해 보면서 관계를 형성한다. 그 후에는 자신이 세상에 나온 이상 무엇인가 공헌을 하고픈 마음이 있듯이 회사에서 주어진 일을 열심히 하여 성과를 남기고 자신도 이를 발판으로 성장한다. 그리고 말년이 되면 그간의 인생경험을 회상하며 종합하듯이 각 부문 업무들을 전체적으로 관조하며 정리, 통합하여 남에게 조언을 해주는 단계에 이른다.

제10장

친구 사귀기와 자기관리

1 친구 사귀기[35)

1) 타인과 함께 있고 싶은 욕구

인간은 남들과 함께 있기를 원하는 사회적 동물이다. 듀오의 조사에 의하면 대부분의 학생들은 깨어 있는 시간 중 75%를 남들과 함께 있었고, 일부 학생들은 그 90%까지도 남들과 함께 보냈다. 인간이 타인을 얼마나 많이 필요로 하는가를 알아보는 한 가지 방법은 고립이 인간 행동에 미치는 영향을 살펴보는 것이다. 물론 고립이 모든 사람에게 동일한 영향을 미치지는 않는다. 옆에 누가 없으면 잠시도 견디지 못하는 사람이 있는가 하면 혼자서도 며칠

35) 전개서, 제9장 중에서 발췌하여 설명함.

씩 잘 지내는 사람도 있다. 그러나 대체로 사회적 고립이 장기화되면 그것은 결코 유쾌한 일은 아닌 것 같고 대부분의 사람들은 타인과 함께 있기를 원하게 된다.

홀로 있음으로써 우리가 경험할 수 있는 대표적인 상황은 외로움과 프라이버시이다. 첫째, 자신과 타인 간에 정신적 벽을 쌓거나 기존의 벽을 부술 수 없을 때 우리는 외로움을 느낀다. 즉 외로움은 사회적 관계의 결핍이며 불쾌한 경험이다. 우리들이 경험했던 고독감을 떠올려 보자. 외롭게 느끼게 했던 구체적인 사정에는 차이가 있을지 모르지만 고독감을 야기하는 데는 대략 두 가지 조건이 있다.

그 하나는 사회적 관계의 양이며 다른 하나는 사회적 관계의 질이다.

가령 원하는 만큼 많은 친구가 없을 때 우리는 외롭게 느낄 수 있다. 또한 친구의 수가 제아무리 많다고 하더라도 관계의 속성이 피상적이라고 느껴지면 우리는 외로움을 느낀다. 고독감은 우리에게 어떠한 영향을 미칠까? 고독할 때 우리는 권태롭고 무기력하며 우울하게 느끼고 자기본위로 되며 자신을 측은하게 여긴다. 게다가 타인을 부정적으로 봄으로써 나쁜 기분이 더욱 배가된다. 즉 고독할 때 우리는 스스로를 비참하게 볼 뿐 아니라 타인에게도 화가나고 그들을 평가절하 한다. 한편 고독감이 미치는 영향은 성별에 따라 다르다고 하는데 남자가 여자보다 더 부정적인 영향을 받는다고 한다. 왜냐하면 여성은 외로움의 원인을 외적이고 자신이 통제할 수 없는 사상으로 보는 반면 남성은 그것을 자신의 탓으로 여기기 때문이다.

이상과 같이 사회적 고립은 고독감을 불러일으키는 한편 이것은 또한 우리의 삶에서 매우 필수적이고 긍정적인 상태인 프라이버시의 매우 중요한 부분이다. 프라이버시란 한 사람이 누구와 어떤 상황에서 의사소통할지를 선택할 수 있는 자유를 뜻한다. 즉, 프라이버시란 선택한 자유인 반면 고독감은 선택의 여지가 없이 맞닥뜨린 고립을 의미한다. 우리 모두는 타인과 떨어진 장소에 있거나 타인과 함께 있더라도 혼자만의 생각에 빠짐으로써 그들과의 상호작용으로부터 한 발 물러날 수 있다.

2) 타인에게 다가가기

고립의 영향에서 보았듯이 사람들이 장기간 동안 홀로 있으면 그것은 때때로 심각한 심리적 고통을 가져온다. 우리는 본래 타인에게 끌리도록 태어났으며 타인과 함께 있으려는 것은 인간의 기본 욕구라고 한다. 이에 따라 심리학자들은 군집 욕구 수준을 측정하는 척도를 만들었는데 여러 사람을 측정한 결과 군집 욕구에는 개인차가 크다고 한다. 또한 우리의 군집 패턴을 결정짓는 많은 요인이 있다. 가령 공식 석상에 나타날 때 타인과 동반하는 비율은 여성이 남성보다 훨씬 많다고 한다. 남성은 타인과의 대화에 참여하는 시간이 여성의 경우보다 적다. 또한 두려움은 타인과 함께 하고 싶은 욕구를 증가시킬 수 있을까? 스탠리 샤하더의 연구에 따르면 그런 것 같다. 그는 여성 피험자들로 하여금 두 조건에서 질스타인 박사를 실험실에서 만나게 했다.

조건1) 피험자들의 공포를 높이는 조건에서 질스타인 박사는 하얀 가운을 입고 호주머니에는 청진기를 꽂았으며 실험실은 전자기구로 꽉 차 있었다. 매우 진지한 태도로 질스타인 박사는 피험자에게 이제 고통스러운 전기 충격을 받게 된다고 일러 주었다: "솔직히 말하자면 전기 충격은 매우 통증이 심하지만 당신에게 어떤 손상을 입히지는 않습니다."

조건2) 공포가 낮은 조건에서 질스타인 박사는 보통 외출복을 입고 웃으며 말했다: "전기 충격은 별다른 통증이 없습니다."

이러한 지시를 한 후 실험이 시작되기 전에 몇 분이 남아 있으며 원한다면 그 사이에 옆의 다른 방에 있어도 좋다고 했다. 그중 한 방에는 사람들이 여럿 있었고 다른 방은 아무도 없었다. 그결과 공포가 높은 조건의 피험자들은 대부분 사람들이 함께 있는 방에서 기다리려고 한 반면 공포가 낮은 조건의 피험자들은 그렇지 않았다. 또한 공포와 군집 간의 관계는 형제 순위상 맏이나 외동이 들에게서 가장 강했다.

3) 매력을 느낀다는 징표

요즈음 사람들은 정서적으로 폐쇄된 사회에서 살고 있다고들 말한다. 많은 사람들은 그들의 느낌을 남들에게 말하기가 어렵다고 한다. 특히 어떤 사람에게 강한 매력을 느낄 때 그렇다. 그 사람을 매우 좋아하면서도 이렇게 혼자 말할 때가 있다. "정말 그 사람에게 털어놓을 만큼 충분히 호감을 느끼는지 모르겠어?" 호감을 공공연히 드러내는 데 대한 두려움은 상호적 결과를 가져온다. 즉 우리는 남들이 우리에게 매력을 느끼는 것도 잘 알지 못한다. 그래서 누군가가 내게 끌리는지 아닌지를 가늠하기 위해 우리는 마치 탐정처럼 행동하게 된다. 저 사람이 내게 웃었던가? 내게 말을 걸려고 했던가? 유난히 나만을 주시했던가? 이와 같이 매력을 느끼고도 표현하지 못하는 것은 불행하다. 서로 매력을 느끼면서도 말하지 않고 눈치만 보는 것은 대인간 상호 작용에 암초가 될 뿐이다.

대개의 경우 거부당하거나 퇴짜 맞을까 봐 두려워서 우리는 느낌을 솔직히 드러내기를 망설인다. 우리는 상처 받을까 봐 겁낸다. 그래서 우리는 결국 '적절한 시기'를 기다리며 '기다리기 게임'을 하게 된다. 우리는 상대방에게 좋아한다고 말하기를 원할 때 거부당하지 않을까 하는 두려움에 압도당하지 않도록 애써야 한다. 우리는 비언어적 의사소통을 통해 감정을 표현할 수 있다. 비언어적 의사소통에는 흥미로운 특성이 있다. 대체로 우리들은 비언어적 메시지를 보내고 있다고 사실조차 인식하지 못하고 있으므로 언어적 채널보다 비언어적 채널을 통해 거짓말하기가 한층 더 어렵다.

사실상 메라비안에 따르면 비언어적 행동은 거짓말하는 사람의 정체를 드러내 버릴 수 있다. 첫째, 거짓말하는 사람은 몸 움직임이 적고 상대방과 더 거리를 두고 더 웃고 뒤로 기대는 경향이 있다. 둘째, 어떤 사람들은 더 자기를 잘 표현할 뿐만 아니라 남들의 비언어적 메시지를 더 잘 포착해 낸다.

고대 중국에서 보석상인은 비언어적 의사소통의 중요성에 대하여 잘 알고 있었다. 만약 고객이 특정한 보석을 점찍어 두고 있음을 알 수만 있다면 상인은 더 높은 값을 부를 수도 있다. 한편 고객들은 좀 더 싸게 사고 싶어서 무관심을 가장한다. "난 이것이 좋은 건지 정말 모르겠소. 그러나 굳이 당신이 팔겠다면 그 반값에 가져가겠소". 이때 보석상인은 고객의 말은 무시한 채 눈을 주시한다. 그들은 고객이 정말 맘에 드는 물건을 보면 동공이 확대된다고 믿고 있다. 그것을 확인하면 상인은 값을 더 높게 부를 수 있고 손님을 놓칠까 봐 성급하게 가격을 낮출 필요도 없다.

4) 우리는 왜 그리고 어떤 사람에게 끌리는가?

(1) 물리적 근접성

전혀 낯선 두 사람이 아파트를 빌려 함께 쓰게 되었다 하자. 즉 이들은 어쩔 수 없이 계속 접촉해야 하는 상황에 놓인 것이다. '물리적 근접성'과 같이 매우 단순하게 보이는 변인이 과연 대인간 매력에 어떤 영향을 미칠까? 많은 연구에 따르면 이것은 퍽 강한 영향을 미친다고 한다. 가령 결혼한 학생을 위한 아파트 단지 내의 우정관계를 조사해 보았더니. 그 중 입주하기 전부터 서로 알고 있었던 경우는 거의 없었다. 그런데 입주하고 얼마 뒤에 조사해 보니 이들은 가까이 살수록 더 친했다. 같은 층에 사는 부부들은 다른 층의 부부들보다 더 서로 친했다.

이러한 증거들은 물리적 근접성이 대인간 매력을 이끌어 낼 수 있는 중요한 변인임을 시사해 준다. 즉 우리는 가까이서 자주 볼 수 있는 사람들을 좋아한다. '자주 보면 정든다'는 속설에서처럼 척 보기에 끔찍하게 싫은 유형이 아닌 한, 단지 가까이 있다는 이유만으로 우리는 그 사람을 좋아할 수 있다. 여기서 한 걸음 더 들어가 보면 누군가와 상호작용할 것이라는 기대만으로도 우리는 그 사람에게 매력을 느낄 수 있다고 한다.

(2) 보상받기

우리 대부분은 절친한 친구나 연인 간의 내밀한 개인적 인간관계란 덤덤한 일상의 상호작용과는 달리 소위 불꽃이 튀기는 것에서부터 시작한다고 생각하려 든다. 우리는 고기와 야채가 특히 신선하기 때문에 그리고 값이 좀 더 싸기 때문에 특정 식료품점을 선택할지도 모른다. 그러면서 친구를 고를 때는 뭔가 다른 것이 내포되리라고 생각하고 싶어 한다. 그러나 많은 심리학자들은 우정에 관한 이상적인 견해와는 상반되는 주장을 하였다. 즉, 우리는 사회적 관계도 대가와 보상을 기초로 하여 더 잘 이해할 수 있다는 것이다. 그들은 우리가 매력적으로 느낄 사람을 예측하기 위해 사회적 교환 이론을 제안하였다. 간략히 말하자면 사회적 교환 이론에서는 모든 관계에 대가와 보상이 있다고 주장한다. 가령 타인과의 상호작용은 우리에게 시간과 노력이라는 '대가'를 치르게 한다. 또한 한 사람과 만나고 있다는 것은 그 순간 다른 사람과 만날 자유를 포기한다는 대가를 치르게 한다. 한편 우리는 그 상호작용을 통해 보상을 얻을 수 있다 - 사랑, 지위, 돈, 서비스, 재화 또는 정보 등. 보상과 대가 간의 차이가 그 만남의 결과이다. 만약 대가가 보상보다 더 크면 결과는 부정적이지만, 보상이 대가보다 더 클 때 결과는 긍정적이다. 사회적 교환 이론의 기본 입장에 따르면 우리는 긍정적 결과를 많이 갖게 되는 관계에 끌린다고 한다.

(3) 남에게 보상하기

우리가 왜 나를 보상하는 사람에게 끌리는지는 이해하기가 쉽다. 그러나 한 발자국 더 들어가 보면 이것은 그렇게 간단하지만은 않다. 누군가가 계속 내게 무엇인가를 베풀어 준다고 생각해 보자. 이어지는 선물 공세에다 숙제해 주고 요리해 주고 칭찬하고. 이것은 처음에는 멋지게 들리지만 이런 친우관계는 편안하지가 않다. 보상을 받으면서 우리는 저 사람에게 보답으로 무엇을 해 주어야 할까 하고 궁리할 것이다. 친구와의 관계를 생각해 보면 우리는 그것이 상호성에 기초하고 있음을 알 수 있다. 우리는 보상을 서로 주고받는다. 상대방이 나를 집으로 저녁식사 초대를 했다면 나도 그 사람을 초대한다.

흥미로운 한 연구에서 가장 만족스러운 관계는 두 친구가 서로 보상할 때 일어난다고 하였다. 두 사람 중 한쪽만이 일방적으로 보상하는(정서적으로나 물질적으로) 관계는 두 사람 모두에게 만족스럽지 않은 것으로 나타났다. 일방적으로 받기만 하는 사람은 부적절하고도 쓸쓸하게 느꼈다. 우리는 다른 사람을 위해 무엇인가를 해 줄 때 자존심에 강화를 받는다. 그러므로 우정에서는 받는 것뿐만 아니라 주는 것이 서로 끌리게 하는 매력을 결정하는 중요한 요인이다.

(4) 유사성 원리

나와 상대방이 유사하다는 것이 서로 끌리게 하는 대인간 매력의 기초가 될 수 있다는 사실은 여러 심리학자들이 명확히 증명하고 있다. 1954년에 미시간 대학에서 남학생 17명이 기숙사에 배정되었다. 먼저 이 학생들에게 여러 이슈에 대한 태도를 측정하는 질문지에 답하게 하였다. 그리고 학생들 간의 상호작용과 우정의 발달을 1년간 주의 깊게 연구하였다. 그 결과 기숙사에 오기 전에는 서로 모르는 사이였던 이 학생들은 질문지상으로 태도가 유사했던 이들끼리 친밀한 우정을 형성하였다. 게다가 한 사람을 동시에 좋아했던 학생들끼리도 서로 친해졌다. 이와 같이 유사성은 매력을 이끌어 내며 어떤 차원에서 유사하든지 이 규칙은 거의 다 적용되었다. 유사성－매력 효과는 태도에서 가장 강한 듯 하지만 우리는 배경이 유사하거나 경제적 기반이 유사하거나 능력이 유사하거나 심지어는 신체적 특성이 유사할 때조차 매력을 느낀다고 한다.

(5) 신체적 매력

'거죽만 보고 책 내용을 판단하면 안 된다'거나 '미인은 피부 한 꺼풀' 이라는 경고성의 말들은 역으로 우리가 얼마만큼 외모에 끌리는지를 드러내준다. 우리들 대부분은 신체적 매력이 대인관계를 결정하는 유일한 요인이 되어서는 안 된다는 점에서 동의할 것이다. 그러나 미국인은 한 해에 미용 보조품에 3조 달러를 소비한다고 한다. 사실상 어떤 사람들은 식품보다 미용 보조품에 더 많은 돈을 쓴다. 가까운 가게에 한 번 가 보라. 인조 속눈썹, 머리 염색약, 가발, 헤어스프레이, 향수, 스킨, 탈취제, 여드름 방지용 비타민, 뾰루지를 진정시키고 부드러운 피부를 약속하는 특수 비누, 립스틱, 볼연지, 얼굴이나 속눈썹에 덧칠하는 온갖 색깔들을 볼 수 있다. 또한 식료품점에서는 몸을 날씬하게 하는 감량 식품이나 체중을 정상으로 되돌려 주는 다른 여러 가지 음식들을 볼 수 있다. 부유한 사람이라면 축 늘어진 얼굴을 반듯하게 펴거나 군살을 제거하거나 처진 가슴을 팽팽하게 하기 위해 의사를 찾기도 한다. 과연 외모를 멋지게 가꿈으로써 남들의 관심을 불러일으킬 수 있을까? 말라빠진 중훈이가 근육을 단련하고 멋진 옷을 차려입는다면 친구를 더 많이 사귈 수 있을까? 수줍음 많은 소희는 머리를 염색하고 화장하고 안경 대신 콘택트렌즈 착용함으로써 더 많은 인기를 얻을 수 있을까? 물론 그렇다. 어느 정도는 그렇다. 신체적 아름다움은 정말로 대인간 매력을 유발할 수 있다.

[TIP] 그렇다면 왜 사람들은 매력적인 사람에게 끌리는 것일까? 그 이유를 생각해 보자.

첫째, 예쁘고 잘생긴 사람의 매력은 곁에 있는 사람까지 그럴듯하게 보이도록 한다. 가령 우리는 김 대리가 매력적인 파트너와 있을 때는 그렇지 않을 때보다 더 매력적이고 평가하는 경향이 있다. 사람들은 자신의 친구와 더불어 자아개념을 발달시킨다. 즉, 매력은 '후광효과'를 갖고 있는 것 같다. 우리는 매력적인 사람과 어울림으로써 자신의 지위를 강화시킬 수 있다.

둘째, 사람들은 자신이 못생긴 사람보다는 매력적인 사람과 더 유사하다고 보는 경향이 있다. 한 연구에서 피험자에게 여러 사진을 보여 주고 그 중 자신과 유사한 사람을 고르게 했다. 그랬더니 그들은 자신이 더 매력적인 사람과 비슷하다고 하였다. 앞에서 보았듯이 유사성과 매력 간에는 강한 관계가 있다.

셋째, 매력적인 사람은 인관관계를 잘해낼 수 있는 사회적 기술이 더 많으며 성격이 더 유쾌할지도 모른다. 즉, 신체적으로 멋있는 것과 사교성 간의 관계는 어느 정도 사실일 수도 있다. 그 이유는 무엇일까? 잘 생긴 아이와 못생긴 아이의 삶을 생각해 보면 알 수 있다. 잘 생긴 아이는 어릴 때부터 주위 사람들의 초점이 되는 경향이 더 많다. 부모들은 예쁘고 잘 생긴 자녀에게 좋은 옷을 사 주고 사람들이 모이는 장소에 더 자주 데리고 다닌다. 이렇게 드러내 보이는 동안 아이들은 남들과 상호작용하고 사회적 기술을 발달시키고 긍정적인 자기상을 가질 기회를 더 많이 접할 수 있다.

마지막으로, 우리가 사람을 만날 때 가장 먼저 눈에 띄는 것은 겉모양이다. 우리의 신체적 외모는 곧 우리의 명함이기도 하다. 이 것을 기초로 하여 타인은 우리에 대한 첫인상을 형성한다. 그들은 첫인상으로써 우리와 상호작용을 계속할지 말지를 결정한다. 즉, 외모는 우리가 앞으로 누구와 상호작용할지 그리고 어떻게 상호작 용할지에 지대한 영향을 미칠 수 있다.

(6) 자존심

우리는 지금까지 매력과 관련된 몇 가지 변인을 살펴보았다. 이 변인들은 상황과 관련된 것(근접성)과 타인의 행동 특성에 관한 것 (보상, 유사성, 호의, 신체적 매력)으로 볼 수 있다. 그러나 '제 눈 에 안경'이라는 말에서처럼 아름다움이란 보기 나름이다. 즉, 우리 자신의 특성이 누구에게 매력을 느끼고 어떤 사람을 좋아할지를 결정하는 데 영향을 미친다. 여러분 자신의 경험을 돌이켜 보면 우울하게 느끼거나 자신감이 낮아졌을 때 가장 절친한 우정이 싹 텄음을 발견할 수 있으리라.

과학적 심리학과 상식심리학 모두에서 자존심은 우리가 타인에게 얼마나 매력을 느끼는가에 큰 영향을 미친다고 한다. 대체로 우리는 자존심이 높을 때보다는 낮을 때 타인에게 더욱 매력을 느끼는 경향 이 있다. 여러 연구에서 이러한 염려가 입증되었다. 한 연구에서 여 성의 자존심을 낮게 유도했을 경우 여성 피험자들은 남성 실험자를 더 매력적으로 느꼈다. 또한 자존심이 높은 사람은 낮은 사람보다 데이트 상대를 고르는 기준이 더 까다롭고 더 많은 것을 기대했다. 자존심이 낮아지면 남들에게 인정받고 싶은 우리의 욕구가 더 커진다. 자존심이 낮은 사람은 높은 사람보다 보상해 줄 누군가를 더 조급하게 찾으며 보상과 수용을 제공할 만한 사람이라면 누구든 성급하게 받아들이려 한다. 자존심이 높은 사람은 낮은 사람보다 타인으로부터 보상받으려는 욕구가 더 약함에도 불구하고 이들도 대인관계에서 어려운 문제를 겪을 수 있다. 가령 자존심이 높고 사회적 지위가 높은 사람은 남들이 칭찬할 때 그것이 진정인지 아니면 무엇인가를 바라고 하는 것인지를 가늠하기 어렵다.

5) 일단 남의 눈길을 끌고 난 다음에는 어떻게 할까?

사회적 관계를 시작하려 할 때 흔히 부모나 선배는 충고한다. "너무 몸 달아 있는 듯이 보이지 마라" 또는 "비싸게 굴어라" 그러나 이것이 좋은 전략임을 입증하는 분명한 증거는 없다. 왈스터는 어떤 여성을 친하기 어려운 듯이 또는 쉬운 듯이 행동하게 했다. 그 결과, 얻기 어려운 듯이 행동하는 것이 반드시 매력을 증가시키지는 않았다. 그러나 남자들은 남들에게는 친하기 어려운 듯이 보이면서 자신에게는 친하기 쉽게 보이는 여성에게 가장 큰 매력을 느꼈다.

항상 친하기 어렵게 행동하는 여성은 배척당할 수 있다. 그러나 남자들은 모든 사람을 거절한 여성을 까다롭고 취미가 고상하다고 보는 경향이 있다. 일반적으로 우리는 나를 특별하게 대우해 주는 사람에게 끌린다. 이 자료는 왜 독점적인 관계가 우리 모두에게 그렇게도 중요한지를 설명해 준다. 독점적 관계에서 파트너는 다른 모든 사람을 거부함으로써 내가 특별하다는 것을 말해 주고 있으니까.

6) 결론: 대인간 매력

본 강의를 통해 우리는 원만한 대인관계를 영위하는 데 도움이 되는 몇 가지 사실을 배울 수 있었다.

첫째, 우리가 누군가에게 끌리는 이유는 매우 많고 그들이 우리에게 매력을 느끼는 이유도 여러 가지가 있을 수 있다. 가끔 우리는 내가 왜 누군가를 좋아하는지 혼란스러울 때가 있다. "알 수 없어. 왜 내가 저 사람을 좋아하지? 우린 백팔십도로 다른데 말이야." 그러나 앞에서 보았듯이 유사성은 호감을 결정하는 한 가지 이유일 뿐이다. 매력의 이유를 잘 이해함으로써 우리가 남들에게 왜 끌리고 그들이 우리에게 왜 끌리는지를 더 잘 알 수 있을 것이다.

둘째로 기억할 점은 남들이 우리에게 더 호감을 갖게 하는 우리의 어떤 측면과 행동 유형이 있다는 것이다. 가령 우리는 타인의 욕구를 잘 알고 시기적절하게 강화해야 한다. 물론 느끼지도 않은 친절을 꾸미거나 가장하라는 뜻은 아니다. 대인관계에서 솔직함과 개방성은 변함없는 목표가 되어야 한다. 그러나 진정한 관계를 쌓아 가는 과정에서 타인의 욕구에 민감해 지는 것은 중요하다.

셋째 우리는 이 강의를 통해 우리가 어떤 이들에게 왜 호감을 느끼지 못하는지 그리고 그들도 왜 우리를 좋아하지 않는지를 알 수 있다. 때때로 제딴에는 저 사람으로 하여금 나를 좋아하게 하려고 온갖 노력을 해도 수포로 돌아갈 때가 있다. 그러면 우리는 섣불리 "내가 못나서 그렇지" 또는 "누가 나 같은 걸 좋아해" 하는 식으로 생각하여 자존심을 저하시키기도 한다. 그러나 대인관계는 다면적이며 상호작용하는 두 사람의 특성과 욕구, 현재의 상황 및 과거의 경험 등에 의해 결정되는 복합적인 것이다. 따라서 대인관계의 실패를 두고 지나치게 자기 탓만 하는 것은 현명하지 못하며 결코 올바른 판단도 아니다.

2 　孟子(맹자)의 名言(명언)

1) 맹자의 명언36)

맹자는 戰國時代 鄒나라에서 태어난 孟子가 은퇴 후 제자인 萬章과 7편을 지었다고 하고, 그의 문인들이 스승이 죽은 후에 정리한 것이라는 견해들도 있으나, 수미일관된 체제 등을 들어 일반적으로 맹자의 직접 저술로 인정하고 있다. 송 대의 유학자인 朱子에 의해 유학의 기본 경전인 四書의 하나로서 흔들리지 않는 권위를 지니게 되었다. 後漢 말기의 조기와 주자가 붙인 주석이 가장

------

36) 전개서, pp.153~189 중에서 발췌하고 해설함.

수준 높은 해설서로 통용된다. 양혜왕·공손추·등문공·이루·만
장·고자·진심의 7편으로 구성되었다.

공자의 仁에 대해 義를 더하여 왕도정치의 바탕으로 삼은 것.
그것은 다시 본성이 선하다고 전제하여 인간을 적극적으로 신뢰하
는 性善說과 民意에 의한 폭군의 교체를 합리화한 革命論을 중심
기둥으로 삼고 있다. 정의에 따른 사회생활을 강조하고 그 물질적
기반을 매우 중시하였으나, 大人의 일과 小人의 일을 구분하여 육
체노동자에 대한 정신노동자의 지배를 합리화하였다. 현대사회에서
는 그 전체적인 사회·정치 이론을 받아들일 수 없게 되었지만,
크게는 '성선설'로부터 구체적으로 浩然之氣論에 이르는 견해들은
시대를 뛰어넘어 인간 생활의 한 지침이 되고 있다.

오직 仁者라야 큰 것으로 작은 것을 섬길 수 있는 것이요. 오직
智慧로운 자라야 작은 것으로 큰 것을 섬길 수 있는 것이다.

　해설) 정부와 관청은 규모가 크지만 仁으로서 국민 개개인에게 봉사
　　　　할 수 있으며 공무원은 각자 知慧롭게 국민들에서 서비스할
　　　　수 있어야 합니다.

비록 지혜가 있더라도 형세를 타는 것만 못하고, 비록 호미가
있다 하더라도 때를 기다리는 것만 못하다.

　해설) 사냥꾼이 아무리 지혜롭고 능숙하더라도 비바람이 불고 눈이
　　　　온다면 사냥하기가 어렵게 되며 농부가 새벽 일찍 호미를 잘
　　　　갈고 나왔다 하더라도 해가 뜨고 이슬이 그쳐야 일을 잘할 수

있습니다.

힘으로 남을 복종시킨다는 것은 마음으로 복종하는 것이 아니라 힘이 부족하기 때문이며, 덕으로 남을 복종시킨다는 것은 마음으로 기뻐하여 진실로 복종하는 것이다.

해설) 현대사회에 있어서 관리자와 리더의 차이를 표현하고 있는 글귀입니다. 지위를 통하여 부하를 복종시키는 것은 진정한 복종이 아니며 덕으로서 부하를 따르게 하는 것이야말로 진정한 복종 입니다.

사람은 모두 차마 하지 못하는 마음이 있다. 측은한 마음이 없으면 사람이 아니며, 부끄러워하고 미워하는 마음이 없으면 사람이 아니며, 사양하는 마음이 없으면 사람이 아니며, 옳고 그름을 분별하는 마음이 없으면 사람이 아니다.

해설) 현대의 교육자는 차마 하지 못하는 마음을 가르쳐야 범죄를 예방할 수 있습니다. 사람들이 측은한 마음과 부끄러워하고 미워하는 마음, 사양하는 마음, 옳고 그름을 분별하는 마음 등을 갖도록 하여야 합니다.

하늘의 때를 얻는 것은 땅의 이로움을 얻는 것만 못하고, 땅의 이로움을 얻는 것은 사람이 화합하는 것만 못하다.

해설) 정치가가 배경과 운이 좋고 경기가 좋다고 하더라도 사람들이 원하지 않으면 뜻을 펼칠 수 없습니다.

사람이 배불리 먹고 따뜻하게 입고, 편안하게 살면서 가르침을
얻지 않는다면 금수에 가까운 것이다.

해설) 기원전 원시사회에서는 사냥과 목축을 통하여 종족을 번식해
　　　나가는 중에 사라지는 부족들이 많았으니 이는 가르침과 배움
　　　을 등한 시 하였기 때문입니다.

장부가 태어나면 그에게 아내가 있게 되기를 바라고, 여자가 태
어나면 그에게 남편이 있게 되기를 바라는 것이 부모의 마음이다.

해설) 현대는 독신자와 이혼으로 인한 독신들의 비율이 점차 늘고 있
　　　는데 이를 보고 있는 부모의 마음은 찢어질 듯합니다. 남녀가
　　　자신의 이상을 찾아 방황할 수 있지만 그 기간을 줄여나가야
　　　하겠습니다.

내가 남을 아껴 주었는데 남이 나에게 친근하게 해 주지 않으면
나의 인을 반성하고, 남을 다스리는데 잘 다스려지지 않는다면 나
의 지혜를 반성해 보고, 남에게 예를 다했는데 회답이 없으면 나
의 공경을 반성해 보라.

해설) 직장에서 흔히 동료에게 잘 대해주지만 그만큼 나에게 돌아오
　　　지 않고 부하들에게 덕으로서 다스렸지만 그 효과가 없으며,
　　　상사에게 예와 인사를 잘 갖추었지만 반응이 없다면 나의 부
　　　족을 반성하고 보다 더 최선을 다 할 수 있어야 합니다.

사람을 살피는 것 중에 눈동자보다 더 좋은 것은 없다. 눈동자
는 그 악을 가릴 수 없다. 마음이 바르면 눈동자는 맑고, 마음이

바르지 않으면 눈동자는 흐리다.

해설) 면접관들은 면접자의 기술과 능력 등이 비슷하다면 얼굴과 눈을 보고 깨끗하고 맑은지를 잘 판단하여야 합니다. 그렇지 않으면 큰 피해를 입게 됩니다.

섬기는 것 중에 무엇이 가장 큰 것인가? 어버이를 섬기는 것이 가장 큰 것이다. 지키는 것 중에 무엇이 가장 큰 것인가? 자신을 지키는 것이 가장 큰 것이다.

해설) 사회생활을 하다보면 직장의 상사나 학교의 스승 등에 대해서는 열심히 섬기지만 부모를 잘 섬기지 않으면 좋지 않은 소문이 나서 공든탑을 무너뜨릴 수 있으며, 모임이나 친구관계보다는 자신을 먼저 잘 관리해 나가야 합니다.

사람의 근심은 남의 스승 되기를 좋아하는 데 있다.

해설) 어떤 사람이 많이 배우고 혹은 나이가 많으며, 혹은 지위가 높다고 해서 주위 사람들을 비판하고 평가하며, 가르치려고만 한다면 그들이 증오심을 품게 되어 공격의 대상이 될 수 있습니다.

대인은 어린아이의 마음을 잃지 않는 자이다.

해설) 훌륭한 선비는 어른이지만 아이의 생동감과 솔직함, 착함, 창의성 등을 가지고 있어서 누구나 어디에서나 친할 수 있습니다.

취할 수도 있고 취하지 않을 수도 있을 때 취하면 청렴함을 상하는 것이며, 줄 수도 있고 주지 않을 수도 있을 때 주면 은혜를

상하게 하는 것이며, 죽을 수도 있고 죽지 않을 수도 있을 때 죽
으면 용기를 상하는 것이다.

해설) 가능한 한 (뇌물을) 취하지 않을 수 있다면 그렇게 해야 하고,
　　　(뇌물을) 주지 않을 수 있다면 마땅히 그렇게 해야 하며, (그만
　　　두지) 죽지 않을 수 있다면 그렇게 해야 합니다.

어른을 의지하지 않고 귀함을 의지하지 않으며, 형제를 의지하
지 않고 벗해야 한다. 벗이란 그 덕을 벗하는 것이지 의지하는 것
이 아니다.

해설) 선비가 나이가 들어서도 부모를 의지하고 잘 된 친구를 의지하
　　　려 하며, 형제들에게 기대려 한다면 그들에게 하인 같은 대우
　　　를 받게 됩니다.

사람의 성품이 선한 것은 물이 아래로 가는 것과 같다. 사람은
선하지 않은 사람이 없고, 물은 아래로 흘러가지 않는 것이 없다.

해설) 물이 위에서 아래로 흐르는 것과 같이 사람의 성품도 이와 같아
　　　서 자연스러운 것입니다. 원래 사람의 성품은 선한 것입니다.

사람이 닭이나 개를 놓치면 그것을 구할 줄 알지만, 마음을 놓
치면 구할 줄 모른다. 학문이란 다른 것이 없고 그 놓친 마음을
구하는 것이다.

해설) 농부는 항상 닭이나 개가 제자리에 있는 지를 잘 살핍니다. 그
　　　러나 어제 읽었던 글의 의미를 잘 이해하지 못하나 그것을 궁

구하지 않는다면 글을 읽은 기억이 없습니다.

하늘이 장차 어떤 사람에게 큰 임무를 내릴 때, 반드시 먼저 그들의 마음과 뜻을 괴롭히고, 그들의 힘줄과 뼈를 수고스럽게 하며, 그들의 몸과 살결을 굶주리게 하고, 그들의 몸을 곤궁하게 하여 행함이 그들이 행하고자 하는 것과 어긋나게 한다. 그것은 마음을 분발시키고 본성을 참게 하여 일찍이 그들이 할 수 없었던 것을 더 많이 할 수 있게 해 주기 위해서이다.

해설) 선비가 낮에 힘써 일하고 밤에 어렵게 학문을 하기에 지치고 힘들다 하더라도 이를 포기한다면 앞으로 해낼 수 있는 업무는 점차 줄어들 수밖에 없습니다. 또한 주중에 생업을 충실히 하고 주말에 자기개발에 힘써야 만이 보다 훌륭한 일을 해나갈 수 있습니다.

만물의 이치는 모두 나에게 있다. 자신을 반성하여 성실하다면 즐거움 중에 그보다 더 큰 것은 없다.

해설) 관리자가 늘 자신을 반성하고 업무와 학문에 성실하게 되면 세상에서 가장 행복한 사람으로 모든 사람들이 그를 인정합니다.

곤궁하면 홀로 그 몸을 착하게 하고, 영달하면 천하 사람들과 선을 함께 한다.

해설) 영웅은 늘 화려하지 않습니다. 어려운 때를 당하면 조용히 홀로 스스로를 돌보며 때를 기다릴 줄 알아야 하며 성공하면 주위사람들과 더불어 그 공을 나누어야 합니다.

대인은 자기를 바르게 하고, 자기를 바르게 하니 남이 바르게
되는 것이다.

해설) 관리자가 먼저 올바르게 행동하지 않으면 부하들이 따르지 않
게 됩니다.

마음을 기르는 데는 욕심을 적게 하는 것보다 더 좋은 것은 없
다.

해설) 선비가 일상생활에서 욕심을 부리게 되면 마음에 여유가 없어
지고 결국 학문을 등한시하게 됩니다.

3 경력개발을 위한 자기관리(1)[37]

1) 인생의 계획표를 만들자

성공한 사람들은 인생의 목표에 따라 자신이 어떻게 살아야겠다
는 인생계획표를 만들고 그대로 실천한 사람들이다. 자신의 재능과
취향을 미리 알고 그에 맞는 전공을 선택해 공부한 사람은 훌륭한
인생계획표를 짤 여건이 마련된 셈이다. 십대나 이십대에 이런 인
생계획표를 짠 사람은 결코 실패하지 않을 것이다. 이미 자신의
운명을 개척해나갈 힘을 가지고 있기 때문이다.

---

37) 이채윤, 성공한 사람들의 자기관리 법칙123, 바움, 2006.04.24, pp.23∼25.

스스로의 인생 계획표를 만들어보라. 10년 후의 나는 어떻게 변해 있을까? 이런 궁금증을 가지고 당신의 인생계획표를 짜도록 하라. 이십대가 되면 싫든 좋든 사회에 첫발을 내딛어야 한다. 그리고 삼십대가 되면 어느덧 사회의 한구석에서 자신 만의 자리를 잡고 있을 것이다. 그 삼십대를 바라보게 되는 어느 날 10년 전에 짠 계획표대로 자신이 살고 있는 지 돌이켜보는 스스로를 상상해보라. 무척 흥미로울 것이다. 아마도 자신의 재능을 철저히 알고 계획표를 짰다면 그 계획표에 가까운 삶을 살고 있을 것이다. 그런데 인생계획표를 짜는 데 몇 가지 참고할 것이 있다.

첫째는 시대의 흐름에 순응하라는 것이다. 21세기는 많은 것들이 너무도 빨리 변화하는 시대이다. 그 변화의 흐름을 제대로 읽을 줄 아는 능력을 갖추어야 한다. 아무도 시대의 흐름을 거슬러 올라갈 수는 없다.

둘째는 근면해야 한다는 것이다. 아무리 훌륭한 재능과 명석한 두뇌를 가졌더라도 게으름을 피우면 아무 소용이 없다. 부지런하고 노력하는 자만이 성공을 거머쥘 수 있다. 근면과 재능, 이 두 가지를 겸비한다면 훌륭한 사람이 될 기본이 되어 있다.

셋째는 자신의 결점을 잘 알아야 한다는 것이다. 아무리 훌륭한 재능을 가진 사람이라도 단점을 갖고 있게 마련이다. 자신의 결점을 확실히 아는 것은 매우 중요하다. 당신이 당신 자신의 주인이 되려면 자신을 철저히 알아야 한다. 먼저 자기 속에 있는 나쁜 세력을 굴복시킨다면 다른 것들은 전혀 문제가 되지 않을 것이다.

자기 인생에 확실한 시간표를 준비하라. 성공을 꿈꾼다면 자신이 가고자 하는 목표를 확실히 선택해 놓아야 한다. 그리고 그것은 인생이 끝날 때까지 장대한 것이어야 한다.

1. 홀로 있음으로써 우리가 경험할 수 있는 대표적인 상황은 외로움과 프라이버시이다. 첫째, 자신과 타인 간에 정신적 벽을 쌓거나 기존의 벽을 부술 수 없을 때 우리는 외로움을 느낀다. 즉 외로움은 사회적 관계의 결핍이며 불쾌한 경험이다. 우리들이 경험했던 고독감을 떠올려 보자. 외롭게 느끼게 했던 구체적인 사정에는 차이가 있을지 모르지만 고독감을 야기하는 데는 대략 두 가지 조건이 있다. 그 하나는 사회적 관계의 양이며 다른 하나는 사회적 관계의 질이다.

2. '물리적 근접성'과 같이 매우 단순하게 보이는 변인이 과연 대인간 매력에 어떤 영향을 미칠까? 많은 연구에 따르면 이것은 꽤 강한 영향을 미친다고 한다. 가령 결혼한 학생을 위한 아파트 단지 내의 우정관계를 조사해 보았더니. 그 중 입주하기 전부터 서로 알고 있었던 경우는 거의 없었다. 그런데 입주하고 얼마 뒤에 조사해 보니 이들은 가까이 살수록 더 친했다. 같은 층에 사는 부부들은 다른 층의 부부들보다 더 서로 친했다.

3. 공자의 仁에 대해 義를 더하여 왕도정치의 바탕으로 삼은 것. 그것은 다시 본성이 선하다고 전제하여 인간을 적극적으로 신뢰하는 性善說과 民意에 의한 폭군의 교체를 합리화한 革命論을 중심 기둥으로 삼고 있다. 정의에 따른 사회생활을 강조하고 그 물질적 기반을 매우 중시하였으나, 大人의 일과 小人의 일을 구분하여 육체노동자에 대한 정신노동자의 지배를 합리화하였다. 현대사회에서는 그 전체적인 사회·정치 이론을 받아들일 수 없게 되었지만, 크게는 '성선설'로부터 구체적으로 浩然之氣論에 이르는 견해들은 시대를 뛰어넘어 인간 생활의 한 지침이 되고 있다.

4. 스스로의 인생 계획표를 만들어보라. 10년 후의 나는 어떻게 변해 있을까? 이런 궁금증을 가지고 당신의 인생계획표를 짜도록 하라. 이십대가 되면 싫든 좋든 사회에 첫발을 내딛어야 한다. 그리고 삼십대가 되면 어느덧 사회의 한구석에서 자신 만의 자리를 잡고 있을 것이다. 그 삼십대를 바라보게 되는 어느 날 10년 전에 짠 계획표대로 자신이 살고 있는 지 돌이켜보는 스스로를 상상해 보라. 무척 흥미로울 것이다. 아마도 자신의 재능을 철저히 알고 계획표를 짰다면 그 계획표에 가까운 삶을 살고 있을 것이다.

제11장

사랑 · 연애 · 결혼과 자기관리

1 사랑 · 연애 · 결혼[38)]

1) 사랑이란 무엇인가?

사랑이란 무엇일까? 남녀노소를 불문하고 심지어 국경도 넘어서며 부모님의 반대까지도 무릅쓰게 하는 사랑이란 무엇일까? 여러분은 주변에 좋아하는 많은 사람이 있을 것이다. 그러나 그 모두를 사랑이라 부르기는 어렵다. 그렇다면 사랑과 호감은 어떻게 다를까? 직 루빈에 따르면 호감은 주로 존중, 배려, 관심 그리고 두 사람 간의 유사성에 근거한다. 한편 사랑에도 존중과 유사성 지각이 포함될 수 있지만 그와 동시에 더 많은 정서적 반응이 포함된

---

38) 전개서, 제10장을 요약 및 정리함.

다. 두 사람 간의 관계가 발전되어 갈수록 우리는 "내가 이 사람을 사랑하는 걸까? 아니면 단지 많이 좋아할 뿐일까?" 하고 거듭 자문하게 된다. 자문하다 못해 두 사람이 머리를 맞대고 과연 우리가 서로 사랑하는 것인지 아니면 그저 서로 끌리고 있을 뿐인지를 가늠하려고 티격태격하기도 한다.

　　루빈에 의하면 사랑은 세 가지의 요소로 구성되어 있다. 첫째는 관심, 즉 상대방의 만족과 행복이 자신의 것만큼이나 중요하다는 느낌이다. 둘째는 애착 또는 그 사람과 함께 있고 싶은 욕구 그리고 그 사람으로부터 인정받고 싶은 욕구이다. 셋째는 친밀감으로 가깝고도 은밀한 의사소통이 내포된다.

　　또한 루빈은 사랑과 호감을 가름하기 위한 두 척도를 개발하였다. 하나는 사랑을 측정하기 위해 그리고 다른 하나는 호감을 측정하기 위해서이다. 그는 두 개념을 구분하고자 데이트하는 커플들에게 우선 상대방을 염두에 두고 두 척도에 답하도록 하였다. 그리고 나서 동성친구를 떠올리면서 두 척도를 답하게 하였다. 그 결과 친구들과 애인들은 둘 다 서로 많이 좋아하였지만 연인들만이 사랑의 척도에서 높은 점수를 받았다.

　　그는 특히 열정적 또는 낭만적 사랑에 초점을 맞추어 연구해 보았다. 열정적, 낭만적 사랑은 상대방에게 푹 빠져 있는 상태로서 그 사람을 몹시 갈구하는 것, 생리적 각성, 그 사람의 사랑을 얻었을 때의 황홀한 느낌 그리고 그 관계의 결과로서 느끼는 완전한 실현감이 포함된다.

정열적이고 낭만적인 사랑을 느끼려면 세 가지의 조건이 충족되어야 한다. 첫째, 사랑에 빠질 것이라는 문화적으로 근거한 기대가 있어야 한다. 확실히 우리의 삶에서 낭만적 사랑의 이상은 생생히 살아 있다. 둘째, 적합한 사람이 낭만적 사랑에 대한 우리의 기대를 충족시켜야 한다. 사랑에 빠지는 것에 대한 기대와 적합한 사람을 발견했다는 것이 합해졌을 때 많은 사람들은 '첫눈에 푹 빠지는' 감정을 경험하게 된다. 자신의 이상적인 심상에 일치되는 누군가를 만나자마자 우리는 사랑을 느낄 수 있다. 성인 남녀의 반수 가량은 첫눈에 사랑을 경험했던 적이 있다고 한다. 세 번째로 낭만적 사랑에는 사랑이라고 해석할 만한 생리적 각성이 있다. 우리는 자신이 경험하는 이유가 불분명한 여러 가지 생리적 각성을 환경의 단서에 따라 다르게 해석하기도 한다. 여러 연구에 따르면 좀 우스꽝스럽지만 다른 이유 때문에 발생한 생리적 각성을 사랑이라고 명명할 수 있는 한 사람들에게서 그들이 만나고 있는 사람에 대한 정열적인 느낌을 유발해 낼 수 있다고 한다.

(1) 사랑과 성

사랑과 성 간의 관계는 사랑을 정의하고자 할 때에 늘 문제가 된다. 마치 사랑과 성이 동일한 것처럼 그릇되게 말하는 경우가 종종 있다. 팝가수인 밥 딜런(Bob Dylan)이 말했듯이 성적 매력과 성적 관계는 사랑에서 매우 중요한 부분이다. 그러나 루빈이 지적했듯이 친밀감은 사랑의 한 구성 요소이고 성교는 친밀감의 일면이다.

헐(Hull)에 따르면 생식과 성 충동은 인간에게 기본적이며 성교를 통해 서로의 욕구를 충족시킬 수도 있다. 이와 같이 성행동을 통해 애정과 친밀감을 표현할 수 있으며 대인간 욕구를 충족시킬 수 있다. 분명히 성행동은 사랑의 한 요소로 볼 수 있다. 그러나 성행동이 곧 사랑은 아니며 반드시 사랑의 표현이라고 할 수도 없다. 사랑은 성의 필수적인 선행 조건이 아니다. 사람들은 단지 신체적 쾌락 때문에 또는 가벼운 애정이나 순간적인 열정을 표출하기 위해 성관계를 가질지도 모른다. 또한 사람들의 성행동에는 이보다 덜 긍정적인 이유도 있다. 어떤 이들은 상대방을 모욕하여 지배성을 표현하기 위해서나 부족감을 채우기 위해 성행동을 사용하기도 한다. 또한 상대방으로부터 받아들여지자면 그렇게 해야 한다고 느끼기 때문에 또는 남들도 다 그러니까 하는 또래 압력을 느끼기 때문에 성행동을 하는 경우도 있다.

(2) 사랑하기를 굳이 배워야 하나?

"나도 언젠가는 사랑에 빠질 거야"라고 기대하고 있는 많은 젊은 이들에게는 조금 이상하게 들릴지 모르지만 연구에 의하면 사랑은 누구에게나 자연스럽게 오는 정서는 아니라고 한다. 즉, 사랑은 일생을 통해 배워야 할 필수 과목 중 하나라고 할 수 있다. 불행히도 어떤 이들은 사랑을 경험할 능력이 부족하다고 한다. 해리 할로우(Harry Harlow)는 사랑하는 관계의 다섯 단계를 확인한 바 있다.

첫 단계는 모성적 사랑으로서 어머니의 포근한 품에 안겨 사랑을 듬뿍 받는 시기이다. 다음은 유아의 사랑으로서 아기가 어머니를 사랑하는 것이다. 세 번째는 또래 사랑으로 사춘기 이전의 아동이 또래에 대해 품는 사랑이다. 네 번째는 동년배 간의 열정 또는 성적 사랑이다. 마지막 단계는 부모의 사랑 또는 가족에 대해 성인이 갖는 사랑이다. 할로우에 의하면 각 단계에서 충분한 사랑을 경험함으로써 다음 단계로 나아갈 수 있다고 한다. 가령 동년배 간의 경험은 정상적이고 자연스런 이성애의 발달에 초석이 된다. 만약 유아기에 사랑을 경험하지 못했다면 이후에 사랑을 경험하기가 어려워질지도 모른다.

에릭 프롬(Erich Fromm)도 사랑의 발달에서 초기 경험을 강조하고 있다. 그는 남을 사랑하기 전에 먼저 자기 사랑을 배워야 한다고 하였다. 자신을 사랑하면서 우리는 자신의 성장과 행복을 촉진할 수 있으며 이후 남을 사랑할 때 배운 것을 전이할 수 있다. 그리고 이러한 것을 배우지 않고서는 진정으로 남의 행복에 마음을 쓸 수 없다고 한다. 프롬의 이론에서 익혀야 할 중요한 교훈은 우리 자신의 초기 경험이 남을 사랑하는 능력에 큰 영향을 미친다는 것이다. 사랑이 결여된 정서적으로 황폐한 환경에서 자란 사람들은 나중에 남들을 사랑하는 데 큰 어려움을 겪을 것이다. 우리는 먼저 남들(특히 일차적 양육자인 어머니로부터)로부터 사랑을 받고 자기 사랑하기를 충분히 연습·실행함으로써 훗날 타인을 사랑하는 법을 익히게 된다.

(3) 관계를 형성하고 유지하기

친밀한 관계-연애, 사랑, 결혼-는 우리의 일생과 심리적 적응에서 매우 중요한 부분이다. 친밀한 관계를 이루는 것은 행복감을 느끼고 성공적인 적응을 하는 데 있어 매우 중요한 요소이다. 관계의 발달에는 선택과 협상, 평가하기, 개입, 제도화 등의 다섯 단계가 있다고 한다.

 2) 관계의 시작(선택)

　선택은 사람들이 여럿이 모인 장소에서 이루어진다.(예: 잔치, 파티, 미팅, 친구의 결혼피로연, 사무실, 기차, 카페). 누군가가 나에게 주목할 때 우리 모두 특히 청춘남녀들은 이것을 재빨리 눈치채게 되고 그에 따라 행동한다. 대개 우리는 자신의 긍정적인 측면을 드러내려 애쓰며 좋은 첫인상을 주려고 노력한다. 즉, 선택은 자기 현시의 맥락에서 이루어진다.

　어빙 고프만(Erving Goffman)에 따르면 우리는 우리에 대한 상대방의 인상 형성 과정을 통제함으로써 그들이 우리를 대하는 방식에 영향을 미칠 수 있다. 흔히 우리는 긍정적인 방식으로 자기를 나타냄으로써 이렇게 하고 있다. 특히 첫인상을 형성하는 상황에서 사람들은 일상적으로 하는 것보다 더 높은 이상적 기준에 맞추어 행동한다. 이것을 이상화된 수행이라고 한다.

　가령 우리는 보통 때보다 옷을 더 잘 차려입고 얼굴을 더 가다듬고 더 우아하게 행동한다. 또한 손님들이 오는 공간인 거실에는 평소에 잘 보지도 않는 고급 잡지와 고상한 책을 비치하기도 한다.

(1) 선택 단계에서 있을 수 있는 문제

이미 보았듯이 선택 단계에서 사람들은 실제보다 더 좋은 모습을 보여 주려고 노력하는데 이러한 허세는 진정한 친밀감을 방해할 가능성이 있다. 의식화된 자기현시 패턴은 상호작용을 매우 피상적으로 만든다. 가령 일상적인 인사와 더불어 그 상황에 적합하다고 여겨지는 면모만을 드러낼 뿐 사적인 속성은 거의 보여 주지 않게 된다. 이러한 행동만이 이어진다면 그 두 사람의 상호작용이 피상적인 수준 이상으로 발전되기는 매우 어렵다. 만약 공식적인 관계 이상으로 친해지려고 한다면 두 사람은 자기 자신을 더 솔직히 보여 주어야 하는데 이것은 일종의 모험이다. 또한 이것은 관계를 발전시키기 위해 치러야 하는 대가이기도 하다.

초기 단계에 내포된 또 다른 문제는 수줍음이다. 짐바르도(Zimbardo)에 따르면 수줍음은 대인관계를 형성하는 데 나타나는 매우 흔한 장애이다. 대규모 연구를 한 짐바르도의 표본집단 중 40%는 그들이 현재 수줍어한다고 했으며 80% 이상은 한 때 수줍어했던 점이 있었다고 했다. 수줍음 또는 대인 공포는 생리적 반응(심장 박동의 증가, 얼굴 붉히기), 여러 가지 생각과 기분(자의식, 남들의 인상에 대한 염려) 그리고 꾸어다 놓은 보릿자루처럼 입 다물고 있기와 눈 접촉 피하기, 어색한 행동거지와 같은 외현 행동으로 표출된다. 수줍음은 남들과의 상호작용을 피하게 하고 친밀한 대인관계를 맺을 수 없게 하는 매우 흔한 원인이다.

3) 관계를 형성하는 협상 단계

일단 좀 더 사귀고 싶은 사람을 점찍고 나면 둘 간의 관계는 보다 진지해지기 시작한다. 즉 우연한 만남이 의도적인 만남으로 이어지는 것이다. 가령 전화로 데이트를 신청한다거나 영화를 보기로 약속한다. 이제 이 두 사람 간의 관계는 새로운 단계에 접어든 것이다. 이러한 의도적인 만남 속에서 두 사람은 서로가 만족하는 종류의 관계를 탐색하려 하는데 이것이 협상의 시작이다. 두 사람은 은연중에나 공공연히 밀고 당기면서 상대방이 원하는 것과 내가 원하는 것(행동, 신념, 문제해결 방식 …등에서)을 협상, 절충하게 된다.

(1) 자기노출

이 단계에서 가장 중요한 측면은 자기노출이다. 자기노출이란 나의 생각, 느낌, 포부와 꿈, 공포, 의심, 심지어는 창피한 부분까지도 상대방에게 드러내는 것이다. 정직한 자기 노출을 통해서 만 사람들은 상대방의 진정한 욕구와 소망을 알 수 있고 진정으로 친밀한 관계를 시작할 수 있다. 이 과정을 통해 사람들은 상대방이 어떤 사람인지를 알 수 있고 그 사람의 있는 그대로를 사랑하고 존중하게 된다. 자기노출은 관계의 속성 및 한 사람의 개인적 적응과 밀접히 관련되어 있다.

가. 자기노출과 개인적 적응

자기노출은 그 누구보다도 자신에게 큰 영향을 미친다. 제라드

(Jourard)에 따르면 남에게 자신에 대해 이야기하는 능력이 있다 함은 심리적으로 건강하고 잘 적응한다는 징표이다. 타인에 대한 개방성은 자기실현과 성장에 필수적이다. 자기를 감추는 것은 여러 면에서 우리의 성장을 저해한다. 자기노출을 못 하거나 미숙한 경우에는 다음과 같은 문제가 일어날 수 있다.

첫째, 남들로부터 나에 대한 피드백을 받을 수 없다. 따라서 남들이 내 생각·느낌·행동에 대해 어떻게 생각하는지를 알 수 없다. 즉, 절친한 대인 접촉이 차단된다. 게다가 사람들은 피상적 수준에 불과한 만남을 기피하므로 남들과의 접촉 자체가 감소된다. 이에 따라 자신의 내적 삶에 대한 인식이 결여되고 자기개념이 미약해지며 심지어 상실될 수도 있다.

또한 자신에 대해 말하는 것 자체를 꺼리거나 정직하게 말하지 않는 것은 나의 중요한 측면을 남들에게 은폐하는 것이다. 즉, 일종의 허위 행동을 하는 셈이다. 이런 식의 대인간 상호작용은 스트레스가 수반된다. 스트레스가 심한 경우에는 타인 자체가 위협의 근원이 되므로 남들이 있다는 사실만으로도 고통스럽다. 많은 심리학자들은 건강한 적응을 위해 자기노출의 필요성을 역설하였고 남들에게 보다 솔직해지라고 권고한다. 일반적으로 그들은 자기노출과 피드백이 한 사람의 생에서 공개된 영역을 증가시킨다는 것과 효율적인 적응으로 이끈다는 것을 믿고 있다.

나. 자기노출의 결정 요인

많은 연구에 의하면 자기노출은 상호적이다. 즉, 내가 더 많이 자기를 드러낼수록 상대방도 그만큼 더 자기를 많이 드러낸다. 이 것은 거듭 검증되었고 한 사람이 상대방에게 얼마나 자기에 대해 드러낼지를 가장 잘 예측할 수 있는 요인은 그 사람이 방금 드러 낸 자기노출 정도이다. 또한 상대방이 초면에 너무 자기노출을 심 하게 하면 그를 덜 좋아하지만 그러면서도 자기노출을 더 많이 한 다(상호원리에 따라).

두 번째로 자기노출은 암묵적인 규범을 따른다. 즉, 상황에 따라 적절한 정보의 양이 있다. 어떤 사람의 자기노출이 너무 사적인 듯이 여겨진다면 우리는 아마도 상호성과 적절성을 조화시키려 할 것이다. 즉, 적절한 규범은 억제력을 발휘한다. 가령 어떤 사람이 그것도 초면에 간밤에 경험한 것을 고주알미주알 늘어놓으면 우리 도 자신의 연애담을 털어놓겠지만 세세히 말하지는 않을 것이다.

다. 자기노출과 대인관계의 속성

자기노출은 대인관계에 큰 영향을 미치는 동시에 관계의 속성에 따라 영향을 받는다. 대체로 보면 관계가 친밀해질수록 자기노출의 폭과 깊이가 증가한다. 한편 우리들은 간혹 생면부지의 낯선 사람 에게 자기노출을 많이 하기도 한다(예: 기차 칸에서 여행객들이 두 서없이 내심을 털어놓기). 왜냐하면 다시 만날 가능성이 없는 사람 앞에서는 자기노출시 구태여 신뢰감을 따져 볼 필요가 없기 때문이 다. 보통의 관계에서는 나의 사적 속성을 너무 많이 드러내면 상대 방이 나를 비웃지 않을까 또는 실망하고 떠나지나 않을까 하는 두 려움이 자기노출을 강력히 억제하는 요인이 되고 있는데, 다시 만날 가능성이 없는 사람들 앞에서는 그 억제력이 줄어드는 것이다.

또한 자기노출을 결정하는 또 다른 요인은 지위이다. 가령 사장이 엘리베이터맨에게 인정스럽게 "자네 몇 살인가? 자녀는 몇이나 되지?"하고 물을 수 있다. 즉, 지위가 높은 사람은 낮은 사람의 삶 속으로 불쑥 침입하거나 느닷없이 자기노출을 요구할 수 있다.

라. 자기노출에서 성별 차이

대체로 여성이 남성보다 더 자기를 많이 드러낸다고 한다. 또한 사람들은 깊은 개인적인 느낌을 드러내는 남성을 약하고 부적절하게 여기기도 한다. 남자들은 자기 노출을 더 적게 하라는 규범을 따르려고 애쓰는 경향이 있다. 느낌을 숨기라는 사회적 압력은 남자들에게 부과된 짐이 되기도 한다.

4) 관계를 평가하기

자기를 남에게 드러내는 것은 친밀감을 결정하는 가장 중요한 측면이다. 나의 '자기'를 이해받고 수용 받으면서 서로 믿는 유대를 맺는 것은 매우 소중한 경험이다. 그럼에도 불구하고 대인관계에는 자기노출 이외에도 많은 다른 측면이 있다. 사람들은 함께 여러 가지 행동을 한다. 그들은 더불어 테니스하고 게임하고 춤추며 책·영화·정치·종교 등에 대해 토론한다. 관심거리와 흥미가 같은 것은 대인관계의 발전에서 매우 중요하다. 그것은 두 사람이 대인관계 전반을 어떻게 평가하는가에 큰 영향을 미치기 때문이다. 서로 사귈 때 주로 자기노출과 성적 접근에 의존하든 여러 가지 활동을 함께 즐기는 데 의존하든 모두 진지하고 솔직담백하게 임하는 한 그들의 관계는 무럭무럭 성장할 것이다.

(1) 관계에서 만족과 의존

모든 면에서 두 사람이 완전히 만족할 수 있는 관계란 매우 드물다. 서로 사랑하고 비슷한 점이 많으면서도 두 사람은 상대방의 어떤 취미, 흥미, 행동 방식이 마음에 들지 않을지도 모른다. 그런데 전반적인 만족감은 두 사람을 함께 있게 하는 한 요인인 것 같다. 때때로 사람들은 기본적으로 만족스럽지 않은 관계를 계속 유지하거나 그간 잘 지내 온 연인과 헤어지기도 한다. 티보와 켈리(Thibaut & Kelley)는 우리가 친밀한 관계를 어떻게 평가하는지와 관계를 지속하거나 끝맺는 이유를 설명하는 데 도움이 되는 원리를 밝혀 주었다.

가. 만 족

관계에서 만족은 우선 결과 수준에 의존한다. 결과 수준이란 한 사람이 관계의 상호작용에서 누리는 즐거움이나 기쁨의 평균 수준이다. 우리는 남들과 상호작용하면서 여러 가지 즐거움(예: 인정받음, 흥미진진한 대화)을 경험하는가 하면 불쾌한 경험(예: 실망, 당황, 비난, 노력)도 한다. 그리하여 매 상호작용에서 만족의 정도를 산출할 수 있으며 결과 수준은 그러한 만족의 평균치이다.

다음으로 중요한 요인은 비교 수준이다. 비교 수준은 기초선 또는 중립점인데 우리는 이것과 결과 수준을 비교한다. 비교 수준은 우리가 과거에 경험한 결과와 남들이 받은 결과를 관찰함으로써 결정된다. 어떤 관계에서 얻은 결과가 비교 수준 이상이면 만족감을 느끼지만 그 이하면 실망감을 느낀다. 가령 지난 2주간 데이트한 결과가 이전의 데이트에서 얻은 결과보다 더 크고 남들이 데이트에서 얻는 결과보다 더 크다고 여겨질 때 당신은 만족스럽게 느낄 것이다.

나. 의 존

어떤 사람과 데이트하면서 보낸 시간에 만족한다면, 즉 결과 수준이 비교 수준 이상이라면 앞으로 그 관계가 지속될 가능성은 그만큼 더 크다. 그러나 만족감이 관계의 지속성을 결정하는 유일한 요인은 아니다. 조금 전에 언급했듯이 때때로 사람들은 불행한 관계를 계속 유지하는가 하면 매우 즐거운 관계를 끝내기도 한다. 관계에 대한 의존도가 이것을 설명하는 데 도움이 될 것이다. 의존은 결과 수준과 대안적 비교 수준 간의 차이에 의해 결정된다. 대안적 비교 수준은 어떤 관계를 수락하는 하한 수준이다. 만약 어떤 관계에서 얻는 결과가 대안적 비교 수준보다 더 낮다면 당신은 차선의 가능한 관계로 옮아갈 것이다.

(2) 관계의 형평성

관계에서 또 다른 매우 중요한 측면은 두 사람이 서로를 얼마나 공정하게 대하는가와 상호작용에서 자기가 투자한 것에 비해 얼마

나 많은 행복감을 얻는가이다. 형평 이론에 따라 여러 심리학자들
이 대인관계에 대해 주장한바는 조금씩 다르지만 그들의 의견에는
다음과 같은 공통점이 있다.

공평하게 행동하는 것이 바람직하다는 것, 사람들은 적어도 자
기기준에 따라서는 공정해지려고 노력한다는 것. 그러므로 사람들
은 어떤 관계가 불공평하다고 느낄 때 마음이 불편해진다고 한다.

가. 공평성을 지각하기

어떤 관계가 공평한지 아닌지를 지각하는 데 있어서 결정 요인
은 다음과 같이 간략히 표현할 수 있다. $[Oa / Ia = Ob / Ib]$

여기서 O는 결과, I는 투입 그리고 a와 b는 사람들이다. 자신의
투입과 결과의 비율이 상대방의 비율과 일치될 때 우리는 공평하
다고 지각한다. 두 사람 모두가 똑같이 열심히 노력하고 똑같이
만족감을 얻었다면 관계는 공평하다. 또한 한 사람이 더 많이 기
여했을 때 더 많은 결과를 얻는 것도 공평하다.

나. 불공평성에 대한반응

관계가 불공평하게 느껴지면 사람들은 마음이 불편해져서 상황
을 바꾸려 할 것이다. 여기에는 두 가지 방법이 있다. 첫째, 자신
과 상대방의 투입 및 결과에 대한 지각을 바꿈으로써 심리적 공평
성을 회복한다. 둘째, 공평성을 회복하기 위해 투입이나 결과를 바
꾼다. 투입이나 결과를 바꾸기 쉬운 경우이거나 공평성을 원하는
마음이 강하다면 두 번째 방법을 쓸 것이다. 가령 학교 기숙사에

서 같은 방을 쓰는 두 친구가 청소문제에서 불공평감을 느낀다면 둘은 서로 의논하여 재조정할 수 있다. 그러나 실제로 불공평성을 바꾸기 어려운 관계라면 현실을 달리 지각함으로써 심리적 위안을 얻으려 할 것이다.

5) 개입의 단계

서로가 수용하고 서로가 만족스러운 결과를 얻었으며 두 사람 모두가 공평하다고 느끼는 생활 방식을 발견하게 되었을 때, 이들 간에는 안정된 인간관계가 구축된다. 일단 강하고 만족스러운 관계가 형성되었다고 느끼면 두 사람은 관계를 강화시키기 위하여 개입하려 한다. 개입의 몇 가지 단계에 대해 살펴보기로 하자.

(1) 개입하기로 결정하기

개입을 어떻게 하며 언제 하는지는 명확하지가 않다. 두 사람 모두 상대방과의 관계가 다른 이와의 관계보다 훨씬 만족스럽고 행복하다고 느낄 때 이들은 다른 관계들을 배제한 채보다 지속적이며 친밀한 관계를 맺기로 합의할 것이다. 그들은 교제, 사랑, 성을 포함한 중요한 욕구를 만족시키기 위해 상대방에게 의존하기로 동의할 것이다. 개입에는 함께 사는 결정이 포함될 수도 있고 그렇지 않을 수도 있다. 개입에서 가장 중요한 요소는 어떠한 사람과 보다 친밀해지려는 결정과 아울러 다른 사람과의 친밀한 관계를 단념한다는 결정이다.

(2) 자유와 개입

당신이 누군가와 깊고 보다 독점적이며 지속적인 관계로 들어가려는 결정을 내리는 것은 자유롭게 이루어져야 할 그리고 심사숙고 끝에 이루어져야 할 생애 중 매우 중대한 결정이다. 많은 경우 우리는 이 결정을 내리기까지 여러 가지 사회적 압력 – 예: 부모의 염려·재촉·위협(특히 우리 사회의 '적령기'라는 규범), 친구들의 부추김과 잔소리 – 을 받는다. 또 다른 집요한 사회적 압력은 만나고 있는 당사자 간에서 발생한다. 가령 한 사람은 이미 개입하기로 결정했는데 다른 쪽이 미적대는 경우에 결정한 쪽에서 상대방에게 압력을 가하게 된다. 이 경우 압력을 받는 쪽에서 부정적으로 반응하거나 관심을 잃거나 질질 끌려가는 개입을 하기로 결정할 수도 있다.

6) 제도화: 결혼

결혼을 인생의 무덤이니 연애의 종착역이니 뭐니 하고 떠들어대며 독신, 이른바 '우아한 싱글'을 주장하는 이들이 늘어나는 추세라 하더라도 대다수의 독신 남녀가 결혼을 꿈꾸는 것이 사실이다. 당사자뿐만 아니라 우리나라의 경우 부모님 및 주변 사람들조차 '적령기'라는 데드라인을 정해 놓고 독신 남녀를 몰아붙이기 일쑤이다. 각설하고 우리 젊은이들이 특정한 이성과 독점적이고도 친밀한 관계를 - 즉 연애를 - 지속하다 보면 그것을 공식화하여 사회로부터 인정받고 싶어지게 된다. 즉, 관계 발달의 마지막 단계는 제도화이고 이것은 결혼을 의미한다.

(1) 결혼은 만족의 근원

사람들은 여러 가지 이유로 결혼하게 된다. 우리 사회의 경우 결혼하면 사회적으로 승인받을 수 있고 경제적 이점을 누릴 수 있다는 생각이 널리 퍼져 있고 이것을 들으며 성장하는 젊은이들은 당연히 이와 관련하여 결혼에 대한 기대감을 갖게 된다. 그에 따라 많은 젊은이들은 때가 되면 결혼을 꿈꾸고 가족을 갖는 즐거움을 그리며 경제적 안정과 안락한 가정생활을 바라게 된다. 물론 실제의 결혼생활에서 우리들이 발견하게 되는 것은 기대와 많이 다를 수 있다. 한 연구에 따르면 기혼 여성의 경우 결혼 만족도를 결정하는 주요인은 사랑, 존경, 우정이라고 한다. 성적 합치도는 네 번째였고 관심의 공유나 자녀 갖기는 그보다 더 낮았다. 사람들은 함께 있으면서 서로 사랑하고 존경하는 것을 즐기는 것 같다. 성이 중요하기는 해도 결혼 생활의 만족도를 결정하는 보다 중요한 요인은 친밀감을 구성하는 기초적인 심리 요인인 것 같다.

2 中庸(중용)과 先人(선인)들의 名言(명언)

1) 중용의 명언들[39)]

중용은 四書의 하나로 禮記의 한 편이었으며, 孔子의 손자 子思가 지었다고 한다. 중국 고대 魯(노)나라의 학자인 자사의 이름은 伋(급)으로, 자사는 字이고 曾參(증삼)에게서 배웠다. 오늘날 전해지는 것은 禮記에 있는 中庸篇(중용편)이 宋(송)나라 때 단행본이 된 것이다.

자사는 전 생애를 주로 고향인 노나라에 살면서 曾子의 學을 배워 유학의 전승에 힘썼다. 맹자는 그의 제자의 제자이며, 공자 - 증자 - 자사 - 맹자로 이어지는 이 學統은 宋學에서 특히 존중된다. 자사학파의 사상을 전하는 책으로 子思子가 있다. 過不及이 없는 中庸을 지향하는 실천적인 일상 윤리가 그의 사상의 중심이다. 여기서 '中'이란 어느 한쪽으로 치우치지 않는다는 것, '庸'이란 平常을 뜻한다. 인간의 본성은 天賦的인 것이기 때문에 인간은 그 본성을 따르지 않으면 안 된다. 따라서 본성을 좇아 행동하는 것이 인간의 道이며, 도를 닦기 위해서는 窮理가 필요하다. 이 궁리를 敎라고 한다. 중용은 요컨대 이 궁리를 연구한 책이다. 즉 인간의 본성은 한마디로 말해서 誠 일진데, 사람은 어떻게 하여 이 성

---

39) 전개서, pp.193~201 중에서 발췌하고 그 해설을 보완함.

으로 돌아가는가를 규명한 책이라고도 할 수 있다.

윗자리에 있으면서 아랫사람을 능멸하지 않으며, 아랫자리에 있으면서 윗사람을 잡아당기지 않고, 자기를 바르게 하고 남에게 요구하지 않으면 원망하는 이가 없을 것이니, 위로는 하늘을 원망하지 않으며, 아래로는 사람을 탓하지 않는다.

해설) 관리자가 상사를 잘 보위하고 부하들을 잘 육성하여야 하며, 자신이 올바른 태도와 행동을 갖게 되면 주위에서 원망은커녕 존경의 대상이 됩니다.

군자는 평이함에 있으면서 천명을 기다리고, 소인은 위험한 것을 행하면서 요행을 바란다.

해설) 선비가 마땅히 해야 할 일을 하여야 하늘로부터 복을 받고, 마땅히 해야 하지 말아야 할 일을 한다면 화가 닥치게 된다는 것입니다.

큰 덕은 반드시 그 지위를 얻으며, 반드시 그 녹을 얻으며, 반드시 그 이름을 얻으며, 반드시 장수(함)를 얻는다.

해설) 관리자가 항상 덕으로서 일을 행한다면 더 높은 지위로 승진할 수 있고 더 많은 재물을 얻을 수 있으며, 널리 유명해지고, 오랫동안 일을 할 수 있습니다.

천하의 공통된 도가 다섯인데, 이것을 시행하는 방법은 셋이다.

군신과 부자간, 부부간, 형제간, 붕우 간의 사귐, 이 다섯 가지는
천하의 도요, 知仁勇 이 세 가지는 천하의 공통된 덕이니, 이것을
시행하는 방법은 하나로 誠이다.

　해설) 훌륭한 선비가 천하의 공통된 도와 덕을 시행하는 것은 오직
　　　　誠意를 다하는 것입니다.

　학문을 좋아함은 知에 가깝고, 힘써 행함은 仁에 가깝고, 부끄
러움을 앎은 勇에 가깝다.

　해설) 선비가 천하의 도를 실행함에 있어 학문을 좋아하고 학문에 힘
　　　　써야 하며, 부끄러움을 알아야 합니다.

　어리석으면서 자신이 쓰이기를 좋아하며, 천하면서 자기 마음대
로 하기를 좋아하고, 지금 세상에 태어나서 옛 도로 돌아가려 하
면 이와 같은 자는 재앙이 그 몸에 그친다.

　해설) 관리자가 자기 일 이외에는 잘 알지 못하면서 남의 일 참견하
　　　　기를 좋아하고 무엇이든 자기 마음대로 하려고 하며, 옛날 관
　　　　행대로 만 업무를 처리한다면 많은 사람들의 원망을 듣게 될
　　　　것입니다.

　‘비단옷을 입고 홑옷을 덧입는다’　하였으니, 그 문채가 드러
남을 싫어해서이다. 그러므로 군자의 도는 은은하나 날로 드러나
고, 소인의 도는 선명하나 날로 없어진다.

　해설) 진정한 영웅은 화려하게 드러내지 않으므로써 은은하게 오랫동안

빛나게 되지만 소인은 아침에 빛을 발하고 저녁에 사라집니다.

2) 左傳의 명언들40)

좌전은 중국 노나라의 좌구명이 춘추를 해설한 책으로 좌씨전 혹은 좌씨춘추전, 춘추좌전 등으로도 불린다. 춘추는 공자가 편수한 것으로 알려진 중국 춘추시대 노나라의 역사서로, 노은공 원년(기원전 722)부터 노애공 27년(기원전 468)에 이르기까지 총 255년에 걸쳐 명멸한 열국의 역사를 담고 있다. 그 춘추에다 역사가 좌구명이 해설을 단 주석서가 좌전이다.

좌전은 중국 문명의 뿌리가 되는 춘추전국시대의 역사를 파악하는 데 빼놓을 수 없는 텍스트다. 중국 문명의 연수(淵藪)는 시대적으로 춘추전국시대이고, 중국 사상의 연원은 공자를 포함한 춘추전국시대의 제자백가(諸子百家)라 해도 과언이 아니다. 제자백가에 대한 이해의 출발점이 바로 당시의 인물 및 사건을 정확히 기록해 놓은 좌전인 것이다. 우리나라의 춘추학은 좌전을 중심으로 시작되었다. 통일신라 때 신문왕이 세운 국학에도 좌전은 교과목의 하나였고, 독서삼품과가 설치된 뒤에는 상품과(上品科)의 고급과목으로 설정되었다.

재앙과 복은 문이 없어, 오직 사람이 부르는 것이다.

해설) 재앙이나 복은 다니는 길이나 문이 따로 있는 것이 아니라 그

---

40) 전개서, pp 344 - 346 중에서 발췌 및 해설함.

것을 부르는 사람의 것입니다.

옷이 맞지 않는 것은 자신의 재앙이다.

해설) 선비가 자신과 어울리지 않는 처신이나 행동을 한다면 결국 자
신의 무덤을 파게 되는 것입니다.

가지가 크면 줄기는 반드시 부러진다.

해설) 관리자가 한편만을 옹호하거나 한 가지에만 매달리게 되면 전
체의 균형이 깨어지게 됩니다.

세 번 팔뚝을 다친 사람만이 훌륭한 의사가 됨을 알 수 있다.

해설) 어느 한 분야에서 전문가가 되려면 수없이 많은 반복과 시련을
감내하여야 一家(일가)를 이룰 수 있습니다.

좋은 새는 나무를 가려서 앉는다.

해설) 우리 속담에 누울 자리를 보고 누운다 라는 말이 있습니다. 따라
서 선비가 자기의 뜻에 맞고 자신의 능력을 발휘할 수 있는 곳
에서 머물게 됩니다.

 경력개발을 위한 자기관리(2)

1) 오늘, 최선을 다하라[41]

기업가로서 가장 활동적이고 창조적인 역량을 과시한 사람으로 스티브 잡스를 들 수 있다. 스티브 잡스는 1976년 스물한 살의 나이로 애플 컴퓨터를 만들어 세계적인 기업으로 성장시켰지만, 1985년 자신이 창립한 회사에서 쫓겨나는 수모를 당해야 했다. 아이디어만 많지 현실감각이 떨어지고 무능하다는 이유에서였다. 그러나 그는 1997년 다시 애플사 CEO로 복귀하는 괴력을 발휘하였다. 게다가 10억 달러의 적자를 기록했던 애플사를 단 1년 만에 4억 달러에 가까운 흑자를 만들어낸 드라마의 절정을 연출하였다.

애플사에 복귀한 스티브 잡스는 새로운 PC 인 아이맥(Mac)을 내놓았다. 이 아이맥은 1년 만에 2백만 대나 판매되었고 애플의 주가는 아홉 배나 뛰어올랐다. 그는 소비자들이 사랑하고 또 기꺼이 사고 싶은 컴퓨터를 만들어 냈던 것이다. 그리하여 주당 13달러까지 떨어진 애플의 주가를 1999년 말 1백 18달러로 끌어올림으로써 20억 달러짜리 회사를 2백억 달러에 달하는 회사로 탈바꿈시켰다. 또한 스티브는 픽사(PIXAR)라는 애니메이션 회사의 CEO를 겸임하면서, 월트 디즈니와 손잡고 애니메이션 영화의 새로운 영역을 개척해냈다. 그리하여 창조의 기쁨을 만끽함과 동시에 다시 세계적

---

41) 전개서, pp.64~65.

인 부호의 반열에 올라섬으로써 옛 명성을 되찾았다. 스티브는 이렇게 화려한 재기에 성공함으로써 지난날 애플의 성공이 결코 요행이 아니었음을 보여 주었다.

그러나 이러한 신화는 자신이 만든 회사에서 쫓겨난 후 쓰디쓴 인고의 세월이 있었기에 가능했다. 스티브는 애플과 픽사라는 매우 성공적인 두 회사, 컴퓨터와 애니메이션 영화사의 사령탑을 동시에 맡은 최고경영자로 다시 세계인의 주목을 받고 있다. 그처럼 성공과 실패를 극적으로 반전시킨 경영인은 찾아보기 힘들다. 그의 화려한 재기는 지식정보화 시대에 맞춰 스스로 변신에 성공한 좋은 예이다. 그가 화려하게 재기한 이유는 실패와 고난에도 불구하고 꾸준히 공부하고 창의적인 생각을 가짐으로써 자기 자신을 훈련시킨 데 있다. 창의력을 가지려면 끊임없이 독서하고 변화하는 세대를 읽어나가면서 자신을 새롭게 변화시킬 줄 알아야 한다. 그리고 책을 많이 읽는 것도 중요하지만, 읽은 것을 자기 것으로 소화하고 적용할 줄 아는 것이 창조적인 사람이 되는 방법이다.

1. 루빈에 의하면 사랑은 세 가지의 요소로 구성되어 있다. 첫째는 관심, 즉 상대방의 만족과 행복이 자신의 것만큼이나 중요하다는 느낌이다. 둘째는 애착 또는 그 사람과 함께 있고 싶은 욕구 그리고 그 사람으로부터 인정받고 싶은 욕구이다. 셋째는 친밀감으로 가깝고도 은밀한 의사소통이 내포된다.

2. 에릭 프롬(Erich Fromm)도 사랑의 발달에서 초기 경험을 강조하고 있다. 그는 남을 사랑하기 전에 먼저 자기 사랑을 배워야 한다고 하였다. 자신을 사랑하면서 우리는 자신의 성장과 행복을 촉진할 수 있으며 이후 남을 사랑할 때 배운 것을 전이할 수 있다. 그리고 이러한 것을 배우지 않고서는 진정으로 남의 행복에 마음을 쓸 수 없다고 한다. 프롬의 이론에서 익혀야 할 중요한 교훈은 우리 자신의 초기 경험이 남을 사랑하는 능력에 큰 영향을 미친다는 것이다. 사랑이 결여된 정서적으로 황폐한 환경에서 자란 사람들은 나중에 남들을 사랑하는 데 큰 어려움을 겪을 것이다. 우리는 먼저 남들(특히 일차적 양육자인 어머니로부터)로부터 사랑을 받고 자기 사랑하기를 충분히 연습·실행함으로써 훗날 타인을 사랑하는 법을 익히게 된다.

3. 중용은 四書의 하나로 禮記의 한 편이었으며, 孔子의 손자 子思가 지었다고 한다. 중국 고대 魯(노)나라의 학자인 자사의 이름은 伋(급)으로, 자사는 字이고 曾參(증삼)에게서 배웠다. 오늘날 전해지는 것은 禮記에 있는 中庸篇(중용편)이 宋(송)나라 때 단행본이 된 것이다.

4. 좌전은 중국 문명의 뿌리가 되는 춘추전국시대의 역사를 파악하는 데 빼놓을 수 없는 텍스트다. 중국 문명의 연수(淵藪)는 시대적으로 춘추전국시대이고, 중국 사상의 연원은 공자를 포함한 춘추전국시대의 제자백가(諸子百家)라 해도 과언이 아니다. 제자백가에 대한 이해의 출발점이 바로 당시의 인물 및 사건을 정확히 기록해놓은 좌전인 것이다. 우리나라의 춘추학은 좌전을 중심으로 시작되었다. 통일신라 때 신문왕이 세운 국학에도 좌전은 교과목의 하나였고, 독서삼품과가 설치된 뒤에는 상품과(上品科)의 고급과목으로 설정되었다.

제12장

직업과 자기관리

1 직업[42]

1) 직업과 나의 삶

직업은 나의 삶에서 어떠한 역할을 할까? 취업을 꿈꿀 때 우리가 흔히 염두에 두는 것은 돈과 시간이다. 분명히 직업을 통해 얻는 돈은 우리가 살아가는 데 있어 매우 중요하다. 우리는 그것으로 음식을 사고 옷을 산다. 그것은 살고 있는 집과 몰고 다니는 차, 휴가의 질과 같은 생활의 수준을 결정하는 데 한몫을 한다. 또한 직업은 우리가 시간을 어떻게 보내는가에 영향을 미친다. 우리 대부분은 어떤 직업에서 적어도 40여 년간 종사하게 되는데 주당 평

---

42) 전게서, 제11장을 정리 및 요약함.

균 40시간을 일한다고 해도 그것은 결국 우리가 직장에서 80,000시
간 이상을 보낸다는 의미이다. 이것은 매우 긴 시간이며 이것만 보
더라도 우리가 직업에 주의를 기울일 이유가 충분하다고 하겠다.
또한 직업은 우리가 어디서 살지를 결정한다. 직업을 택함에 따라
우리는 고향을 떠나 생면부지의 대도시로 이사하기도 하고 친지와
헤어져 작은 마을로 가야 하는 경우도 있다. 심지어 가족과 헤어
져 해외로 떠나가야 하는 경우마저 있다.

또한 직업은 우리의 일상적 행위의 절차에 영향을 미친다. 가령
일주일에 5, 6일은 출근한다거나 9시에 출근해서 5시에 퇴근해야
하는 직업이 있는가 하면 야근을 해야 하는 경우도 있다. 일단 직
업이 정해지면 데이트나 쇼핑 등은 일하는 시간 이외에 해야 한다.
직업은 우리가 주로 어떤 사람들과 접촉할지와 어떤 이들과 친구
가 될지를 결정할 것이다. 이미 앞에서 보았듯이 '물리적 근접성'
과 '유사성'은 대인간 매력을 결정하는 중요한 두 요인이다. 즉,
직업은 장차 우리가 누구와 접촉할지를 결정하며 흥미와 경험이
유사한 친구들을 만날 가능성을 증대시킨다.

2) 우리는 왜 일하나?

직업이 우리의 삶에 그토록 큰 영향을 미친다면 우리가 직업을
갖기 위해 많은 노력을 경주하는 이유는 무엇일까? 우선 쉽게 떠
오르는 것은 돈 때문이다. 우리는 사는 데 필요한 돈을 벌기 위해

일한다. 이것은 분명한 사실이지만 그것만으로는 충분한 답이 되지 못한다. 한 연구에서 20억이 생기면 무엇을 하겠느냐고 근로자들에게 물어보았다. 그 중 직업을 바꾸겠다고 한 사람들도 있었지만 거의 대부분의 사람들은 여전히 계속 일하겠다고 하였다. 이와 같이 돈은 우리가 일하는 이유 중 하나일 뿐이며 그 이외의 여러 중요한 심리적·사회적 이유들이 있다. 그것은 무엇일까?

(1) 독립 욕구의 충족

직업(또는 일)은 우리의 독립 욕구를 충족시킨다. 직업을 갖고 수입이 있음으로 해서 우리는 부모로부터 독립을 쟁취할 수 있다. 그것을 통해 우리는 자신을 부양하고 혼자만의 거처를 마련하며 원한다면 결혼을 하여 가정을 꾸려 갈 수도 있다. 이러한 독립은 곧 자유를 뜻한다. 직업을 가짐으로써 우리는 수입의 한도 내에서 여러 가지를 선택할 수 있게 된다.

(2) 자기 정체성의 확립

직업은 자기 정체성의 한 부분이다. 가족과 고향, 출신 학교 등처럼 내 직업은 나를 다른 사람과 구분 짓게 하는 특성이 되며 내가 누군지를 정의하는 데 도움을 준다. 사람들은 자신을 자신의 직업과 동일시하는 경향이 있다. 심지어 남들에게 내세울 직업이 없을 때는 자신이 아무것도 아닌 것처럼 느끼는 경우마저 있다. 무슨 일을 하느냐는 질문에 "집에서 노는 데요", "백수 클럽 회원인데요" 라고 말하는 사람들은 자신의 정체를 불분명하게 느낀다는 것을 고

백하는 것이다. 사실상 어떤 이들은 그들이 원하는 정체성에 따라 직업을 택한다. 가령 억세고 강하게 보이고 싶은 사람은 트럭 운전사나 운동선수와 같이 그 이미지에 부합되는 직업을 택할 수도 있다.

(3) 자존심의 획득

직업은 우리에게 자존감을 갖도록 도와준다. 일을 하면서 자신의 능력과 실력을 발휘할 때 우리는 자신이 유능하다고 느끼게 되고 이에 따라 자존심이 고양된다. 특히 남들이 가치 있게 보는 일을 할 때 성취감은 더욱 높아지며 그것은 우리에게 자부심과 긍지를 갖게 한다.

(4) 자아실현과 성취 욕구의 충족

사람들은 잠재력을 계발하고 능력을 창조적인 방식으로 사용할 때 자아실현감을 느낀다. 많은 경우에 직업은 우리의 능력과 기술을 발휘하고 최선을 다하며 그것을 보다 새롭고 창조적인 방식으로 사용해 볼 기회를 준다. 일을 통하여 우리는 성취 욕구를 만족시킬 수 있다. 성취 욕구는 인간의 기본적인 욕구 중 하나이다. 하루 종일 종이접기와 블록쌓기를 하던 어린 시절부터 어른이 되어서까지 우리 인간은 무엇인가를 이루고 생산하는 데서 깊은 만족감을 느끼게 된다.

(5) 사회적 인정의 획득

직업은 사람들에게서 인정받고 싶은 욕구를 채워 준다. 실직이나 퇴직 등으로 직업을 잃게 된 사람들은 경제적 타격 못지않게 사회적 지위의 상실이라는 매우 큰 스트레스를 경험한다. 승진이 그렇게 중요한 것도 경제적 이득뿐만 아니라 사회적 지위가 높아지고 사람들에게 능력을 인정받는 다는 사실 때문일 것이다.

이상과 같이 일이 신체적 생존에 있어 매우 중요하다고 하더라도 우리는 음식과 의복과 거처를 마련하는 것 이상의 다른 욕구를 만족시키기 위해 일한다. 이 점을 염두에 둘 때 우리는 일을 다음과 같이 정의할 수 있을 것이다. 일은 개인적 성취감을 주는 동시에 사회에 기여하게 하는 어떤 훈련된 활동이다. 직업이나 직무는 우리가 택한 일의 구체적인 형태이다.

3) 직업을 선택하기까지

(1) 직업 선택의 발달 과정

대학에 입학할 무렵 여러분은 멀미가 날 정도로 "너 이담에 뭐 할 거니?" 라는 질문을 받는다. 이것은 아기들이 말할 수 있을 무렵부터 늘 들어 온 질문이지만 여러분이야말로 이제는 정말로 그 답을 진지하게 생각해 보아야 할 시점에 이르게 되었다. 예전에는 직업의 선택이 대부분의 사람들에게 있어 어려운 질문이 아니었다. 아들은 아버지가 하시는 일이나 대대로 이어 온 가업을 물려받으면 족했으니까.

또한 여성에게는 거의 선택의 여지가 없었다. 때가 되면 결혼해서 자녀를 키우고 살림을 하면 그만이었다. 물론 지금도 부모의 직업을 원하는 청년이 있기는 하지만 예전처럼 흔하지는 않다. 오늘날처럼 복잡다단하고 변화가 빠른 사회에서 직업을 선택하는 자유는 혼란스럽고 두려울지도 모른다. 직업의 선택이 하룻밤 사이에 이루어지지는 않는다. 연구에 따르면 우리는 아동 초기와 같이 매우 어릴 때부터 장차 직업을 선택할 초석을 마련하기 시작한다.

(2) 올바른 직업 선택에 도움을 주는 것

직업의 종류는 나날이 변하고 있다. 예전에는 듣도 보도 못하던 신종 직업이 생겨나는 한편 시류에 맞지 않는 직업은 퇴장하고 있다. 이 무수한 가능성 속에서 우리는 어떻게 올바른 선택을 할 것인가? 결정을 내릴 때 우리는 이용할 수 있는 도움을 살
펴보기 전에 우선 몇몇 중요한 점을 짚어 보아야만 한다.

첫째, 우리 누구에게도 안성맞춤의 유일한 직업이란 없다. 많은 다른 직업이 우리의 욕구를 각각 충족시킬 수 있다. 목표는 우리를 행복하게 할 어떤 직업을 찾는 것이지 특정한 직업 하나만을 찾는 것이 아니다.

둘째, 우리가 성장함에 따라 우리의 욕구와 소망도 더불어 변한다. 20대에 택했던 직업이 40대에 이르렀을 때는 욕구를 충족시키지 못할지도 모른다.

그러므로 일생 동안 직업에 대해 결정해야 할 수 있음을 깨달아
야 한다. 번복할 수 없는 절대적인 결정은 드물기 때문이다. 그러
나 첫 번째 직업에 대한 결정은 매우 중요한 것이다. 왜냐하면 그
것은 일생 동안 내릴 결정의 기초 노릇을 하기 때문이다.

가. 상담자와 심리검사

많은 고등학교, 전문대학, 종합대학에서는 직업상담 선생님이 있
다. 이 선생님들은 학생이 직업을 선택하도록 도와주는 분들이다.
이들은 심리검사와 상담 경험을 통해 당신의 흥미와 관심, 태도,
능력 등을 확인하는 한편 그것과 어울리는 여러 가지 직업을 함께
살펴 준다. 재학 중에 학생생활연구소에서 검사를 받아 자신의 특
성을 파악해 두면 도움이 될 것이다.

흔히 상담가들은 능력과 흥미를 확인하기 위해 심리검사를 실시
한다. 이러한 목적을 위한 심리검사에는 적성 및 성격검사 등이
있다. 일반 적성검사에는 언어 추리와 기계 추리, 수리력, 공간 지
각력, 어휘력, 지각 속도, 수공 능력 등을 측정한다. 성격검사는 정
신건강의 정도를 측정하는 부분과 일반적 성격 특성 즉, 사회성과
리더십, 사려성, 책임감 등을 확인하는 부분으로 구성되어 있다.

나. 부 모

부모는 직업을 택하려 할 때 가장 요긴한 도움을 줄 수 있는 존
재인 동시에 다른 한편으로는 최대의 걸림돌이 되기도 한다. 직업
을 택하는 데 수반되는 불안과 불확신감을 잘 이해하는 부모는 자
녀에게 지지적인 환경을 마련해 줄 것이다. 이들은 자녀의 갈등과

고민을 잘 듣고 자신의 의견을 말해 준다. 여러 직업에 종사하는 이들과 만날 기회를 마련해 준다. 또한 성급하고 무지한 결정을 내리지 않도록 막아 준다. 그러나 불행히도 어떤 부모들은 자녀가 직업을 택하는 데 도움이 되기는커녕 장애가 된다.

이들은 직업에 대한 고정관념이 강하고 내 아이만은 최고의 직업을 가져야 한다고 느낀다. 이들은 자기의 가치를 자녀에게 강요하면서 자녀가 독자적으로 선택할 수 있는 독립성을 인정하지 않는다. 이들은 지나친 염려와 관심으로 자녀를 간섭하고 내 자식은 적어도 나보다는 나은 삶을 살기를 바란다. 한편 자신이 이루지 못한 꿈을 자식이 반드시 이루어야 한다고 고집하는 딱한 부모들도 있다. 법관이 되려다가 실패한 아버지나, 전문직을 갖고 싶었으나 육아와 살림에 묶인 어머니는 자신이 좌절했던 바로 그 길로 자녀가 가주기를 원한다.

그러나 자녀가 이것을 원치 않는 경우 부모의 일방적인 강요는 심각한 문제를 야기할 수도 있다. 다시 말하면 부모들은 자녀가 독립적으로 선택할 자유를 존중하면서 슬며시 도와주는 것이 현명한 처신이라 하겠다.

다. 실습과 방학 중 직업 맛보기

'경험이 최고의 스승'이라는 옛말이 있다. 다양한 직업을 더 많이 경험할수록 직업 선택 시 당신은 보다 현명한 결정을 내릴 수 있을 것이다. 방학 중의 임시직이나 자원 봉사, 실습 등은 본격적

으로 직업을 선택하기 전에 특정한 직업을 직접 경험할 수 있는
좋은 기회이다. 많은 대학에서는 학생들에게 실습을 할 수 있는
회사나 단체를 주선해 주고 있다.

경찰서와 법정, 병원, 법률 사무소, 일반 회사, 농장 등지에서 실
습할 수 있을 것이다. 이러한 경험을 통해 여러분들은 그 직업에
대해 더 구체적으로 알 수 있고 경우에 따라서는 어떤 과목에서
학점을 이수할 수 있을 것이다. 또한 이러한 경험을 각종 심리검
사와 부모, 각 직업분야의 상담교사와의 대화 등과 더불어 고려한
다면 당신은 한층 더 현명한 결정을 할 수 있을 것이다.

4) 진로 선택

'나를 알고 적을 알면 어떤 전투에서도 패하지 않는다'는 말은 취
업 준비에서도 사실이다. 창의적이고 현실적인 목표 설정은 우리에
게 생동감을 줄 뿐 아니라 자신이 지금 그리고 현재를 더 잘 이해
하도록 도와준다. 잠시 멈추어 생각해보자. 당신은 앞으로 5년 후나
10년 후, 20년 후, 30년 후에 어디에 그리고 어떠한 모습으로 있기
를 바라는가? 이것은 매우 막연히 질문처럼 여겨질지도 모르겠다.
그러나 당신이 지금 이 순간의 소망과 계획은 당신의 행동에 큰 영
향을 미치며 장차 당신이 원하는 어떤 모습으로 이끌어 주는 원동
력이 될 수 있을 것이다. 매우 막연해 보일지라도 미래의 장기적 목
표를 설정하고 나면 그것을 보다 단기적인 목적으로 또한 소목적으

로 그리고 아주 세세하고 구체적인 목적으로 이끌어 낼 수 있다.

(1) 목표의 설정

우리가 목표를 설정할 때 염두에 두어야 할 사항은 다음과 같다. 하나하나 짚어 보기로 하자.

첫째, 내가 설정하려는 목표가 정말로 나의 것인지를 검토해야 한다. 그것이 허영심이나 부모님 아니 애인, 친구의 소망이 아닌지를 헤아려 보아야 한다.

둘째, 목표는 구체적이며 시간을 고려해야 한다. 가령 "살 좀 빼야지"나 "운동 좀 해야지"보다는 "체중을 6개월 내에 4kg 빼야지"라든가 "하루에 줄넘기를 100번 해야지"가 더 실천하기 좋은 목표이다.

셋째, 목표는 현실적이고 성취 가능 한 것이어야 한다. 가령, 한 정거장도 꼭 차를 타고 가는 습관이 있는 석기가 새해 첫날부터 갑자기 "하루에 두 시간씩 조깅을 해야지"하는 목표를 세운다면 그것은 이튿날부터 잊혀질 것이다.

넷째, 목표는 가능한 한 명료하고 단순한 형태로 써 보라.

다섯째, 목표는 측정이나 관찰, 기록할 수 있는 것으로 하라. 가령 "현대인의 자기관리 중간시험은 잘 못 봤지만 기말시험에서는 최선을 다하여 A를 받고, 어려운 전공과목 중의 하나인 인적자원관리는 B + 이상 받아야지"가 더 좋은 목표이다. 이에 따라 구체적인 계획을 세우고 실천하면 스스로 진행 상황을 점검하여 감독할 수 있기 때문이다.

마지막으로 설정한 목표를 얼마나 달성하였는지 평가하고 그렇지 못할 때는 이유를 헤아려 보아야 한다. 그리하여 목표를 재설정하거나 구체적인 실천 사항을 바꾸는 노력이 필요하다. 목표의 성취는 긍정적인 자아개념을 갖게 해 준다.

5) 직장 생활에 대한 준비

여러분이 직장 생활에서 성공적으로 적응하기 위해 젊은 시절 지금 그리고 현재에 미리 다져 두어야 할 것은 무엇일까? 직업의 종류와 내용이 매우 다양하여 일률적인 목표를 정하기는 힘들겠지만 우리의 사회 분위기를 고려할 때 다음과 같은 몇 가지 항목이 중요한 것 같다.

과로를 이기기 위한 체력과 건강, 원만한 대인관계를 맺는 능력, 직무 능력, 올바른 삶의 가치관 등 이러한 것들은 하루아침에 얻을 수 있는 것이 아니라 젊을 때부터 꾸준히 키워 가야 한다.

(1) 건강한 생활 습관

젊고 건강한 사람들에게 체력이니 건강이니 하는 말은 다소 우습게 들릴지도 모르지만 한국의 40대 남성의 사망률이 세계 최고라는 현실에서 건강한 생활 습관을 다져서 체력을 확보하는 일은 그 무엇보다도 중요하고 시급한 일이다. 몸과 마음이 건강하고 일이 즐거우면 짧은 시간에도 최고의 능률을 올릴 수 있으므로 스트레스에 잘 대처하려면 건강이 필수적이다.

그러므로 우리는 스트레스대응력과 건강을 증진시켜야 한다. 젊을 때 건강을 소홀히 하기가 쉬운 것은 무분별한 생활 습관의 영향이 당장에는 나타나지 않다가 몇 년 후에야 나타나기 쉽기 때문이다. 잔소리처럼 들릴지 모르지만 규칙적인 생활 리듬 (식사, 수면, 배변, 운동) 을 유지하는 동시에 가능한 한 지나친 흡연과 음주, 과로 등을 피하는 것이 건강을 유지하는 기초가 될 것이다.

(2) 대인관계를 맺는 기술

한국 사회처럼 많은 것들이 소위 '인간적'으로 이루어지는 곳에서 대인 관계에 미숙하다는 것은 사회생활에 치명적인 영향을 미치기 쉽다. 남들과 어울리지 못하면 업무 파악과 수행에 필요한 많은 정보를 놓치게 된다. 가능한 한 사람들에게 호감을 줄 수 있어야 하며 적어도 나쁜 감정을 주지 않도록 하고, 자기 뜻을 분명히 전달하며, 상대방의 말을 정확하게 알아듣는 대화 능력 등이 있어야 한다.

(3) 직무 능력 쌓기

직종마다 필요한 기술과 능력은 다를 수 있겠지만 공통되는 기본적인 능력이 있다. 그 중 몇 가지를 짚어 보기로 하자.

첫째는 자신의 의사를 표현하고 전달하는 능력이다. 여러분은 논술고사와 면접시험, 각종 입사시험, 보고서 작성, 업무 보고, 의견 개진 등에서 자신의 생각과 느낌을 명료하게 표현할 수 있는 힘을 기르도록 애써야 한다.

이와 더불어 외국어 실력도 키워두는 것이 좋다. 손쉽게는 신문 읽기부터 폭넓은 독서, 전공에 대한 관심 등을 통해 여러분은 직장 생활을 할 때 의외의 도움을 받을 수 있을 것이다.

(4) 올바른 가치관

우리 사회의 젊은이들은 어릴 때부터 경쟁 사회에서 성장해 왔다. 일등은 한 명 밖에 할 수 없는 데도 많은 부모들은 자녀가 일등하기를 요구하고 있으며 자녀가 무엇을 하든 남들을 이기기를 바라고 있다. 지나친 경쟁이란 이겨도 불안하고 지면 자존심이 상하며 친구들과 친밀한 관계를 맺기 어렵게 한다. 경쟁에서 이기는 사람은 항상 소수이고 지는 사람은 대다수인데 패배했다고 좌절하는 사람이 많을수록 사회는 불안하게 마련이다.

삶이라는 전쟁터에서 남을 밟고라도 반드시 이겨야 한다는 가치관은 사실상 사회생활에 별로 도움이 되지 않으며 자신의 건강도 해치게 만든다. 그 한 예를 보면 명수의 강한 승부욕은 처음에는 출세에 도움이 될지 모르지만 남들에게 경계의 대상이 되고 소외 당하게 되며 장기적으로 볼 때 출세에 유해한 영향을 미치기 쉽다. 따라서 실력을 발휘하여 출세가도를 달리는 것 못지않게 협동정신,

동료를 배려하는 마음이 있어야 나날의 생활이 즐거울 뿐만 아니라 성공에도 도움이 되는 것이다.

우리 사회에서 직장인, 특히 남자들이 성공과 출세라는 사회적 압력에서 벗어난다는 것은 쉬운 일이 아닐 것이다. 왜냐하면 이는 매우 어릴 때부터 주입되는 소리 없는 사회적 원칙과 같기 때문이다. 그러나 취업을 꿈꾸는 젊은 여러분은 사회적 성공보다 더 중요한 것이 무엇인지를 한번 꼽아 볼 필요가 있다. 가령 나와 내 가족의 건강과 행복은 사회적 성공보다 덜 중요한가? 우정 가꾸기는 사회적 성공보다 덜 중요한가? 사랑을 키우는 일은 사회적 성공보다 덜 중요한가?

또한 우리 사회에 만연된 동조주의, 즉 '남이 저렇게 하니까 나도 저렇게 해야지'라는 삶의 태도를 비판적으로 볼 필요가 있다. 이러한 타인지향성이 맹목적인 수준에까지 이르면 인생에서 만족하는 순간이 거의 없게 된다. 나보다 잘나고 잘 살고 높은 사람은 언제나 있게 마련이므로, 우리가 남들을 의식하지 않고 살 수는 없지만 반드시 그들과 똑같아져야 할 필요는 없는 것이다. 계속 자신을 남들과 비교하기보다는 '나답게 산다'는 태도를 통해 만족스러운 삶을 누릴 수 있다.

6) 직업에 따른 스트레스와 위기

(1) 작업 조건에서 받을 수 있는 스트레스

우리가 직장에서 받을 수 있는 스트레스를 크게 세 가지로 나누어 생각해 보자.

첫째, 우리는 몸이 있는 생체이므로 적절한 생리적 동기가 충족되어야 한다. 이 조건이 충족되지 않을 때 우리는 스트레스를 받을 수 있다. 가령 너무 추운 작업 조건, 즉 실외에서 일하는 직업이나 정비사, 전봇대 수리, 외근이 많은 직업 등에서는 주의가 분산되고 멍해지고 반응 시간이 느려진다. 온도가 너무 높은 작업 조건 역시 주의를 분산시킴으로써 수행 수준을 낮추고 짜증 나게 하고 동료에 대한 공격성을 증가시킨다.

둘째, 피로와 권태는 직장에서 느낄 수 있는 스트레스의 원천이다. 업무량이 폭주하거나 단조로운 일을 할 때 우리는 피로와 권태를 느끼고 신체적, 정신적, 정서적 기능이 저하된다. 과밀집, 고립, 소음, 예기치 않거나 어려운 작업 계획, 애매한 작업 과제 등도 스트레스를 유발할 수 있는 요인이다. 또한 스트레스는 수행 수준을 감소시킬 뿐만 아니라 산업재해를 초래할 수도 있다.

셋째, 우리는 사회적 동물이므로 동료들이나 상관, 후배, 부하 직원 등과의 인간관계 속에서 여러 가지 스트레스를 받을 수 있다.

특히 대인관계에 미숙하여 집단생활에 적응하지 못하는 경우 이 문제는 한층 더 심각해진다. 더구나 우리 사회처럼 일터 이외의 곳, 즉 회식 장소나 술자리 등에서 일에 대한 정보를 들어야 하는 경우, 소위 파티 분위기에 익숙하지 못하는 이들은 익숙한 이들에 비해 상대적으로 더 많은 스트레스를 경험할 수 있다.

(2) 직업에 따른 위기

가. 직업의 전환

우리가 살면서 겪게 되는 그 어떠한 변화도 우리에게 스트레스를 준다. 직업의 전환처럼 극적인 변화는 환영할 만한 것일지라도 스트레스가 크다. 지업의 전환은 단지 하는 일의 유형이 바뀌는 것만이 아니다. 그것은 일상적 잡무, 친구, 지인, 재정 조건에도 변화가 있음을 의미한다. 그러나 스트레스가 내포되어 있음에도 직업의 전환은 긍정적인 결과를 갖고 있다. 즉 우리는 기술을 개발하고 드러낼 새로운 기회를 갖게 된다. 새로운 직업에 대한 적응은 매우 긍정적인 경험일 수 있다.

인간의 발달 과정 전반을 살펴볼 때 직업의 전환은 실제로 일어나는 것보다 많이 일어나야 할 듯하다. 사람들은 대부분의 경우 20대에 취업하는데 20대의 욕구나 소망은 40대의 것과는 매우 다르다. 그렇다면 오히려 사람들이 직업을 전환하지 않는 것이 오히려 이상할 지경이다. 사람들은 왜 한 가지 직업만을 고집할까?

첫째, 직업을 전환하는 것은 내리기 어려운 결정인 것 같다. 잘 알고 익숙한 직업에 안주하는 것은 그 직업이 만족스럽지는 않다고 하더라도 적어도 우리에게 안전감을 준다.

둘째, 우리들은 자신이 택한 일이나 회사에 많이 관여하게 되며 그것에 일치되는 행동이나 태도를 갖게 된다. 인지불균형 이론에 따르면 사람들은 자신이 일관성 있고 합리적으로 행동하는 사람이라고 생각하고 싶어 한다고 한다. 많은 사람들에게 있어 직업을 전환하려는 결정은 자신의 직업 선택이 잘못됐다는 것을 인정하는 과정에서 인지불균형을 일으킨다.

나. 탈 진

특히 함께 일하는 동료들이나 주로 사람들을 대하는 직업에서 지나치게 과로할 때 근로자들은 그들에 대한 이해심을 잃어버린 채 탈진하여 냉소적일 때가 있다. 이것은 번 아웃이라 한다. 번 아웃을 경험하는 근로자는 지치고 우울해져 짜증이 난다. 이들은 여러 가지 심신성 증후군 즉, 두통, 위궤양, 구역질 등을 경험할지도 모른다. 번 아웃은 특히 교사, 사회사업가, 의사, 간호원, 상담심리학자, 인사 관리자 등과 같이 남을 돕는 직업을 가진 이들에게 많이 발생한다.

다. 실 직

실직은 많은 변화를 초래한다. 우선 수입이 없어지므로 생활 방식이 크게 바뀌게 된다. 의식주의 어려움, 외식이나 여행·쇼핑을 참아야 한다.

1) 노자의 명언43)

노자는 老子 死後에 지어졌으며, 상편인 道經(1장~37장)과 하편인 德經(38장~81장)을 합쳐 道德經이라고도 하며 총 5,200여 자로 된 운문체의 글이다. 노자는 春秋時代 哲學者로 성은 李요 이름은 耳, 자는 佰陽으로 道家의 始祖이며, 無爲自然을 주장하였다. 노자가 주나라의 쇠퇴를 한탄하고 은퇴할 것을 결심한 후 西方으로 떠나는 도중 관문지기의 요청으로 상하 2편의 책을 써 주었다고 한다. 이것을 노자라고 하며 道德經이라고도 하는데, 도가사상의 효시로 일컬어진다.

그는 중국 고대의 철학자이며 道家의 창시자로 老聃이라고도 한다. 楚나라 苦縣(현 河南省 鹿邑縣)에서 출생하여 春秋時代 말기 周에서 藏書室을 관리하던 守藏室史를 하였다. 공자(BC 552~BC 479)가 젊었을 때 洛陽으로 노자를 찾아가 禮에 관한 가르침을 받았다는 이야기도 전해진다. 그러나 이 전기에는 의문이 많아, 노자의 생존을 공자보다 100년 후로 보는 설이 있는가 하면, 그 실재 자체를 부정하는 설도 있다.

---

43) 전개서, pp 205 - 220 중에서 발췌하고 그 해설을 추가함.

최고의 선은 물과 같다. 물은 만물을 아주 이롭게 해주면서도
다투지 않고 대중이 싫어하는 곳에 머무른다. 그러므로 도에 가깝
다.

해설) 현대의 리더는 자연을 본받아야 합니다. 부하나 동료들을 말없
이 조용히 도와주고 자신은 이를 내세우거나 받으려고 하지
않아야 합니다.

가지고 있으면서도 그것을 더 채우는 것은 그만두는 것만 못하
고, 다듬으면서 그것을 날카롭게 하면 오래 보존할 수 없다. 금과
옥이 집에 가득 차도 그것을 지킬 수 없고, 부귀하되 교만하면 스
스로 그 허물을 남기게 되니, 공이 이루어지면 자신은 물러나는
것이 하늘의 도이다.

해설) 영웅이 욕심을 부리고 마음에 복수의 칼을 갈면 오래가지 못합
니다. 또한 부자가 재물이 많을수록 도둑이 잘 들고 교만할수
록 불명예를 얻게 됩니다. 따라서 영웅이나 부자든 때가 되면
물러나서 자신을 잘 지켜야 합니다.

말이 적은 것이 자연스러운 것이다. 그러므로 거센 바람은 아침
을 넘기지 못하고, 소나기는 하루를 마치지 못한다.

해설) 관리자가 세세히 참견을 하고 잔소리를 하게 되면 부하들의 의
욕을 꺾게 됩니다. 폭풍우 한때 소나기 한번으로 충분합니다.

발돋움하는 자는 제대로 서 있지 못하고, 다리 벌린 자는 멀리
가지 못한다. 스스로 드러내는 자는 밝지 못하고, 스스로 옳다고

하는 자는 드러나지 않고, 스스로 자랑하는 자는 공이 없으며, 스스로 뽐내는 자는 오래가지 못한다.

해설) 선비가 자신을 과장하고 스스로를 밝히며, 옳다고 주장하고, 자기 자랑을 하며 스스로를 뽐낸다면 일가를 이루기 어렵습니다.

부드러운 것이 굳센 것을 이기고, 약한 것이 강한 것을 이긴다.

해설) 영웅은 자연을 본받아야 합니다. 물처럼 부드럽고 약할수록 굳고 강한 것을 물리칠 수 있습니다.

밝은 도는 어두운 듯하며 앞으로 나아가는 도는 물러서는 듯하고, 큰 모는 모서리가 없으며, 큰 그릇은 늦게 이루어진다.

해설) 훌륭한 선비는 어둠으로서 주위를 밝게 하고 물러섬으로써 남을 나아가게 하며, 큰 것을 구상하여 모서리를 없애고, 많은 사람들을 위한 그릇을 만들기 위해 잘 준비 합니다.

너무 아끼면 반드시 크게 낭비하게 되고, 지나치게 쌓아 두면 반드시 많이 잃게 될 것이다. 만족을 알면 욕되지 않고, 그칠 줄 알면 위태롭지 않을 것이다.

해설) 부자가 너무 아끼고 검소하면 곡식이 썩게 되고 지나치게 많이 쌓을 수 록 벽이 갈라지고 무너지게 되니 때가 되면 주위에 나누어 주어 미리 예방할 수 있습니다.

학문을 하면 날마다 더해지고, 도를 행하면 날마다 덜어진다.

덜어내고 또 덜어내어 무위에 이르면 억지로 하지 않아도 되지 않은 것이 없게 된다.

해설) 노자는 학문은 인위적인 것이라 하여 자연을 훼손하는 것과 같다고 하였습니다. 따라서 학문을 많이 하는 선비일수록 도를 통하여 덜어내야 무위자연의 경지에 도달할 수 있습니다. 그렇게 되면 안 되는 일이 거의 없다는 것입니다.

나에게는 세 가지 보물이 있어 지니고 보존하고 있다. 첫 번째는 사랑이요 두 번째는 검소함이요, 세 번째는 감히 천하 앞에 나서지 않는 것이다. 사랑함으로써 용감할 수 있고 검소함으로써 넉넉할 수 있으며, 감히 천하 앞에 나서지 않음으로 그릇을 이루는 우두머리가 될 수 있다.

해설) 현대의 관리자에게 요구되는 자질을 말하는 것입니다. 먼저 부하와 동료들을 돌보고 보살피는 사랑입니다. 둘째는 넉넉지는 않지만 아껴 쓰는 검소함 입니다. 마지막으로는 준비되지 않은 채 나서고 드러내는 일을 삼가는 것입니다,

알고도 알지 못하는 체하는 것이 최상이요, 알지 못하면서 아는 체하는 병이다. 대저 오직 병을 병으로 여긴다. 그러므로 병들지 않는다.

해설) 선비가 알지 못하면서 아는 체 하면 그것이 자신의 병이 되므로 알고도 모르는 체하는 것을 최고로 삼아야 합니다.

믿음직한 말은 아름답지 않고, 아름다운 말은 믿음직하지 않다.

착한 이는 말을 잘 못하고, 말 잘하는 이는 착하지 않다. 지혜로
운 자는 박식하지 않고, 박식한 이는 지혜롭지 않다.

　해설) 영웅은 말이 아름답지 않아도 믿음직하고 착하나 말을 잘 못하
　　　며, 박식하지 않아도 지혜로운 법입니다.

3　경력개발을 위한 자기관리(3)

1) 인생을 바꾸는 메모의 힘44)

　일 잘하는 사람은 메모기술에 뛰어난 경우가 많다. 그렇다면 그
런 기술은 어떻게 배우는 것일까? 시중에는 메모에 관한 여러 종
류의 책들이 나와 잇는데 그 내용을 살펴보면 결론은 한결같다.
체험보다 더 뛰어난 메모의 기술은 없다는 것이다. 하루에도 수십
건의 메모를 하고, 다시 그 메모를 버리고 지우는 과정을 되풀이
하면서 자신만의 방법이 체득되는 것이다.

　두뇌를 창의적으로 활용하는 가장 확실한 방법은 메모를 습관화
하는 것이다. 메모는 두뇌가 부담하는 일의 일부분을 종이에 위임
하는 것이고, 이는 잊어버리지 않기 위해서가 아니라 기록한 다음
잊어버리기 위해서 더욱 필요하다. 번뜩이는 아이디어를 제대로 메
모하고 활용한다면 새로운 지식과 가치를 창조해 낼 수 있고, 이

---

44) 전개서, pp.95～97.

를 통해 성공적인 인생의 목표를 향해 나아갈 수 있다.

그리고 메모에도 기술이 존재한다는 사실을 알아야 한다. 그것을 사카토 겐지는 [메모의 기술]이라는 책에서 일곱 가지로 간단히 정리해 놓았다.

가. 언제 어디서든 메모하라.
나. 주위 사람들을 관찰하라.
다. 기호와 암호를 활용하라.
라. 중요 사항은 한눈에 띄게 하라.
마. 메모하는 시간을 따로 마련하라.
바. 메모를 데이터베이스로 구축하라.
사. 메모를 재활용하라.

그런데 이보다 더 중요한 것이 있는데 메모한 뒤 그것을 덮어버리면 그 메모는 영원히 빛을 보지 못하는 낡은 종이로만 남게 된다는 점이다. 자신의 생각을 메모로 남겼다면 최소한 객관적으로 볼 수 있도록 정리해서 남겨두어야 한다. 그 자체가 데이터베이스이기 때문이다.

따라서 메모를 정리해 보관하는 방법은 매우 중요하다. 메모한 것들을 주제별로 찾아보기 쉽게 보관하는 등 세심한 관리가 필요하다. 그런 작업이 체계화되면 메모 보관함은 자신만의 백과사전이 된다. 그렇게만 된다면 메모는 당신에게 대단한 성취감을 주고 정서적으로도 큰 힘이 되어, 하고자 하는 창조적인 일의 밑거름이 될 수 있다.

1. 직업은 우리의 일상적 행위의 절차에 영향을 미친다. 가령 일주일에 5, 6일은 출근한다거나 9시에 출근해서 5시에 퇴근해야 하는 직업이 있는가 하면 야근을 해야 하는 경우도 있다. 일단 직업이 정해지면 데이트나 쇼핑 등은 일하는 시간 이외에 해야 한다. 직업은 우리가 주로 어떤 사람들과 접촉할지와 어떤 이들과 친구가 될지를 결정할 것이다. 이미 앞에서 보았듯이 '물리적 근접성'과 '유사성'은 대인간 매력을 결정하는 중요한 두 요인이다. 즉, 직업은 장차 우리가 누구와 접촉할지를 결정하며 흥미와 경험이 유사한 친구들을 만날 가능성을 증대시킨다.

2. 직장 생활에서 성공적으로 적응하기 위해 젊은 시절 지금 그리고 현재에 미리 다져 두어야 할 것은 무엇일까? 직업의 종류와 내용이 매우 다양하여 일률적인 목표를 정하기는 힘들겠지만 우리의 사회 분위기를 고려할 때 다음과 같은 몇 가지 항목이 중요한 것 같다. 과로를 이기기 위한 체력과 건강, 원만한 대인관계를 맺는 능력, 직무 능력, 올바른 삶의 가치관 등 이러한 것들은 하루아침에 얻을 수 있는 것이 아니라 젊을 때부터 꾸준히 키워 가야 한다.

3. 노자는 老子 死後에 지어졌으며, 상편인 道經(1장~37장)과 하편인 德經(38장~81장)을 합쳐 道德經이라고도 하며 총 5,200여 자로 된 운문체의 글이다. 노자는 春秋時代 哲學者로 성은 李요 이름은 耳, 자는 佰陽으로 道家의 始祖이며, 無爲自然을 주장하였다. 노자가 주나라의 쇠퇴를 한탄하고 은퇴할 것을 결심한 후 西方으로 떠나는 도중 관문지기의 요청으로 상하 2편의 책을 써 주었다고 한다. 이것을 노자라고 하며 道德經이라고도 하는데, 도가사상의 효시로 일컬어진다.

4. 메모에도 기술이 존재한다는 사실을 알아야 한다. 그것을 사카토 겐지는 [메모의 기술]이라는 책에서 일곱 가지로 간단히 정리해 놓았다.
   가. 언제 어디서든 메모하라.   나. 주위 사람들을 관찰하라.
   다. 기호와 암호를 활용하라.   라. 중요 사항은 한눈에 띄게 하라.
   마. 메모하는 시간을 따로 마련하라. 바. 메모를 재활용하라.
   사. 메모를 데이터베이스로 구축하라.

제 13 장

죽음대비 교육과 자기관리(1)

1 죽음대비 교육(1)[45]

  죽음에 관한 연구는 우리 대부분이 언급하기를 매우 주저하고 금기시하는 주제이다. 게다가 한국인의 죽음에 대한 관념 및 태도는 흔히 가족의 범위를 벗어나면 부정적이고, 매우 거부적인 양상을 지녀 왔기 때문에 비교적 어렵게 진행되어 왔고 연구의 축적도 거의 되어 있지 않다. 그러나 죽음을 건강할 때 다루어 보는 것은 우리 모두에게 생의 한 부분으로서 죽음을 받아들이도록 이끌어 책임 있는 삶을 영위하도록 자극한다.

---

45) 전게서, pp.338~346 중에서 발췌하여 정리함.

죽음대비 교육을 받으면 급작스럽거나 예기치 않은 죽음을 다루고, 받아들임에 있어 불안이 상대적으로 낮으며, 죽음에 따르는 비탄의 감정들을 주변인이 건강하게 이겨낼 수 있도록 도와줄 수 있다. 언젠가는 죽음을 맞이하게 되는 우리 모두를 위해, 인간이 인간답게 죽을 수 있음을 가능케 하는 심리적 접근으로서의 죽음대비 교육의 실시는 삶을 보다 충실하게 이끄는 생존 교육의 한 부분이기도 하다.

1) 죽음이 두려운 이유

오늘날 우리들이 접하게 되는 갑작스런 죽음의 유형은 크게 3가지로 어린 시절의 죽음, 자살이나 협심증 또는 심근경색증으로 갑자기 사망하는 경우와 같은 예기치 않은 죽음, 그리고 교통사고, 범죄사고 등과 같은 비참한 죽음으로 나눠 볼 수 있다. 이의 대상은 나를 포함하여 연령과 관계없이 배우자, 자녀, 부모, 친척이나 친구 등 누구나가 될 수 있다.

즉, 현대 사회에서는 누구든 뜻하지 않은 죽음을 맞이하는 경우가 많아졌다. 따라서 죽음대비 교육은 노인이나 임종 환자를 포함한 평범한 남녀노소 모두에게 요망된다. 그럼에도 불구하고 우리 모두가 죽음을 두려워하는 이유는 무엇일까? 그것은 대부분 다음과 같은 여섯 가지의 이유 때문이다.

- 죽음은 산 사람에게는 미지의 세계이기 때문이다.
- 영원한 고독을 의미하기 때문이다.
- 가족, 친지와의 이별을 뜻하기 때문이다.
- 몸이라는 신체 기관이 상실되기 때문이다.
- 나는 어디로 가는가와 관련된 생각 때문이다.
- 고통스러움을 예상하기 때문이다.

2) 죽음과 발달 단계

퀴블러 로스는 죽음의 경험이 출생의 경험과 거의 동일하다고 보았다. 죽음은 다른 존재로 새롭게 탄생하는 것이라는 임상 경험을 쌓은 이후에 그녀가 내린 결론이다. 우리는 수천 년 동안 전해져 온 죽음 후의 세상에 관련된 일들을 그저 생각 없이 '믿게끔' 강요받거나 무조건 두려워해 왔다. 그러나 죽음 후의 세계에 대한 이해는 믿고 안 믿는 신념의 문제가 아니라 앎의 문제, 곧 지식의 문제이다.

연령에 관계없이 우리 모두는 가까웠던 사람들의 죽음에 깊은 영향을 받게 된다. 그러나 많은 부모나 주변 친지들은 특별히 죽음에 관해 이야기하는 것을 불편해한다. 따라서 우리는 슬픔을 경험하는 길을 보다 쉽게 이끌어 줄 책임 있는 전문가들을 필요로 하게 되었다.

(1) 피아제의 인지 발달 단계

피아제에 의하면 전조작기까지 아동의 인지 발달 수준은 제한되었기 때문에 죽음의 이해가 어렵다고 보았다.

- 전조작기(2세~7½세): 죽음에 관하여 자아중심적인 견해를 가지고 있고, 죽는 이유에 대하여 마술적인 사고나 환상을 갖고 있다.
- 구체적 조작기(7세½세~12세): 죽음에 관하여 좀 더 구체적으로 이해할 수 있게 된다. 이 시기 아동들은 어떤 행동이나 무기에 의해 죽을 수 있음을 알게 되고 죽음에 관해 세세한 면에까지 관심을 가질 수 있다.
- 형식적 조작기(12세 이후): 추상적인 방법으로 죽음을 개념화할 수 있고 죽음에 이르게 하는 과정에 관하여 논리적으로 생각하게 된다. 모든 사람은 죽는다는 것과 죽음이라고 하는 것은 돌이킬 수 없는 것이라는 것을 받아들이게 된다.

피아제 제자인 나기(Nagy)는 아동들이 갖는 죽음의 개념 발달 단계를 다음과 같이 연령별로 나누어 접근하였다.

♣ 1단계: 5세 이전 시기

이 시기의 아동들은 죽음을 일시적인 것이라고 생각하며 죽음이 돌이킬 수 없는 것이라는 사실을 부인한다. 죽음을 하나의 출발이나 잠으로 간주한다. 따라서 5세 이전의 아동들은 죽은 사람이 영

원히 갔다는 것을 인정할 수 없기 때문에 죽은 사람이 언제 돌아
오는지, 지금 어디에 있는지, 그 사람이 지금 어떻게 느끼는지를
물어보기도 한다.

♣ 2단계: 5~9세 시기

이 시기는 저승사자가 데려갔다고 생각하며, 죽음을 의인화하는
경향이 있다. 예를 들면, 그들은 죽음을 해골로, 요괴로, 살인자로
묘사한다. 이 시기의 아동들에게는 죽음이 비록 보이지 않는 실체
일 수 있으나, 그럼에도 불구하고 사람들을 데려가는 것으로 본다.

♣ 3단계: ~9세 이후 시기

죽음은 영원한 끝이라고 보는 성인과 유사한 죽음개념을 갖게
된다. 9세 이후 아동들은 죽음이 삶의 종지부를 찍는 것이라고 생
각하며 죽음은 신체작용의 불능과 관련이 있다는 것도 안다. 따라
서 이 시기의 아동들은 죽음을 돌이킬 수 없으며, 어쩔 수 없는
것이고, 몸의 생명이 끝난 것으로 받아들이게 된다.

죽음에 대한 아동들의 태도와 감정은 다양한 요소들을 반영한다.
특히, 아동의 인지 발달 수준과 죽음이나 분리의 경험이 그들의 반응
에 영향을 주게 된다. 비록 아동들이 어른들의 용어로 죽음을 이해할
만한 인지능력을 개발시키지 못했을지라도 그들은 나름대로 죽음이
란 것을 의식하게 된다. 이러한 의식은 어른들이 아동들에게 그들의
감정, 생각, 염려들을 나눌 수 있는 기회를 마련해야 함을 시사한다.

　물론 죽음은 아동의 인지 발달 수준에 따라 다르게 받아들여지고 이해하게 된다. 베르토이아와 알랜의 연구에 따르면, 6세 이전의 아동들은 죽음이 점차적인 것이며 늙은 사람들에게만 일어나고 돌이킬 수 있는 것으로 믿는다. 반면 6세에서 10세까지의 아동들은 죽음의 종결성과 보편성을 이해하게 된다. 따라서 이 시기의 아동을 위한 죽음 관련의 상담 내용에는 친척이나 친구의 갑작스런 죽음, 식구의 오랜 투병, 아동의 죽을 병, 자살과 애완동물의 죽음을 다룬 내용들이 마련되어지게 된다.

　죽음과 상실에 대한 아동들의 반응을 설명한 시걸의 연구에 따르면, 죽음이라는 비극적 사건이 있은 후 아동들은 그러한 사실을 부인하고, 죽음에 대해 책임을 느끼며, 죄책감을 갖게 되고, 죽음에 대해 분노를 내면화하거나 분출시키며, 위축되거나, 자기의 감정을 억누르고, 곧 다른 사람도 죽게 되지 않을까 하는 공포감에 사로잡히며, "엄마는 하늘나라에 계신다"와 같은 것을 통해 정신적인 위안을 찾는다.

　그 외에도 아동들은 죽음이라는 사실에 관하여 혼란스러워하고, 의존적이 되며, 정서적인 위안을 찾기 위하여 또래나 형제와 친밀한 관계를 유지하고 싶어 한다. 이때 아동들의 감정은 말로 나타나지 않으므로 성인들은 아동의 비언어적인 행동에 대해 잘 알고 있어야 한다.

(2) 에릭슨의 심리사회적 발달 단계

에릭슨의 심리사회적 발달 단계 중 마지막 단계인 65세 이후의 노년기에는 일반적으로 죽음을 앞두고 인생을 반추하는 과정을 통해 자신의 삶을 회고하면서 자아통합이나 절망감을 갖게 된다. 자아 통합감을 갖는 경우는 심리사회적 성장과 발달이 최고점에 이르는 것을 통해 인생의 진정한 의미를 발견하게 된다. 따라서 자신의 인생을 수용하고 죽음을 두려움 없이 직면하게 되는 능력을 나타낸다.

반면, 절망감을 갖는 경우는 이제껏 살아온 자신의 인생을 덧없이 낭비한 것으로 생각하고 타인을 원망하며 우울 경향을 짙게 나타내게 되고 죽음에 대해 억울한 생각을 가지게 된다.

3) 죽음대비 교육

연령과 관계없이 죽음을 대비시키는 교육의 실천은 독일, 미국의 경우 1960년, 70년경부터 활발하게 거론되기 시작하였다. 이들 나라에서의 죽음을 대비시키는 교육은 인격 도야의 필수 사항으로, 인생의 종말을 적극적으로 준비시키는 건강 교육으로, 예방의학적 접근의 교육으로 보았다.

실제로 죽음대비 교육은 다른 사람을 위한 것이 아니라 궁극적으로는 자신을 위한 것이다. 이제 우리나라도 학교에서 각 연령 수준에 적합한 죽음대비 교육을 마련하여 죽음을 스스로 깊게 생각해 보게 함으로써 인간 존엄과 생명 중시의 가치관을 평생교육의 일환으로 확산시켜 나가야 한다고 보겠다.

(1) 독일의 중·고등학교 죽음대비 교육 프로그램

독일에서는 중세부터 독일 교회를 통해 죽음을 주제로 한 설교를 해 왔다. 독일의 중등학교 죽음대비 교육 프로그램 내용을 살펴보면 다음과 같다.

- 죽음과 장례 – 사자매장에 대한 풍부한 역사적 자료, 문화와 종교에 따른 매장법과 묘지의 사진, 장례의 의미, 신문에 실리는 부고의 의미를 다룬다.
- 청소년의 자살 – 자살 사례, 자살의 원인과 동기, 자살 방지 상담소의 주소 및 전화번호를 다룬다.
- 인간다운 죽음 – 인공적인 연명, 안락사, 임종 환자의 태도, 임종 환자를 보살피는 자세를 다룬다.
- 생명의 위협 – 적절한 주의와 노력으로 위험을 피할 수 있는 가능성, 불가피한 죽음, 회피할 수 있는 죽음을 다룬다.
- 죽음의 해석 – 동서고금의 철학과 종교에서 보는 죽음의 의미, 사후 세계에 대한 탐구를 다룬다.

독일의 고등학교 죽음대비 교육 프로그램 내용은 다음과 같다.

- 인간의 성장, 노화, 죽음의 과정 강의 – 특히 이상과 현실 사이의 차이에서 오는 갈등에 중점을 둔다.

- 죽음을 보는 개인차, 의학, 철학, 심리학, 문학, 종교 등에서 접근하는 죽음의 해석을 다룬다: 퀴블러 로스의 죽음의 의미 등.
- AIDS 같은 질병에 감염되면 죽는다는 교육을 실시한다.
- 자살과 안락사 등의 문제를 다룬다.

(2) 미국의 죽음대비 교육 프로그램

미국에서의 죽음대비 교육 실시는 1960년대부터 시작되었고, 이는 유치원 시기부터 다음과 같은 다양한 목적을 갖고 교과목으로 다루어 왔다.

- 죽음이 발생하기 전에 미리 교육을 통해 접근시킨다. 유아기부터 실시하여 미래에 맞이할 노화를 올바르게 이해토록 이끄는 데 목적을 두고 있다.
- 죽어 가는 순간을 이해시키는 교육을 시킨다. 임종 환자 자신이나 가족에게 필요한 교육으로 임종 환자라도 아직은 고유한 삶의 한순간에 있으며 또한 죽어 가는 과정 자체가 의미 있는 것임을 인식시키는 데 목적을 두고 있다.
- 죽은 자의 유가족을 위한 교육을 시킨다. 절친한 사람과 사별한 이후에도 자신의 삶의 의미를 다시 발견하고 사회에 복귀하여 사회적인 유대를 계속할 수 있도록 돕는 데 목적을 두고 있다.

미국의 죽음대비 교육 프로그램의 교과 내용은 크게 3가지로 대별해 볼 수 있다.

가. 노화 과정의 생리적 변화를 식별하게 하는 내용

나. 죽음의 준비로 죽음의 직면 시 준비해야 하는 필수적인 것
　　들을 훈련시키는 내용
　　－호흡이 중지되는 기능적인 죽음과 뇌사를 구별하는 훈련
　　－장례식을 준비하는 일
　　－유언장을 쓰는 일

다. 퀴블러 로스의 죽음의 수용 단계와 그 양상을 자세히 다루
　　는 내용

(3) 한국의 죽음대비 교육 프로그램에서 다루어야 할 내용

- 노년기에 대한 포괄적 이해, 한국 인구의 구조, 현대화가 노
  인 사회에 미치는 영향, 노인에 대한 편견과 오해의 극복 방
  법, 노화 관련 이론
- 노인, 노화, 죽음의 개념 및 정의
- 죽음의 형태와 과정, 뇌사설과 호흡정지설
- 발달 단계별 죽음에 대한 태도 및 그에 관련된 요인
- 생명의 연장과 포기, 생의 의지, 안락사, 자살
- 임종간호, 유서 쓰기, 죽음과 법, 장기기증
- 장의사 초빙, 장례식, 전통 장례에 대한 선택, 한국인의 장례의
  식 및 전통적인 죽음의 해석, 죽음을 다룬 VTR 시청과 토론
- 슬픔과 애도, 슬픔의 단계, 배우자 사별 시 극복하는 방법,
  사회적 지지 집단의 탐색, 위안, 위로 편지, 전화, 방문, 홀로
  남은 자의 적응

2　莊子(장자)의 名言(명언)들

1) 장자의 명언46)

장자는 내편 7편, 외편 15편, 잡편 11편 등으로 구성되어 있으며, 그 중 내편은 비교적 오래된 것으로 대체로 장자 자신의 저술이라고 하나 외편과 잡편은 후대 사람이 편집한 것이라고 한다. 장자의 문학적인 發想은 寓言寓話로 엮어졌는데, 종횡무진한 상상과 표현으로 宇宙本體·根源, 物化現象 등을 설명하였고, 현실세계의 약삭빠른 知者를 경멸하기도 하였다.

장자는 이름이 周이며 戰國時代 蒙 사람으로 漆園(칠원. 국립도서관)의 관리로 있었다. 玄宗에게 南華眞人이라는 존칭을 받아 南華眞人이라고도 한다. 장자는 老子의 학문을 깊이 연구하였으며 그의 사상의 밑바탕에 동일한 흐름을 엿볼 수 있다.

물이 깊지 않으면 큰 배를 띄울 수 없다.

해설) 영웅이 큰일을 하려면 충분한 역량과 배포, 건강, 실력 등을 갖추지 않으면 안 됩니다.

만약 나와 그대가 논쟁을 벌여 그대가 나를 이기고 내가 그대를

---

46) 전게서, pp.223~251 중에서 발췌하고 그 해설을 추가함,

이기지 못했다면 그대가 과연 옳고 내가 과연 그른 것인가? 내가 그대를 이기고 그대가 나를 이기지 못했다면 내가 과연 옳고 그대가 과연 그른 것인가?

　해설) 선비가 사사로이 언쟁과 말싸움을 즐겨한다면 옳고 그름의 본질적인 사고에 혼란을 얻게 되기 때문에 이를 경계하지 않으면 안 된다는 것입니다.

안은 바르게 하면서도 밖은 굽힌다. (안은 마음, 밖은 행동이나 태도)

　해설) 관리자는 마음을 올바르게 가져야 하지만 인간관계에 있어서는 겸양의 처신을 하여야만 인정과 존경을 받을 수 있습니다.

거울이 맑으면 때가 머물지 않는다. 머무르면 맑지 않은 것이다.

　해설) 선비가 본심을 밝게 하여 마음이 맑으면 어떠한 부정함도 가까울 수 없습니다.

덕에 훌륭한 것이 있으면 신체에 잊는 것이 있다.

　해설) 선비가 모든 일에 덕을 쌓고 인으로서 실행을 한다면 그의 용모가 다소 흉하고 키가 작으며 몸이 뚱뚱하더라도 어떤 흠도 아니라는 것입니다.

물오리의 다리가 비록 짧더라도 그것을 이으면 근심할 것이요, 학의 다리가 비록 길더라도 그것을 끊으면 슬퍼할 것이다.

해설) 장자의 자연주의사상이 그대로 전해지는 글귀입니다. 물오리나
　　　학, 사람 모두 타고난 그대로의 속성으로서 자연스럽게 살아가야
　　　한다는 것입니다.

내가 말하는 총명함이란 밖의 것을 듣는 것을 말하는 것이 아니
라 자신을 듣는 것일 따름이다. 내가 말하는 밝음이란 밖의 것을
보는 것을 말하는 것이 아니라 자신을 보는 것일 따름이다.

해설) 영웅이 성공하려면 무엇보다 자신의 내면에서 들리는 소리를
　　　잘 들어야 하며 자신의 내면을 잘 볼 줄 알아야 한다는 것입
　　　니다.

한번 마음이 정해지면 만물이 따른다.

해설) 영웅이 오랜 기간에 걸쳐서 자신을 단련하고 경험을 통하여 깨
　　　달음을 얻지 않으면 중대한 결심을 하기 어렵다는 것입니다.
　　　이후 그것에 대한 책임을 생각하여야 합니다.

사물이 살아가는 것은 마치 말이 달리는 것과 같아서, 어느 움
직임도 변화하지 않는 것이 없으며, 어느 때라도 흘러가지 않은
적이 없다.

해설) 관리자는 주위 환경의 변화와 움직임을 예의 주시하여 그에 따
　　　른 방안을 강구하지 않으면 안 됩니다.

소와 말이 네 발이 있는 것, 이것을 자연이라 하고, 말의 머리
에 굴레를 씌우고, 소의 코를 뚫는 것, 이것을 인위라 한다. 그러

므로 '인으로 천을 멸하게 해서는 안 된다'고 하는 것이다.

> 해설) 노자의 무위자연을 바탕으로 자연의 귀중함을 말하고 있습니다. 문명은 하나의 인위로서 자연을 파괴하지 않아야 한다는 것입니다.

기는 노래기를 부러워하며 노래기는 뱀을 부러워하고, 뱀은 바람을 부러워하며, 바람은 눈을 부러워하고, 눈은 마음을 부러워한다.

> 해설) 선비가 부자를 부러워하고 부자가 높은 벼슬을 부러워하듯이 각자 현재 그대로를 인정하고 본성대로 살아가야 한다는 것을 말하고 있습니다.

주머니가 작은 것은 큰 것을 담을 수 없고, 두레박줄이 짧은 것은 깊은 물을 길을 수 없다.

> 해설) 관리자가 역량이 부족하면 더 큰 일을 할 수 없고 더 많은 부하를 통솔하기 어렵습니다.

물고기는 물에 있으면 살지만, 사람은 물에 있으면 죽는다.

> 해설) 선비가 장사꾼을 따라가 일을 배우기가 어렵고 장사꾼이 어느 날 갑자기 선비 흉내를 내면 오래가지 않습니다.

발을 잊게 해야 신 가운데 가장 좋은 것이요, 허리를 잊게 해야 허리띠 가운데 가장 좋은 것이요, 지혜가 시비를 잊게 해야 마음 가운데 가장 좋은 것이다.

해설) 물과 공기가 우리의 생활을 편하게 해주는 것처럼 현대의 리더
는 있는지 없는지 잘 모르게 하며 시비를 잘 해결할 수 있도록
지혜로워야 합니다.

곧은 나무는 먼저 베이고, 단 우물은 먼저 마른다.

해설) 선비가 밖으로 너무 바른 체하고 아는 체, 옳은 말만 하다 보
면 많은 사람들의 적이 됩니다.

병기 중에 마음보다 더 잔혹한 것이 없으니, 막야(명검의 이름)
도 아래가 된다.

해설) 영웅은 마음을 잘 써야 합니다. 그렇지 않으면 자신의 명검이
자기의 목을 치게 됩니다.

통발은 고기를 잡는 도구이다. 그러나 고기를 얻으면 통발을 잊
는다.

해설) 관리자는 인재를 쓰고 나서 공이 있으면 그만큼 상을 내리고
적재적소에 배치하여야 합니다.

무릇 사람의 마음은 산천보다 위험하며, 하늘을 아는 것보다 어
렵다. 하늘은 오히려 봄 여름 가을 겨울 아침저녁 등의 기약이 있
으나, 인간은 용모를 두터이 하고 마음을 깊이 감추어 둔다.

해설) 관리자가 인재를 발굴하기 어렵습니다. 인재는 마음을 겹겹이 싸
서 내비치지를 않으므로 그 마음을 읽기가 어렵기 때문입니다.

1) 적극적인 사고방식을 갖자[47]

에디슨은 전구의 필라멘트를 만들기 위해 식물탄화 실험만 6천 번도 넘게 했다. 그것은 하루에 열 번씩 실험했다고 해도 꼬박 2년이 걸린 작업이었다. 또한 6천 번 실험했다는 것은 6천 번 이상의 실패를 했다는 말이기도 하다. 이처럼 에디슨은 전구에 필요한 발광물질을 찾기 위해 수년에 걸쳐 수천 번의 실패와 좌절을 겪었다. 그럴 때마다 그는 자기 자신에게 외쳤다.

'나는 실패한 것이 아니다. 나는 이제 실행되지 않는 수천 가지의 방법을 알아낸 것이다.'

매우 놀라운 발상의 전환이 아닐 수 없다. 어떤 소원이든 원하는 일이 클수록 더 많은 인내와 끈기가 필요하다. 수많은 사람들이 성공을 이루지 못하고 실패하는 가장 큰 이유는 성공하기 직전에 포기하기 때문이다.

오십대의 한 목사가 평생토록 소원하던 목표를 이루지 못하고 포기해 버렸다. 그의 소원은 책 한 권을 내는 것이었다. 그는 원고

---

47) 전개서, pp.152~153.

를 써서 많은 출판사에 보냈지만 아무도 그의 원고에 관심을 가져
주지 않았다. 몇 번의 거절을 당한 그는 절망감에 사로잡혀 그 원
고를 쓰레기통에 던져 버렸다. 이에 놀란 그의 아내가 말했다.

"여보, 적극적인 사고방식으로 살라고 말해 놓고서 이 정도에서
포기해버리면 어떡해요?"

그가 신경질적으로 소리쳤다. "틀렸어, 출판도 안 되는 원고를
쓰느라 괜히 시간만 낭비했어."

그러나 그의 아내는 다음날 그 원고를 들고 다fms 출판사를 찾
아갔다. 다행히 그 출판사 사장은 그 원고를 매우 흥미로워하더니
출판을 약속했다.

"그것 보세요. 조금 더 노력했더라면 되는 일이었잖아요"

아내의 핀잔에 목사는 부끄러움을 느끼며 할 말을 잊어버렸다.
쓰레기통에 던져서 영원히 빛을 보지 못할 것 같았던 그 원고는
책으로 출간되자 불티나게 팔리는 초베스트셀러가 되었다. 그 책 제
목은 '적극적인 사고방식'이었고 저자는 노먼 빈센트 필 박사였다.

[TIP]

다음은 국내보다 해외에서 더 명성을 날리고 있는 지휘자 함신익의 이야기다.[48] 그는 미국 아이비리그의 명문 예일 대학의 지휘 교수이자 예일 대학 심포니의 상임지휘자이고, 또한 텍사스 에벌린 필하모닉 상임지휘자로 명성을 날리고 있는 젊은 지휘자다. 그러나 함신익에게는 단돈 2백 달러로 미국 유학길에 올라 강의실에서 새우잠을 자며 공부해야 했던 시절이 있었다. 그에게는 그 힘든 시기를 사람들과의 대화와 교류를 통해 돌파해내는 뚝심과 적극성이 있었다.

이스트만 음대 대학원에 들어간 함신익은 교과과정 중에 실제로 지휘봉을 잡고 연습할 수 있는 시간이 1주일에 20분 정도밖에 안 되자 특유의 친화력을 발휘해 스스로 개인 오케스트라를 만들어냈다. 그는 자신이 만든 오케스트라가 뛰어난 음악성을 갖게 하기 위해서는 무엇보다도 서로를 알고 조화롭게 협력해야 한다고 생각했다. 그래서 이스트만 학생들 가운데 연주 실력이 괜찮은 사람들을 골라 주말에 자기 집으로 초대했다.

"나는 한국에서 온 함신익이다. 나는 언젠가 세계적인 지휘자가 되리라는 확신을 가지고 여러분과 함께 공부하고 있다. 우리 집에 한국식 뷔페가 기다리고 있으니 음식을 들면서 오케스트라 이야기를 하자." 그의 초대에 많은 친구들이 호응해주었다. 그는 교회성

---

48) 전게서, pp. 197~199.

가대 시절에 만나 결혼한 아내와 함께 금요일 밤을 꼬박 새우며 만두며 잡채, 볶음밥 등 푸짐한 한국 음식을 만들어놓고 그들을 기다렸다. 그리고 결과는 대성공이었다.

한국 음식의 맛과 함신익의 열정에 매료된 학생들은 15인조 오케스트라 구성에 적극 참여해주었다. 나중에는 지원자가 너무 많아 오디션을 봐야 할 정도로 그의 깁스 오케스트라는 유명해졌다. 그의 열정에 감동한 학교 측은 무상으로 홀을 제공해주었고, 그에게 월터 헤어건 상이라는 지휘자 상을 수여했다. 이른바 '이스트만의 함신익 전설'은 그렇게 만들어졌으며, 그는 1백 50대 1의 경쟁률을 뚫고 당당히 한국인 최초로 예일 대학의 교수가 되었다. 2002년 8월, 텍사스의 에벌린 시가 '함신익의 날'을 선포할 정도로 그는 지휘자로서 최고의 성공을 거두었다.

그것은 자신의 재능에 대한 자부심과 무엇이든 할 수 있다는 확고한 신념, 그리고 많은 사람을 자기편으로 끌어들일 줄 아는 적극적인 협상력이 있었기에 가능했다. 이제 함신익은 세계 곳곳에서 '오케스트라 부흥사'로 불리면서 악단과 청중을 음악과의 협상 테이블로 끌어들이는 데 탁월한 재능을 보여주고 있다.

1. 죽음대비 교육을 받으면 급작스럽거나 예기치 않은 죽음을 다루고, 받아들임에 있어 불안이 상대적으로 낮으며, 죽음에 따르는 비탄의 감정들을 주변인이 건강하게 이겨낼 수 있도록 도와줄 수 있다. 언젠가는 죽음을 맞이하게 되는 우리 모두를 위해, 인간이 인간답게 죽을 수 있음을 가능케 하는 심리적 접근으로서의 죽음대비 교육의 실시는 삶을 보다 충실하게 이끄는 생존 교육의 한 부분이기도 하다.

2. 연령과 관계없이 죽음을 대비시키는 교육의 실천은 독일, 미국의 경우 1960년, 70년경부터 활발하게 거론되기 시작하였다. 이들 나라에서의 죽음을 대비시키는 교육은 인격 도야의 필수 사항으로, 인생의 종말을 적극적으로 준비시키는 건강 교육으로, 예방의학적 접근의 교육으로 보았다. 이제 우리나라도 학교에서 각 연령 수준에 적합한 죽음대비 교육을 마련하여 죽음을 스스로 깊게 생각해 보게 함으로써 인간 존엄과 생명 중시의 가치관을 평생교육의 일환으로 확산시켜 나가야 한다고 보겠다.

3. 장자는 내편 7편, 외편 15편, 잡편 11편 등으로 구성되어 있으며, 그 중 내편은 비교적 오래된 것으로 대체로 장자 자신의 저술이라고 하나 외편과 잡편은 후대 사람이 편집한 것이라고 한다. 장자의 문학적인 發想은 寓言寓話로 엮어졌는데, 종횡무진한 상상과 표현으로 宇宙本體·根源, 物化現象 등을 설명하였고, 현실세계의 약삭빠른 知者를 경멸하기도 하였다.

4. 에디슨은 전구의 필라멘트를 만들기 위해 식물탄화 실험만 6천 번도 넘게 했다. 그것은 하루에 열 번씩 실험했다고 해도 꼬박 2년이 걸린 작업이었다. 또한 6천 번 실험했다는 것은 6천 번 이상의 실패를 했다는 말이기도 하다. 이처럼 에디슨은 전구에 필요한 발광물질을 찾기 위해 수년에 걸쳐 수천 번의 실패와 좌절을 겪었다.

5. 쓰레기통에 던져서 영원히 빛을 보지 못할 것 같았던 그 원고는 책으로 출간되자 불티나게 팔리는 초베스트셀러가 되었다. 그 책 제목은 '적극적인 사고방식'이었고 저자는 노먼 빈센트 필 박사였다.

제 14 장

죽음대비 교육과 자기관리(2)

1 죽음대비 교육(2)[49]

1) 퀴블러 로스의 죽음수용 단계와 임종 환자

퀴블러 로스 박사는 삶의 목적이란 타인을 어떻게 사랑하는가를 배우고 많은 단계를 거쳐 성숙하기 위한 것으로 보고 있다.

(1) 죽음수용 단계

급작스럽게 죽음을 맞이하든 질병을 오래 앓아 온 임종 환자의

---

49) 전게서, pp 346 - 368 을 정리 및 요약함.

경우든 인간은 죽음이란 통고 앞에서 다음과 같은 5단계의 심리적인 수용 과정을 거치게 된다.

- 부정의 단계

죽는다는 갑작스런 충격에 대한 일종의 완충장치 단계이다. 죽음이란 현실에 대해 고통을 덜 느끼도록 충분한 시간을 주어 부정과 거부의 단계를 잘 넘기도록 이끌어 주어야 한다.

- 분노의 단계

공격적인 분노의 화살을 타인에게 돌릴 수 있다. 이 단계에서는 인내심을 갖고 들어주고 수용적인 태도를 취해 주어야 한다.

- 타협의 단계

죽음을 뒤로 미루고 싶어 하고 운명이나 신과 타협하게 된다. 이때는 죽음을 앞둔 사람을 신중하게 대해 주고 피하지 말며, 미성숙한 행동을 보이더라도 함부로 판단하지 않도록 한다.

- 우울의 단계

자신을 상실하는 것이 안타까워 불안이나 슬픔을 보일 수 있다. 가까운 장래에 중요한 사람들과의 예상된 이별로 인해 아주 깊은 비탄의 상태를 경험하게 된다. 이때 지나친 간섭은 죽음을 수용하려는 잠정적인 준비 상태를 방해할 수 있으므로 이를 삼가 한다.

- 수용의 단계

자신의 죽음을 평온하게 받아들이는 단계로 죽어 가는 사람이 소중하게 생각하는 사람과 함께 있을 수 있도록 배려한다.

죽음 연구 분야의 대가로 많은 임상 경험을 쌓은 퀴블러 로스는 죽음의 순간과 그 이후는 출생의 경험과 동일하며 다음과 같은 세 단계를 거친다고 보았다.

- 죽음의 1단계

육체적으로 죽었다고 하는 것은 마치 나비가 되기 위해 고치를 벗어날 때의 현상과 같다고 보며, 더욱 아름다운 집으로 이동하는 것이라고 한다.

- 죽음의 2단계

정신적인 에너지를 제공받는 단계로 이승에서 새로운 인식을 가지고 모든 것을 받아들이게 되는데 마치 육체를 빠져나간 영혼처럼 느껴진다. 이는 수술시 육체이탈 체험 사례를 통하여 검증되긴 하지만 과학적인 설명은 아직 불가능한 단계이다. 그러나 이 상태에서는 완전한 조화를 경험한다.

- 죽음의 3단계

이전 단계에 있었던 의식이 없어지고 앎을 소유하게 되는 우주의식 / 영적 에너지를 갖게 되는 단계이다. 따라서 죽음이란 결코 고통을 의미하는 것이 아니라고 보는 것이 퀴블러 로스의 견해이다.

(2) 임종 환자

자신이 죽을 것임을 알고 있는 경우와 그렇지 않은 경우, 가족과 주변인이 할 수 있는 역할은 상이하다.

가. 임종 환자가 자신의 죽음을 알고 있는 경우

가능한 품위 있게 죽음을 맞이하도록 신체적 정신적으로 편하게 해 주어야 한다.

- 인생을 재조명하고 자신의 삶이 의미 있었음을 발견하고 삶의 갈등, 죽음의 불안, 공포를 최소한으로 줄일 수 있도록 돕는다.
- 인간적인 접촉을 자주 한다.
- 자연스럽게 일상적인 이야기를 평상시처럼 해 준다.
- 커피, 술, 담배, 진통제 등 원하는 대로 드리고 편하게 해 드린다. 까다로운 의사의 지시는 따를 필요가 없다.
- 어린 손자녀의 방문은 바람직하다.

단, 어린이가 싫어하면 데려가지 않는다. 그러나 죽음대비 교육은 어릴 때부터 시작하는 것이 바람직하다.

나. 임종 환자가 자신의 죽음을 모르고 있는 경우

이 경우는 환자나 보호자 모두가 매우 곤혹스럽다. 모두가 알면서 환자 자신만 모르는 침묵 상태는 오히려 환자를 고독하게 만들 수 있고 불안하게 만들 수 있다.

- 말해 주지 않아도 환자 스스로가 자신의 죽음을 알고 있는 경

우가 ⅔ 정도나 된다.

국내 연구에 따르면, 환자 자신도 절대다수가 자신이 죽어 가고 있다면 그 사실을 알고 싶어 한다. 그리고 가족의 90% 정도는 죽음을 솔직히 알려야 한다고 생각한다. 그 이유로는 재산 처리, 장례 절차에 대해 본인의 의사를 존중해 주고 환자와 생존자 간에 쌓인 적대감, 오해 등을 풀기 위해 서로 외국과 달리 한국의 경우는 그 이유가 매우 특이하다.

- 죽음을 통고할 때 지녀야 할 태도(TIP)
- 정신적 충격을 최소화하기 위해 환자의 심기를 잘 살펴 말한다.
- 희망을 잃지 않고 끝까지 최선을 다하도록 이끌고 격려한다.
- 위로는 현실적으로 해야 한다.
- '죽는다, 불치병이다'라는 용어는 가급적 피한다.

2) 호스피스 입원 이유와 통증 관리

출생의 장소이면서 동시에 죽음을 맞이하는 장소이기도 한 병원은 비인간적이고 기계적이며 제도적인 측면을 지니고 있기 때문에 많은 사람들은 병원에서보다는 자신이 살던 집의 편안함 속에서 죽음을 맞이하기를 선호한다. 가능한 경우라면 임종 환자의 소망이 존중되어 집으로 오지만, 집으로 돌아갈 수 없는 경우에는 호스피스 프로그램을 두고 있는 곳에 의지하면 많은 도움을 받을 수 있다.

많은 사람이 호스피스를 선호하는 이유를 알아보기 위해 영국의 성요셉 병원의 호스피스에서 168명을 대상으로 조사한 연구 결과를 인용해 보면 가족의 피로 때문에(26.2%), 혼자 살고 있으므로(16.7%), 가족의 불안 상태를 고려하여(12.5%), 가족이 가정에서 보호하기를 거부하여(6.0%), 휴식을 위해 입원했으나 건강 상태가 악화되어(5.4%), 가족이 일을 해야 하기 때문에(3.6%)등으로 나타났다.

호스피스 프로그램은 죽음을 연기시키는 것이 아니라 환자가 편안하게 임종하도록 이끄는 것을 강조한다. 따라서 말기 임종 환자에게는 고통과 불안의 감소뿐만 아니라 환자가 생의 마지막 수개월을 유쾌하고, 편안하며 가능한 의미 있는 시간을 보내도록 이끄는 데 목적을 두고 있다.

호스피스에서 실시하는 고통관리는 아래의 4가지로 이들은 서로 밀접하게 연관되어 있으므로 개별적으로 다루지 않고 통합적으로 치료하며 전체적인 고통의 관리는 지속적으로 하게 된다.

① 신체적 고통 관리
 - 임종 환자를 가장 쇠약하게 만드는 것이 신체적 고통이다.
 - 신체적 고통, 통증, 다른 신체 증상은 일상생활에서의 동작에 지장을 준다.
 - 신체적 고통은 흔히 의학적 접근인 진통제를 사용한다.

② 심리적 고통 관리와 정서적 지지

- 임종 환자는 마음가짐의 균형을 잘 유지하려고 노력하지만, 갈등 등이 너무 커서 혼자서 새로운 죽음이란 경험을 통제하는 데 종종 어려움을 느낀다.
- 심리적 고통의 표출법은 크게 소리 내어 운다든지, 가족에게 마구 설쳐 댄다든지, 전문가에게 불만을 토로하는 것이다.
- 불안, 초조, 고독, 공포, 우울, 노여움, 무서움의 감정 등이 마음 깊이 자리하고 있다.
- 의학적 접근인 진정제를 사용하기도 한다.
- 심리적 지지법을 열거해 보면 침대 옆에 앉아 있는다. 경청하고 감정에 초점을 맞춘다. 안이한 격려는 피한다. 이해적 태도를 보인다. 함께 투병할 것이라고 말한다. 예상되는 질병의 변화에 대응할 준비를 한다. 질문할 기회를 준다. 희망을 유지하도록 도와준다. 비언어적 대화를 나눈다. 등이 있다.

③ 사회적 고통 관리

- 직업상의 문제, 경제상의 문제, 가정 내의 문제, 가족관계, 인간관계, 유산 상속 등 호스피스에서는 인간관계 속에서 얽혀 있는 문제들을 향상시키는 역할을 한다.
- 최후까지 사회생활을 유지하는 것은 임종 환자에게 매우 중요하다.
- 사회적 고통이 가능한 한 적게 끝나도록 이끈다.
- 대화함으로써 죽음에 대한 마음의 준비를 할 수 있게 된다.

④ 영적인 고통 관리와 영적 지지

- 영적 고통, 인생의 의미에 대한 의문, 가치 체계의 변화, 고통
  의 의미, 죄의식, 죽음의 공포, 신의 존재를 추구함, 생사관에
  대한 고민을 다룬다.
- 호스피스는 종교적 기반을 갖고 있는 경우가 대다수이므로 자원
  봉사자들도 흔히 죽음이 모든 것의 끝이라고 생각하지 않는다.
- 종교적 고통은 환자마다 각기 다르고 다른 형태로 나타난다.
- 임종 환자가 갖고 있는 종교적 아픔이나 정신적 고통은 대단
  히 깊고 주관적 정신적인 갈등을 내포하므로 이는 특별히 훈
  련받은 성직자나 상담자가 실시하는 것이 바람직하다.

3) 임종 환자의 가족을 위한 보살핌

(1) 임종 전 가족을 위한 보살핌

호스피스에서 임종 환자를 위한 보살핌은 어느 의미에서는 임종
환자의 가족을 위한 보살핌이기도 하여 환자와 가족을 분리시켜
생각하지 않는다. 가족을 위한 보살핌은 흔히 "환자가 나을 기미를
보이지 않는다"라는 비탄을 보일 때 아래 내용을 중심으로 시작하
게 된다.

- 환자와 가족 간의 갈등, 이해관계 등 심리적인 측면을 다룬다.
- 가능한 가족구성원 모두와 만나 인간적 관계를 정립한다.

- 임종 환자를 돌보고 치료하는 데 가족구성원 모두를 참여시킨다.
- 임종 환자의 친구, 친척, 직장 동료를 중요시한다.
- 예상할 수 있는 슬픔을 적절히 표현하고 개방된 대화를 진행시켜 임종 환자와 거리를 두지 않도록 한다.
- 가족에 대한 임종 환자의 반응을 조정하고 그의 느낌을 가족에게 알린다.
- 가족들의 고통스러운 감정뿐만 아니라 긍정적 감정도 표현할 수 있도록 힘쓴다.
- 가족의 휴식과 그들의 욕구가 만족될 수 있도록 돕는다.
- 진단 직후에는 서로의 마음을 다치지 않도록 조심한다.
- 환자의 병세가 악화될 것을 미리 얘기해 줌으로써 가족을 지지해 준다.
- 가족이 원하는 지지 집단이 있다면 배려한다.
- 가족에게 도움이 되는 적합한 치료의 정보 제공을 한다.
- 가족에게 죽음과 그 후에 예상되는 문제점들을 사전에 설명한다.
- 어른들에게는 아이들을 정서적으로 잘 대할 수 있도록 적합한 방법을 교육시킨다.

(2) 임종 시 가족을 위한 보살핌과 애도 작업

임종 시 자주 일어나는 증상으로 가족에게 특별히 설명할 필요가 있는 2가지 증상은 신음과 호흡의 불규칙성이다. 가족은 이를 고통으로 받아들이기 쉬우나 현실적인 측면에서 보면 환자는 의식 수준이 저하되어 있으므로 고통을 느끼지는 않는다고 이를 미리 알려 줌으로써 가족의 고통을 사전에 예방할 수 있다.

가. 자원 봉사자의 역할

임종을 앞둔 가족을 위해 자원 봉사를 하게 될 경우에는 아래 사항을 다루게 된다.

- 죽음의 마지막 순간에 즈음하여 가족들이 함께 있도록 한다.
- 가족들이 시신 곁에 충분히 머물 수 있도록 배려한다.
- 필요한 경우라면 가족과 함께 있어 준다.
- 가족들에게 가장 의미 있는 장례 절차를 선택할 수 있게 돕는다.
- 사망 신고를 하는 데 불편함이 없도록 서류를 작성해 준다.
- 필요시 유가족을 도와줄 수 있는 지지 집단을 알선해 준다.

나. 사망 시의 정상적 애도반응과 비정상적 애도 반응의 양상

사망 시 정상적인 애도반응/비정상적 애도반응을 간결하게 비교해보면 다음과 같다.

- 충격 / 신체불편감 지속
- 강한 슬픔 / 장기간의 슬픔
- 고립과 위축 / 대인관계 회피
- 상실에 저항 / 죄책감
- 점진적 해소 / 망자에 대한 지나친 집착

정상적 애도의 반응은 구체적으로 다음과 같이 나타난다.

- 쇼크, 충격: 꿈이 아닐까. 그럴 리 없어
- 심리적 마비 상태로 정신없음.
- 수색 행동: 어디엔가에 있을 것이란 느낌과 기대
- 황량감, 쓸쓸함, 우울감
- 고립과 위축
- '잘 가세요' 라는 기원

그리고 비정상적인 애도의 반응은 구체적으로 다음과 같이 나타난다.
- 울음이 없음, 장례식에 참여하지 않음
- 무덤에 참배하지 않음
- 죽음에 대한 토로가 없음
- 저승에서 재결함 하고픈 환상을 지님, 이는 자살 기도로 연계
  될 수 있음.
- 죄책감

다. 애도 반응에 영향을 주는 요인(TIP)
- 사자의 역할과 위치: 가까웠던 사이일수록 깊은 애도 반응이
  나타남
- 가족구성원의 나이와 성별: 여자들이 더 많이 애도함
- 사망 원인이나 환경: 오랜 간호 대 갑작스런 사망
- 지니고 있는 종교의 유무
- 가족구성원간의 밀착 정도

2 法句經의 名言들

1) 법구경의 명언[50]

법구경은 기원전 3.4세기경에 인도의 승려 *法救*가 인생에 지침이 될 만큼 좋은 *詩句*들과 석가모니의 *金言*을 모아 엮은 것으로 추정되며, *法*은 진리를 *句*는 말씀을 옮겨 놓은 것으로, *法句經*이란 '진리의 말씀'이란 뜻이다. 이 책은 모두 39品으로 나뉘어 있으며, 불교입문의 *指針書*가 되고 있다. 423편의 시로 구성되어 있는데 석가모니의 가르침이 간명하게 표현되어 있어 널리 애송된다.

항상 된 것은 모두 없어지고, 높이 있는 것도 떨어진다. 만나면 이별이 있고, 태어난 것에는 죽음이 있다.

해설) 불교의 회자정리사상이 깃들여 있는 글귀입니다. 영원한 것은 아무것도 없으니 이러한 변화를 자연스럽게 받아들일 수 있어야 합니다.

피가 벼를 해치듯이 많은 욕심이 배움을 방해한다. 모든 악을 김매어 제거하면, 수확을 이룸에 반드시 많을 것이다.

해설) 선비가 장사꾼을 흉내 내어 장사를 하고 동시에 나무를 베어 목수일을 하고자 한다면 마음이 동요되어 글을 읽기가 매우 어려

---

50) 전개서, pp.255~263 중에서 발췌하여 그 해설을 추가함.

워집니다. 이런 욕심들을 없앤다면 일가를 이룰 수 있습니다.

대저 사람이 태어날 때 도끼가 입속에 있어, 몸을 베는 도구가 되니, 나쁜 말에 말미암기 때문이다.

해설) 영웅은 특히 말을 조심하여야 합니다. 자기가 한 말이 되돌아와서 자신을 해롭게 합니다.

남을 책망하기를 좋아하지 말고, 스스로 자신을 살피기를 힘써라. 만약 이것을 안다면, 영원히 번뇌를 없애서 근심이 없을 것이다.

해설) 관리자가 부하나 동료들을 비판하고 괴롭히기 전에 자신을 먼저 되돌아 볼 줄 안다면 모두에게 걱정이 없어질 것입니다.

매우 어리석어 어리석음이 지극하나, 스스로 나는 지혜롭다고 말한다. 어리석으면서 지혜를 이기려는 것, 이것을 지극히 어리석다고 말한다.

해설) 학문이 깊지 않고 생각이 짧은 선비가 그동안의 경험으로 매우 지혜롭다고 판단하고 선배나 스승을 이기려고 한다면 모두가 웃으면서 손가락질한다는 것입니다.

비유하자면 단단한 돌은 바람이 옮기지 못하는 것 같이 지혜로운 자는 뜻이 무거워 비방과 칭찬에 기울어지지 않는다.

해설) 영웅으로 성공하려면 매우 지혜로워야 합니다. 그렇지 않으면 어떤 무리들의 비방에 움직이고 다른 무리들의 칭찬에 흔들리게 된다는 것입니다.

곧고 선한 사람이 재앙을 입는 것은 그 선이 아직 익지 않은 때문이다. 그 선이 익기에 이르면 반드시 그 복을 받는다.

해설) 매우 바르고 착한 심성을 가진 관리자가 피해를 입는 경우가 우리 주위에 간혹 있습니다. 그런 경우 그의 바름과 착함이 아직 잘 알려져 있지 않거나 성숙되지 않은 것일 수 있습니다. 때가 되면 잘 알려지게 됩니다.

작은 악을 가볍게 여겨 재앙이 없다고 생각하지 말라. 물방울이 비록 작아도 점점 큰 그릇을 채운다. 무릇 죄가 가득한 것은 작은 것부터 쌓아 이루어진 것이다.

해설) 선비들이 모여서 어떤 벼슬아치를 참소할 궁리를 하게 됩니다, 그러나 우리는 평소에 함부로 길에 침을 뱉고 담배꽁초를 버리며, 창밖으로 쓰레기를 던지고, 남을 흉보며, 근거에 없는 소문을 퍼뜨리는 등 나쁜 작은 일들을 서슴지 않고 합니다. 이런 것들이 모여서 큰 잘못을 이루게 되는데 우리는 우리의 잘못을 잊습니다. 또한 공인이 잘못을 하면 그를 꾸짖고 벌하려고 합니다.

이기면 원한이 생기고, 지면 스스로 비굴해진다. 승부의 마음을 제거하여 다툼이 없으면 저절로 편안해진다.

해설) 관리자가 승부욕이 강하여 모든 관계에서 이기려고만 한다면 끊임없이 다툼과 원한이 생기게 됩니다.

탐욕이 근심을 낳고, 탐욕이 두려움을 낳는다. 여기에서 벗어나 탐욕이 없으면, 무엇을 근심하고 무엇을 두려워하겠는가?

해설) 영웅이 성공하고자 한다면 탐욕을 버려야 합니다. 탐욕으로 인
한 근심과 두려움이 영웅의 발목을 잡게 됩니다.

스스로 방자하지 않으면, 이로부터 깨달음이 많고, 파리한 말이
좋은 말이 되는 것처럼 악을 버려 어진 이가 된다.

해설) 선비가 오만방자하면 깨달음이 없고 이를 버리면 깨달음을 얻
게 됩니다.

시기함은 먼저 자신을 해치고, 그런 뒤에 남을 해친다. 남을 때
리면 때림을 받으니, 이것을 없앨 수 없다.

해설) 관리자가 동료를 시기 질투하면 먼저 자신의 건강을 잃게 되고
결국 남에게도 해가 됩니다. 남에게 해가 되면 그 손실이 자신
에게 되돌아오게 됩니다.

교만하지 않고 스스로 큰 체하지 않으며, 만족을 알아 되풀이
생각하며, 때로 경전을 외워 익히면, 이것이 가장 길하고 상서로
운 것이 된다.

해설) 현대의 리더는 거만하지 않고 고개와 허리를 숙이며, 자신의
분수를 잘 알아야 훌륭한 인격을 갖추게 되며 신망을 얻게 됩
니다.

 경력개발을 위한 자기관리(5)

1) 상대에게 신뢰받는 대화법[51]

영국의 정치가이자 문필가인 필립 체스터는 그의 유명한 저서 '아들에게 보내는 편지'에서 상대에게 신뢰받는 다섯 가지 대화법을 소개하였다.

첫째, 대화할 때 혼자만 이야기 하지 말라. 대화라는 것은 혼자서 독점하는 것이 아니다. 자신의 말은 최대한 적게 하고 상대방의 말에 귀를 기울여라.

둘째, 상대방에 맞는 화제를 선택하라. 상대방이 좋아할 것 같고 도움이 될 만한 화제를 대화 내용으로 삼아라.

셋째, 자기 말만 앞세우지 마라. 남의 말을 가로채거나 자기 자랑만 하면 상대방에게 불쾌감만 안겨줄 수 있다.

넷째, 자기 자랑으로 높은 평가를 받는 사람은 없다. 자신은 누구의 후손이며, 또 누구와 친하다든지, 혼자서 양주를 몇 병 마셨다느니 하는 자랑은 자신의 인격을 드러내 보이는 것이다.

---

51) 전개서, p203.

다섯째, 가만히 있어도 장점은 빛난다. 자기소개 등 꼭 자신에 대한 말을 하지 않으면 안 될 경우에는 상대가 오해할 만한 말을 일체 삼간다. 인재는 주머니 속에 있어도 송곳처럼 뚫는 법이다.

1. 출생의 장소이면서 동시에 죽음을 맞이하는 장소이기도 한 병원은 비인간적이고 기계적이며 제도적인 측면을 지니고 있기 때문에 많은 사람들은 병원에서보다는 자신이 살던 집의 편안함 속에서 죽음을 맞이하기를 선호한다. 가능한 경우라면 임종 환자의 소망이 존중되어 집으로 오지만, 집으로 돌아갈 수 없는 경우에는 호스피스 프로그램을 두고 있는 곳에 의지하면 많은 도움을 받을 수 있다.

2. 임종 시 자주 일어나는 증상으로 가족에게 특별히 설명할 필요가 있는 2가지 증상은 신음과 호흡의 불규칙성이다. 가족은 이를 고통으로 받아들이기 쉬우나 현실적인 측면에서 보면 환자는 의식 수준이 저하되어 있으므로 고통을 느끼지는 않는다고 이를 미리 알려 줌으로써 가족의 고통을 사전에 예방할 수 있다.

3. 법구경은 기원전 3.4세기경에 인도의 승려 法救가 인생에 지침이 될 만큼 좋은 詩句들과 석가모니의 숲言을 모아 엮은 것으로 추정되며, 法은 진리를 句는 말씀을 옮겨 놓은 것으로, 法句經이란 '진리의 말씀'이란 뜻이다. 이 책은 모두 39品으로 나뉘어 있으며, 불교입문의 指針書가 되고 있다. 423편의 시로 구성되어 있는데 석가모니의 가르침이 간명하게 표현되어 있어 널리 애송된다.

4. 영국의 정치가이자 문필가인 필립 체스터는 그의 유명한 저서 '아들에게 보내는 편지'에서 상대에게 신뢰받는 다섯 가지 대화법을 소개하였다.
   첫째, 대화할 때 혼자 만 이야기 하지 말라.
   둘째, 상대방에 맞는 화제를 선택하라.
   셋째, 자기 말만 앞세우지 마라.
   넷째, 자기 자랑으로 높은 평가를 받는 사람은 없다.
   다섯째, 가만히 있어도 장점은 빛난다.

홍정기

■ 약 력

　자기관리컨설턴트
　경영학박사
　현직) 산업상담사
　　　　경영컨설턴트
　　　　산업교육강사
　　　　창업카운슬러
　e-mail : ktbc21@hanmail.net

■ 주요 저서

　「불확실성시대의 조직형 리더십(2009.02)」
　「글로벌 기업지배구조(2003.08)」
　「신인사노무관리(2001.05)」

초판인쇄 | 2009년 7월 15일
초판발행 | 2009년 7월 15일

편저자 | 홍정기
펴낸이 | 채종준
펴낸곳 | 한국학술정보㈜
주　소 | 경기도 파주시 교하읍 문발리 파주출판문화정보산업단지 513-5
전　화 | 031) 908-3181(대표)
팩　스 | 031) 908-3189
홈페이지 | http://www.kstudy.com
E-mail | 출판사업부　publish@kstudy.com

등　록 | 제일산-115호(2000. 6. 19)
가　격 | 25,000원
ISBN　　　　　　　　　　　　　Paper Book)
　　　978-89-268-0184-0 18320(e-Book)